세상에 혼자 사는 단어는 없다 2

세상에 혼자 사는 단어는 없다 2

한형민 지음

한형민어학원

저자의 말

지난 2017년 "세상에 혼자 사는 단어는 없다(세혼단)"를 펴내고 나서 5년의 시간이 흘렀습니다. 애초에 목표는 최소한 2~3년에 한 권씩 세혼단 시리즈를 출판하는 것이었는데 전혀 계획대로 되진 않았습니다.

처음 세혼단을 펴냈을 때와 마찬가지로, 이 책은 단순히 '어휘책'도 아니고, '회화집'은 더더욱 아니며, '에세이집'이라고도 볼 수 없습니다. 이 책은 한국인들이 한국어식으로 풀어내는 영어가 아닌, 원어민들의 사고와 말의 순서, 표현들을 반영한 이야기들을 엮은 이야기집입니다. 이 과정에서 물론 다양한 표현들과 어휘들을 맥락과 함께 익히고, 자연스러운 구문에 대한 이해도 넓힐 수 있습니다.

영어를 '학습자'가 아닌 '사용자'로서 훈련할 때 가장 중요한 것은 원어민의 말을 '모방'하는 것입니다. 결국 원어민이 쓰는 말을 우리는 '차용'해 써야 하기 때문입니다. 물론 차용하기 위해 모방만 하는 데서 그쳐선 안 되겠지요. 모방으로 시작해 내가 내 의사를 전하고, 상대방의 의사를 가늠해 보는, 실제 사용 측면의 노력도 필요합니다. 그런데 저는 대한민국에서 영어를 배우는 분들의 대다수는 애초에 모방 단계에서부터 방향 및 방법을 수정을 해야 하고, 또 그 강도와 범위도 훨씬 늘려야 한다고 생각합니다. 애초에 받아들여 내 말로 갖추게 될 영어가 잘, 충분히, 많이 모여야만 사용자 측면의 훈련이 의미가 있다고 생각합니다.

그래서 세혼단은 한국인이 한국어의 틀에 맞춰 영어를 짜깁기하지 않고, 바로 영어 원어민처럼 말을 떠올릴 수 있도록 돕는 것을 목표로 만들어졌습니다. 특히 한국인들이 바로 떠올려 쓰기 어려운 구문이나 어구 등을 의도적으로 많이 넣었습니다.

학원을 운영하면서 교실 바깥에 “이럴 땐 영어로 어떻게 하나요”라는 실물 게시판을 만들어 놓았습니다. 학생들이 질문을 적어 놓으면 제가 답변을 달아드리는 방식이었습니다. 특히 ‘매우 한국적인 말’이 질문으로 많이 올라오곤 했습니다. 이 질문과 답변들을 꾸준히 모아 놓았다가 그 중 특히 독자 여러분과 함께 나누면 좋겠다 싶은 것들을 16개로 추려, 그것을 대화문의 형식으로 꾸며보았습니다. 그것이 책의 Part I Short conversations: Idioms and phrases입니다.

한국외대 통번역대학원 입학 1차 시험은 듣기와 요약, 언어구사 능력을 보기 위한 ‘essay questions’로 이루어져 있습니다. 이때 답안은 대략 20줄을 넘지 않는 비교적 짧은 essay여야 합니다. 그 짧은 글 안에 아이디어를 조리 있게 담아내는 것은 무척 어려운 일인데, 수업을 진행하면서 의견개진과 글쓰기에 도움을 드리기 위해 모범에세이를 직접 써서 제시해 드려왔습니다. 그 short essays를 선별해 묶은 것이 Part II Short Essays입니다. Part III는 좀 더 긴 이야기를 담았습니다.

책에 담긴 essay들에서 제가 제시한 생각이나 주장 등은 순전히 저의 것만은 아니라는 점을 기억해 주시기 바랍니다. 아이디어의 전개를 예시로 보여드리거나 특정 표현들을 소개하기 위해 과장된 부분도 있고, 경우에 따라서는 저의 생각과 상반된 아이디어도 제시되고 있습니다. 따라서, 자칫 조금 민감할 수도 있는 소재에 대해 독자 여러분의 생각과 좀 다른 생각이 묘사된다 해도 너그러운 마음으로 이해해 주시고, '영어학습' 측면으로 봐주시기를 당부드리고 싶습니다. 물론 그렇다고 해서 이 책에서 제가 '논쟁'을 하려는 부분은 찾지 못하실 겁니다.

아무쪼록 부족하나마 두 번째 책이 영어를 배우는 독자 여러분에게 도움이 되기를 진심으로 바랍니다.

2022년 11월 23일 한형민

Contents

Part I Short conversations: Idioms and phrases

Part II Short essays

Part Ⅲ My two cents (Longer essays)

교재 이용 방법

❶ 음원으로 이야기 하나를 받아쓰기 한다.

(따로 시간을 내서 받아쓰기를 할 만한 여건이 안 된다면 최소한 3~4회 정도 잘 듣는다. 물론, 받아쓰기를 가장 권장한다.)

이때 잘 들리지 않거나, 생소한 단어/어구 때문에 어려운 부분을 체크한다. (받아쓰기를 못 한 경우도 그 부분들이 어디였는지 기억해 놓는다.)

❷ 책에 실린 대본/번역본 및 해설을 보고 틀리게 적은 부분들을 확인하고 문장들, 단어/어구의 뜻을 정확히 이해한다.

영영사전 활용을 적극 권장한다.

❸ 생소한 단어나 어구는 별도의 공책에 정리를 해둔다. (복습용)

❹ 소리만 듣고 단어 하나까지 모두 정확히 들릴 때까지 복습한다.

❺ 이후로는 틈나는 대로 음원을 들으면서 새로 알게 된 단어/어구 등을 상기한다.

* 본 교재를 가지고 별도로 강의를 진행합니다. 스스로 이해하고 공부하는 부분을 더 효율적/효과적으로 도와드릴 수 있으므로, 여건이 허락한다면 강의수강을 권장합니다.

* 교재음원 MP3 파일 다운로드 http://www.hannites.com

Part I

Short conversations: Idioms and phrases

1

정곡을 찌르다. (상대방 말 한마디에 헐? 이럴 때는!)

You hit the spot! 또는 Exactly! 또는 You hit the nail on the head!

대화를 하다 보면, 상대방이 한 말에 강한 찬성의 의사를 표시할 때가 있습니다. '그래 맞아!'나 '바로 그 말이야' '내 말이!'라고 말이지요. 그런 상황을 표현하는 말로는 'hit the spot'이라고 하거나, 'exactly'라고 하면 좋습니다. 또, 'Right on!'이라고 해도 '맞아!' '그렇지!'라는 의도를 잘 전달할 수 있습니다. That's what I was thinking. You can say that again. I can't agree with you more.와 같은 말도 정확히 같은 말들은 아니지만, 동의의 의사를 전달할 수 있는 말입니다.

M: I've been **working my tail off these** past few weeks. I don't think I can **go on like this anymore**. I think I'm not **getting the job done** on time.

W: **That's what I was thinking.** You're definitely **burning yourself out.** Your productivity will **take a nosedive.** Believe me, **I've been there.**

M: I know, but **there's nothing I can do about it.** My wife quit her job last month. I am the sole **bread winner** in the family now.

Words & Expressions

1 work one's tail off - work too hard

2 I can't go on like this anymore. 더 이상은 못 하겠어

* burn oneself out 너무 살인적인 스케줄로 일을 해서 녹초가 된다는 말
* take a nosedive 갑자기 큰 폭으로 떨어진다
* I've been there. 나도 다 해봤어. 나도 다 겪어 봤어

예 You don't need to explain that to me. I know that feeling. I've been there.

나한테 설명할 필요 없어. 나도 어떤 기분인지 알아. 나도 겪어봤거든.

* there's nothing I can do about it.

내가 할 수 있는 일은 없어, 어쩔 수 없어

꽐라가 되다.

He got plastered. (wasted)

술과 관련된 말들은 어느 문화에나 무척 많습니다. 사람들의 삶과 밀접한 관련이 있어서지요. 술에 취했다고 할 때는 단순히 drunk나 get wasted 정도로 쓰고, 매우 격식을 차린 말이어서 종종 웃음을 유발하려는 목적으로 inebriated라는 말을 쓰기도 합니다. 특히 지금 술에 취한 상태라는 말을 강조할 때는 under the influence (of alcohol)을 많이 씁니다. 음주 운전을 부르는 말이 많은데, driving under the influence (DUI)나 drunk driving 혹은 drinking and driving이라고도 하고, 격식을 차린, 보고서에나 등장할 법 한 말들 중에는 driving while intoxicated (DWI)라고도 합니다.

만취 상태를 부르는 말로는 오래된 말이긴 하지만 three sheets to the wind나 get plastered 정도가 있습니다.

W: Hey Ross, go check him out. I think he's about to **pass out.** He's **got plastered.**

M: No, he's fine. He's **acting kind of weird** now, but that won't last much. A few more shots will **bring him back to his senses.**

W: That's crazy. More drinks will make him **sober**?

M: Yeah, I know. He should be **fooling** us or something, but he's like that all the time.

Words & Expressions

1 pass out 술에 취하거나 여러 이유로 필름이 끊기거나 정신을 잃는다는 말

2 act weird 이상하게 행동한다. Weirdly로 쓰지 않는다는 점에 유의

3 come (back) to one's senses 혹은

bring someone (back) to one's senses 정신을 못 차리거나 몽롱한 상태에 있다가 다시 정신이 든다고 할 때 쓰는 말

4 sober 술 취하지 않고 멀쩡한 상태 혹은 술에 취했다가 술이 깬 상태를 이르는 말

* cf. sobriety test 음주 측정

5 fool 동사로 써서 사람을 속인다는 말

3

주량이 어떻게 되세요?

How much alcohol can you handle?

사실 술을 얼마나 마실 수 있느냐는 질문은 서양 문화에서 흔히 하는 질문은 아닙니다. 최소한 한국인들 사이에서 오고 가는 이야기와 비슷하진 않습니다. 우리는 술을 많이 마시고도 인사불성이 되지 않는 것을 능력으로 보는 성향이 있지만, 대부분의 나라에선 그렇지 않기 때문이죠. 그래도, 술을 많이 마시고도 멀쩡해 보이는 사람에게 그런 질문을 던지게 된다면 How much (alcohol) can you handle? 이나 How much (alcohol) do you think you could handle? 정도가 좋습니다. '감당'의 정도를 나타내는 말로 이 상황에선 handle만 한 것이 없으니 말입니다.

M: That's **one hell of a stiff drink**!

W: **Tell me about it**. I once had a few of those. I **blacked out**. How many shots of that whisky can you handle?

M: Well, I don't know. I once **emptied a whole bottle**. I was okay, but the **hangover** the next morning was horrible.

W: **I bet.**

Words & Expressions

1 one hell of 정도가 심하다는 것을 강조할 때 쓰는 말

예 one hell of a ride 놀이기구를 탔는데 정말 재미있었거나 무서웠을 때

2 a stiff drink 독한 술

3 tell me about it 그러게 말이야. (동의의 뜻을 나타내는 말) 맞아!

* empty 채워진 병이나 그릇에 있는 것을 다 마시거나 먹어 비운다는 말

* hangover 숙취 hang over는 동사구로 안개가 어디에 둥둥 떠 있다는 말.

음주 다음 날 그런 정신상태나 속 쓰린 상황을 부르는 말

* I bet 그럴 만하지 / 그래 맞어 - 상대방의 말에 동의를 표현할 때 쓰는 말

예 A: Going to the gym every day is a challenge

B: I bet

A: 헬스클럽에 매일 가는 건 정말 어려운 일이야.

B: 맞아

차 한 잔 내다 줄게.

Let me go get you some hot tea.

상대에게 호의를 베풀거나 제안을 할 때는 let me로 시작하면 좋습니다.

Let me do that for you. 내가 해 줄게

Let me carry that bag for you. 내가 그 가방 대신 들어줄게

그런데, 내가 가서 무얼 가져다준다고 할 때는 let me go get you + 무엇의 형태로 씁니다. 이때 go get은 go and get 혹은 go to get의 모양에서 and/to를 뺀 형태로 보면 됩니다.

Let me go get you some hot tea. 뜨거운 차 한 잔 내다 줄게

Let me go get you something to drink. 마실 것 한 잔 갖다 줄게

Let me go ask mom. 내가 엄마한테 물어볼게

M: Uhhh, this **fine dust** is **killing me**. I can't even breathe.

W: **No wonder**. The weather service **issued a fine dust alert** this morning.

M: They're issuing alerts for nothing. There's nothing we can do about it. You can't miss work just because there's **a thick layer of smog hanging over the city**, you know.

W: I know. Anyways let me go get you some hot tea. That'll help **clear up your throat** a bit.

M: Thanks, but can you **make that a beer**? I don't think some hot tea will clear up my throat.

W: Are you kidding me? You got plastered last night. No beer today!

Words & Expressions

1 fine dust 미세먼지 cf. yellow dust 특히 동아시아 지역에 발생하는 황사

2 killing me 이것 때문에 죽겠다. 스트레스 받는 상황을 표현

예 These mosquitos are killing me. 이 모기들 때문에 정말 죽겠다.

3 no wonder 그래 그럴 법도 하지. 그래, 그럴 만해. 당연하지.

예 A: He flunked the test.

B: No wonder he looks so upset.

A: 걔 이번에도 떨어졌대

B: 아, 그래서 그렇게 기분이 안 좋아 보이는구나

4 issue a warning/alert 경보/주의보를 발령하다

5 a thick layer of smog 짙은 스모그 /

물이나 공기 중의 농도를 부르는 말이 thick 혹은 thin

* layer는 겹이나 층을 부르는 말

예 ozone layer (오존층) three layers of clothing (겹쳐 입은 옷 세 벌)

6 hang over the city 도시 위에 깔려 있다

* make that something (그렇게 말고) 이렇게 해줘

예 A: Two beers please.

B: Make that three. My friend is joining us soon.

A: 맥주 두 개 주세요

B: 세 개로 해. 내 친구도 온대

5

그 사람 노래 잘 못 불러.

He is a terrible singer.

우리 말로 '그 사람 노래 잘 못 불러'라고 하면 보통 'He can't sing well'이라고 합니다. 문장이야 어찌 됐든 맞지만 실제로는 콩글리시에 가깝습니다. 영어에서는 어떤 기술이나 능력을 표현하려고 할 때, can이나 can't를 많이 사용하기보다는 그걸 잘하는 사람이다 혹은 그것에 능숙하다…정도로 표현합니다. 그래서 '그 사람 노래 잘 못 불러'라고 한다면 He is not a good singer라고 하거나 He is a terrible singer라고 하는 것이 좋습니다.

M: **I don't get it. How come** Lisa never **joins us to lunch**? She has to eat something, right?

W: She says her house is **a 5-minute walk** from the office. She has lunch at home.

M: But still, isn't it odd you never **get to** have lunch with your colleagues?

W: **True that**. I actually told her basically the same thing and

all she said was, 'Well, my mom is a great cook'.

M: Well then we'll have to ask her to invite us over for dinner

one of these days!

Words & Expressions

1 I don't get it. 도대체 이해가 안 돼. I don't understand와 비슷하지만

좀 더 답답함을 표현. 아~ 진짜 이해 안되네! 정도의 표현

2 how come~ 보통 '왜~'로 시작하면 why를 떠올리기 쉬우나,

'왜'라는 의미에 그 구체적인 절차나 과정에 관한 궁금증을 같이 담고 싶다면

how come이 더 적절

예 A: How come you're still here? Weren't you supposed to leave

at 8 o'clock?

B: Well, I got a call from Paul. The meeting was canceled.

A: 아니 어떻게(왜) 아직도 여기 있니? 8시에 가야 되는 거 아니었어?

B: 어, 폴한테 전화가 왔는데, 회의가 취소됐대

3 join us to 누구와 합류해서 어디에 가거나 참석한다

예 I would like you to join us to the party tonight.

저희랑 같이 오늘 밤 파티에 같이 가시면 좋겠어요.

4 a five-minute walk 걸어서 5분 걸리는 거리

예 M: Yeah, it's a 10-minute walk.

W: 매튜! 시럽 다 떨어졌어. 어떡하지? 여기 근처에 가게 있나?

M: 어, 걸어서 10분 거리에 있어

5 get to 여차저차해서 ~게 하게 되다

예 How did you two get to know each other?

서로 어떻게 알게 된 거야?

예 I didn't really like sashimi at first, but I somehow got to love it.

처음엔 사시미 별로 안 좋아했는데, 어쩌다 보니까 정말 좋아하게 됐지 뭐야.

6 True that! 본래는 That is true의 형태이나, 일부 지역에서부터 단어 위치를 바꾸고 is를 뺀 형태로 쓰다가 구어체 표현으로 굳어짐. 동의를 표시할 때 쓸 수 있는 말. 단, 격식을 차린 자리에서는 피할 것을 권장.

7 all she said was ~ 그 사람이 말한 것이라고는 ~ '밖에' 없었어

우리말로는 '무엇밖에 없다'고 하지만 영어로는 all로 시작하는 모양을 선호한다

예 All I want to do now is go home and get some sleep.

난 지금 그냥 집에 가서 잠이나 좀 자고 싶어

직역: 내가 지금 하고 싶은 모든 일은 집에 가서 자는 것이야.

비교: The only thing I want to do now is go home and get some sleep.

예 All I need is your love. 내겐 너의 사랑만 있으면 돼

8 **one of these days** 언젠가. 특히 '조만간 언제 한 번' 정도의 의미

예 I'll make him pay for this one of these days.

조만간 그 녀석에게 복수하겠어! (revenge 대신에 적절)

6

이래라 저래라 한다.

He is too bossy.

사장님이 아닌데도 이런저런 시시콜콜한 일에 참견하면서 일을 시키거나 지시를 내리는 사람들이나, 평등한 사이에서 자꾸 윗사람인 것처럼 하는 사람에 대한 불만을 나타낼 때, '그 사람은 너무 이래라저래라 하는 것 같아'라는 말을 하곤 합니다. 그런 상황을 표현할 수 있는 단어가 bossy라는 형용사입니다. Boss는 사장님이나 최고 우두머리 역할을 맡은 사람을 지칭하는 일상적 단어입니다. Boss는 동사로도 씁니다. He always bosses around. 라고 해도 비슷한 의미를 전달할 수 있습니다.

W: Well, they were right, after all, when they say 'Never date a rich man'.

M: What happened?

W: I had **a blind date** a few weeks ago. The guy seemed perfect. He was good-looking and **sounded like** a well-educated elite. And he **drove a BMW. Not that** I cared much about it though. We **talked over some coffee** and **parted.** Then yesterday, he **took me out to dinner.** It was a **posh** seafood restaurant. He didn't even **ask me if** seafood was okay with me. Well I love sushi, but he should've asked me **beforehand**. We got in. The interiors were impressive enough. He asked me if I'd like some **wood-grilled oysters** with pickles and black pepper, not even looking at me. **I was about to** say I'd love it **when** he waved to a waiter nearby and ordered it and a few more I couldn't recognize. He was being bossy **the whole time.** I should've **heeded my friends' advice** not to **go out with** a rich guy.

M: Well, first of all, **my heart goes out to you** for that. That guy was rude. But I don't think that guy's attitudes **had anything to do with** him being rich. People can be rude, rich or poor.

Words & Expressions

1 a blind date 소개팅. 만날 상대를 미리 확인하지 못한 상황에서 제3자의 소개로 이루어지는 만남

2 sound like 사람을 주어로 이렇게 쓰면 그 사람의 목소리나 톤, 분위기, 느낌 등이

어땠다는 뜻.

예 He sounds like a nice man.

그 사람 말 하는 걸 들으면 좋은 사람 같아.

예 He sounded like he was a few years younger than I was.

그 사람 말 하는 걸 들으니까 나보다 두어 살 어린 것 같더군

3 He drives a BMW. 가진 차가 BMW라는 말. 보통, 상표 이름을 가산명사로 써서, 그 상표에서 만든 상품을 지칭함

예 She was holding a Gucci in his left hand and sporting a Cartier on his right wrist.

그분, 왼손에는 구찌 백을 들고, 오른손에는 까르띠에 시계를 차고 있더군요.

* talk over coffee 커피를 마시며 이야기를 나눈다. Coffee 자리에 점심이나, 차(tea), 저녁 식사 등을 써서, 무얼 먹거나 마시면서 담소를 나눈다고 할 때 쓰는 말

* take me out to dinner 누군가를 저녁 식사에 데리고 간다는 말로, 보통은 마음먹고 좋은 저녁 식사를 사준다고 할 때 쓰는 말. Dinner 자리에 행사나 장소를 쓰기도 한다.

예 Please take me out to a ballgame.

야구장에 데려가 줘요!

예 He took me out to this beautiful beach I didn't even know we had in Vancouver.

그 사람이, 나는 여기 밴쿠버에 있는 줄도 몰랐던 해변으로 날 데려가지 뭐야.

* posh 세련되고 고급스럽다. 호텔이나 식당 등에 많이 씀

* ask someone if 혹시 어떠냐고 물었다

예 I asked her if she'd like some hot tea. 뜨거운 차 한잔하시겠냐고 물었다.

* wood-grilled 우리 식으로 따지면 '참숯으로 구운' 정도가 되지만, 서양에선 오래 탈 수 있는 히코리(hickory 요리할 때 많이 쓰는 북미산 나무)등의 나무와, 와인 등에 적신 톱밥/나무조각을 말렸다가 구이용으로 써서 요리할 때 썼다는 말이다. 나무향과 와인 등의 숙성재료 향이 어우러져, 굴요리나 스테이크에 쓰면 좋다.

* oyster 굴

* be about to 막 무언가를 하려고 하다

예 I was about to call him. 막 전화를 하려고 했다.

* when 어떤 일이 진행되다가 바로 다음에 어떤 일이 발생한다는 말을 할 때 유용.

예 I was dozing off on the couch when some crashing sound came from right outside.

카우치에 앉아 졸고 있는데 갑자기 바깥에서 쾅 하는 소리가 났다.

* the whole time 무얼 하는 동안 내내.

The whole time 앞에 관사를 쓰지 않는다는 점에 유의.

예 We went to a concert. He was dozing off the whole time.

콘서트에 같이 갔는데, 내내 잠만 자더라구.

* **heed my friends' advice** 친구의 조언을 귀담아듣다. Heed는 관심을 기울이고 신경을 쓴다는 말로, "그냥 흘려듣지 않고 집중해서 잘 듣는다"는 뜻.

* **go out with** 이성과 데이트한다는 말.

* **my heart goes out to you** 정말 안 됐다.

  내 마음이 네게로 간다: 상대방이 당한 안타깝거나 슬픈 상황에 나도 마음이 아프다는 공감의 표현

* **have something to do with** ~와 관련이 있다. related with와 달리, 간접적 인과관계를 표현할 수 있기 때문에 related with보다 실제로 훨씬 많이 쓰인다는 점에 유의

예 A: Are you still mad because of what he said?

B: No! I mean I'm mad, but this has nothing to do with what he said.

A: 그 사람이 말한 것 때문에 아직도 화났어?

B: 아냐! 뭐 지금 화가 난 상태긴 하지만 그 사람이 한 말하고는 상관 없어.

7

(동생이 집안일 안 해서 화가 나서)

집 어지르는 사람 따로 있고 치우는 사람 따로 있냐? 너도 어른이면 책임감 좀 가져라.

Who made me the cleaning lady? Grow up and learn to clean up after yourself!

항상 뒷정리를 안 하고 사라지는 사람에게 clean up after yourself라고 할 수 있습니다. 마무리하고 떠나라는 말이죠. grow up! 이라고 하면 '애처럼 굴지 말아라', '어른답게 굴어라', '이제 안 그럴 때도 되지 않았니' 하는 말이 됩니다. Who made me the cleaning? 라고 하면 누가 나를 청소부로 만들었니, 혹은 내가 언제부터 집안에서 청소나 하는 사람이 된 거야? 하고 따지는 말이 됩니다.

W: I **can't take this anymore**. Who made me the cleaning lady? Grow up and learn to clean up after yourself!

M: Calm down, Lisa. Don't try to **make a big deal out of nothing**. It's just one little room. Don't act like you're **cleaning up** the whole house.

W: Alright. You're being **a real pain in the neck** now. I'll tell mom about this.

M: Oh no! I'm **scared stiff**. Please don't! Haha! **Go ahead**. We'll see who gets told off. Remember, I've been the good boy in the house **all along**. **It'll be your words against mine**.

W: Urggg. I hate you!

Words & Expressions

1 I can't take this anymore. 더 이상은 못 참아

take은 말이나 상황 등을 '받아들인다'는 말입니다. 문장 통째로 쓸 상황이 많습니다.

예 I think he took it as an insult.

걔가 아무래도 그걸 모욕으로 받아들인 것 같아

2 make a big deal out of nothing 아무것도 아닌 일에 호들갑을 떤다는 말로, 자주 쓰이는 말입니다. deal 대신에 thing을 쓰기도 합니다.

예 I'm not the one who's making a fuss here. You're making a big thing out of nothing.

내가 호들갑 피우는 게 아니야. 당신이 별것도 아닌 일에 오버하는 거지

3 clean up '싹' 치우다

clean만으로도 청소한다는 말이지만 up을 같이 쓰면 샅샅이, 싹 치운다는 말이 됩니다. up은 종종 다른 동사와 어울려 비슷한 뉘앙스를 전달합니다.

예 (음식을 남긴 아들에게 엄마가) Finish it up! 싹싹 긁어먹어!

4 pain in the neck 눈엣가시나 성가시게 하는 사람, 짜증나게 하는 사람을 지칭하는 이디엄입니다. neck 대신에 다른 금기어 등을 쓰는 경우도 많으나, 추천하진 않습니다.

5 be scared stiff 너무 무서워서 몸을 움직일 수 없을 정도가 되었다는 말입니다. stiff가 굳어서 딱딱하게 되었다는 말인데, 다른 동사/형용사와도 어울립니다.

예 I was frozen stiff. 너무 추워 몸이 꽁꽁 얼었다. (동태가 됐다)

6 go ahead 그래 할 테면 해봐. 혹은 네, 그렇게 하세요. 상황에 따라 비꼬거나 비아냥거릴 때도 쓸 수 있고, 하려던 것을 하시라는 공손한 말이 될 수도 있습니다.

예 A: Can I borrow this pen for a sec?

B: Sure. Go ahead.

A: 이 펜 좀 잠깐 빌릴 수 있을까요?

B: 그럼요. 쓰세요.

7 all along 보통 완료시제와 함께 쓰여 '내내' 그래왔다는 말을 강조할 때 씁니다.

예 I've been her secret admirer all along, but she never even noticed.

난 처음부터 지금까지 그분을 몰래 좋아했었는데, 정작 그분은 눈치도 못 채셨지.

8 It'll be our words against mine. 진위 파악을 위한 증거가 딱히 없을 때, '말 해봐야 소용없다'는 의도를 전할 때 씁니다. 혹은, 상대와 내가 서로 다른 얘기를 했을 때, 내 말을 더 믿어줄 것 같은 상황에서 하는 말입니다.

예 A: You hit me first. I'm calling the police.

B: Oh yeah? Go ahead. It'll be your words against mine. Just remember you're an ex-con, and I'm a law-abiding citizen.

A: 당신이 먼저 쳤잖아. 경찰 부를 거야

B: 오 그러셔? 불러. 경찰이 누구 말을 믿을까? 당신은 전과자고 나는 준법정신이 투철한 시민이지. 그것만 기억해.

8

스터디나 같이하는 일을 마치고 "수고하셨습니다"라고 하고 싶을 때 뭐라고 해야 하나요?

Great/nice/good work, everyone!

우리는 일을 마치고 나서 서로 '수고하셨습니다'로 인사합니다. 그런데, 이 말이 사실 문자 그대로의 의미는 아니지요. '당신은 고생을 했다'가 아니라, '힘드셨겠지만 이제 다 끝났네요' 정도의 인사일 뿐입니다. 따라서 그것을 영어로 바꾸려고 할 때 문자 그대로 'You suffered a lot'이라고 할 수는 없겠지요. 대신 Great job! 이나 Good work / nice work! 등으로 '잘했다'는 정도로 인사합니다. 사실 '안녕하세요'도 마찬가지입니다. 우리 조상님들이 간밤에 돌아가시지 않고 무탈하셨냐는 의미로 굳어진 이 인사말을 곧이곧대로 번역한다면, Are you okay?가 되겠지요? 이번엔 대화문이 아닌 '소설'에 나올 법한 이야기를 꾸며 익혀보겠습니다.

"Okay, good work, everyone! Let's go **grab something to eat**", Mark said, **elated**. A few of the **bunch excused themselves** and **headed off** to a bar. **Then came** this voice from the back of the rest: “Why don’t we just go get some **fish and chips** with beer? I know a place called “Wolf Hound” just **a couple of** blocks away from here.” That was Barney who joined the crew **a few days back**. “I’ve been there once, **and I loved it**. You guys will too.”

Words & Expressions

1 grab something to eat 뭐 먹으러 가다

우리말로도 점심이나 저녁 먹으러 가자는 말 이외에 ‘출출하다. 뭐 좀 먹으러 가자’는 말이 종종 쓰입니다. 그때 쓰는 말입니다. grab은 손으로 무언가를 움켜쥔다는 말인데, 일상생활에서 이렇게 많이 씁니다.

2 elated 기분이 좋거나 기쁜 상태

예 He was elated by the enthusiastic response.

사람들이 긍정적으로 반응한 것을 보고 기분이 좋아졌다.

3 bunch 사람이나 동물 등의 무리를 나타내는 말

4 excuse oneself 양해를 구하다.

보통 ‘실례합니다’라고 하면 Excuse me를 떠올릴 것입니다. 내가 그 말을 하는 것이 아니라 누가 ‘실례합니다’라고 양해를 구했다고 할 때 쓰는 말입니다.

예 She excused herself and left early.

양해를 구하고 일찍 자리를 떴다.

5 **head off to** 어디로 떠난다 = leave for

leave for와 비슷한 말이지만 off 때문에 '훌쩍', '휙' 가버렸다는 느낌이 더해집니다.

예 **He headed off to the school to pick up his daughter right after dinner.**

저녁 먹고 바로 딸아이 픽업하러 학교로 서둘러 갔다.

6 **Then came ~**

흔히 '도치' 된 문장이라고 하는데, 원래 문장을 도치했다고 생각하지 말고, 애초에 이렇게 생긴 구문으로 받아들이는 것이 들어 이해하거나 쓸 때도 훨씬 편합니다. 일의 발생 시점이 갑작스럽거나 뜬금없다는 점을 강조할 때 쓰입니다.

비교: Then, this voice came from the back of the rest

- Then came this voice from the back of the rest.

예 **I thought the case was settled. Then came the news that the defendant was killed today.**

그 사건은 타결이 된 것이라고 생각했다. 그런데 오늘 갑자기 피고가 살해됐다는 소식을 들었다.

7 **fish and chips** 서양 사람들이 식사 혹은 간식, 안주로 많이 먹는 음식이므로 단어라 생각하고 숙지하면 좋습니다.

8 **a couple of** 숫자 2를 나타내는 말로, 2를 쓸 상황에서 a couple of를 선택하는 사람들이 많습니다. 영어가 좋아하는 숫자라고 할 수 있습니다.

9 **a few days back** 며칠 전에. 보통 '전' 을 표현할 때는 ago나 before 중 하나를

고르는데 back도 빈도는 그만큼 높지 않지만 같은 상황에서 씁니다.

예 A few years back, I had this pet bird named Bori.

몇 년 전, '보리'라는 애왕조를 키웠었지.

10 I loved it. 거기 완전 좋았어요.

우리는 마음에 든다는 말을 할 때, '내가 그것을 좋아했다'고 하지 않고 '그것이 좋았다'고 많이 합니다. '너 오늘 옷 예쁘다!'라고 하지, '나 니 옷 맘에 들어'라고 하지 않는다는 말입니다.

예 Ben, I love your suit today!

벤, 오늘 수트 정말 잘 어울리는데.

9

(가게에서 두 사람이 쿠키를 사는 상황)

4개씩 두 봉지로 나눠주세요.

Please put them in two bags of four.
Please put them in two bags. Four for each.

네 개씩 두 봉지를 영어로 표현하려면 금방 떠오르지 않는 이유는 네 개'씩'이라는 말과 두 봉지라는 말을 어떻게 이을 지 모르기 때문입니다. '네 개'도 말할 수 있고 '두 봉지'도 말할 수 있지만 네 개씩 두 봉지를 못하는 것은 '네 개씩 두 봉지'라는 말을 '통째로' 본 적이 없거나 봤어도 그냥 지나쳤기 때문입니다. 4인으로 구성된 '4인 가족'은 a family of four라고 합니다. 다섯 명으로 구성된 한 무리는 a group of five (people)입니다. 그러면 4개 들어있는 봉지는 a bag of four가 되지요. 그럼 네 개씩 들어있는 봉지 두 개는 two bags of four가 됩니다. 넣어달라는 말은 put을 써서 'Please put them in two bags of four'라고 하면 됩니다. 혹은 좀 더 분명히 하기 위해 두 봉지에 넣되, 각각 네 개씩 넣어달라는 말로 Please put them in two bags. Four for each (bag)라고 해도 좋습니다. 단, a father of four는 네 명으로 구성된 아버지는 아니겠죠? 네 아이를 둔 아버지라는 말입니다.

W: As **a mother of four** grown up sons, I'll say the more kids you have, the happier you get.

M: **Good for you**, Mrs. McLewin. But then things are not always that simple. **A family of four** needs at least $3,000 to just **get by** in Korea. When **money is tight**, happiness is a luxury.

W: Well, it looks like we have different definitions of happiness. I don't think being happy **equals living in abundance**. You CAN be poor and happy.

M: That sounds lovely, but I just **don't see how** you could have **a home sweet home** when you can't even **put food on the table.**

W: Okay let's **leave this debate for another day**. For now, I just need my cookies. I want eight of them. Please put them in two bags. Four for each.

Words & Expressions

1 a mother of four 네 자녀를 둔 엄마

2 good for you 잘됐네!

상대방에게 좋은 일, 반가운 일이 생겼을 때, 잘 됐다며 공감할 때 쓰는 말입니다.

예 A: Hooray! I' ve just got a pay raise!

B: Good for you! So you' re treating me to a dinner one of these days?

A: 야호! 봉급 인상됐다!

B: 정말 잘됐다. 그럼 이제 저녁 사는 거야?

3 a family of four 4인 가족

4 get by 그럭저럭 어떻게든 살다, 지내다

생계유지를 근근이나마 해내거나 어려운 일을 어떻게든 완수해낸다는 말입니다.

예 It' s a miracle we got by on such a meager salary.

그런 쥐꼬리만 한 월급으로 어떻게 생계를 꾸려나갔는지 정말 기적이야.

5 money is tight 돈이 쪼들린다, 경제상황이 안 좋다, 예산이 빠듯하다

예 I' m not sure how I can have a merry Christmas when money is tight like this.

이렇게 쪼들릴 때 어떻게 메리 크리스마스를 보낼 수 있을지 모르겠어.

6 equal (동사로) 같다, 똑같은 것이다, 동급이다

예 People tend to think a girlfriend/boyfriend equals money. Here are some tips for people who want to have a perfect date without breaking the bank.

사람들은 흔히, 연애를 하면 돈이 든다고 생각합니다. 자, 통장을 거덜내지 않고도 멋진 데이트를 할 수 있는 방법을 알려드리겠습니다.

7 live in abundance 풍요롭게 살다 (풍요 속에서 살다)

abundance는 충분히 많음을 뜻하는 '풍요' 입니다. 풍요 속에서 산다는 말이니 풍요롭게 산다는 말이고 '부자' 라는 말을 교양 있게 돌려 한 말입니다.

8 don't see how 어떻게 해서 ~게 되었는지 / ~인지 모르겠다

예 I don't see how it can be a good thing.

그게 어떻게 좋은 건지 모르겠어

9 a home sweet home 즐거운 우리 집, 행복한 우리 집

항상 즐거움과 행복이 가능한 '집' 을 뜻하는 영어의 표현법

10 put food on the table 식탁에 음식을 놓다. 가계를 꾸려가다.

생계를 유지할 만큼 돈을 벌다

예 Isn't it the father's job to put food on the table?

집에 돈 벌어다 주는 일은 아버지가 하는 일 아니야?

11 leave ~ for another day 일단 ~은 뒤로 미뤄두다, 일단 그건 나중에 하다

예 I'll leave it for another day because there's too much to say.

할 말이 너무 많으니까 그건 좀 나중에 다시 얘기하자

10

(사람들이 많은 곳에서 의견을 물어볼 때)

아무 말 없는 걸 보니 아닌 걸로 알겠습니다

I'll take that (the silence) as a "no"!

여러 사람이 모인 곳에서, "여기 영화 '매트릭스' 보신 분 계신가요? (Have any of you seen the movie Matrix?)라고 물었는데, 아무도 대답을 안 할 경우, '대답이 없으신 걸 보니 아무도 안 보신 것 같네요' 혹은 '아무 말 없는 걸 보니 없는 걸로 알겠습니다'라고 말할 때는 'I'll take that as a no'라고 합니다. 비슷한 맥락에서, '자, 그럼 다들 삼겹살 먹으러 갈까?'라고 물은 상황에서 사람들이 미소만 짓고 있을 때, 물은 사람이 "Okay I'll take that as a yes. Let's go"라고 할 수 있습니다.

M: Have you been **working out lately?**

W: **Not really**. I'm just trying to **be conscious of** my daily **calorie intake** and **choose** walking **over** driving for short distances.

M: Julie, I like **the way you put words together**.

W: I'll take that as a complement.

M: That's how I **meant it**.

W: So, are you **hitting on** me?

M: What? Hahaha

W: I'll take that as a yes. **Take a hike**.

Words & Expressions

1 work out 운동하다.

보통 조깅을 하거나, 헬스클럽에 정기적으로 다니며 운동을 하는 것을 말합니다.

exercise보다 좀 더 마음먹고 운동한다는 의미가 강합니다.

㉮ He's worked out for 3 years day in and day out.

그 사람 3년 동안 하루 종일 운동만 했어

2 lately 요즘 들어, 최근에

recently와 비교해 알아두면 좋습니다. recently는 근래 있었던 일회성 사건을

말할 때 쓰지만 lately는 최근의 '추세' 나 경향, 계속되어온 일에 대해 씁니다.

㉮ He was recently arrested on charges of theft and aggravated assault.

그 사람은 최근 절도 및 가중폭행 혐의로 체포됐다

㉮ The boy band has lately been making a splash in the music industry.

그 남성그룹은 최근 음악산업에서 이름을 떨치고 있다.

3 not really 꼭 그런 건 아냐

전혀 아니라곤 할 수 없지만 아닌 편이라는 말입니다.

4 be conscious of 잘 인지하고 있다

단순히 무언가를 '알고 있다'는 것보다 평소에 항상 어떤 부분에 신경을 쓴다는 말입니다.

예 Health-conscious consumers are increasingly choosing organic produce.

건강에 특히나 신경을 쓰는 소비자들은 점차 유기농 농산물을 선택하고 있습니다.

5 choose ~ over ~ 둘 중 하나를 선택하다

둘 중 하나를 골라야 할 상황에서 하나를 선택한다는 말로, 기호를 나타낼 때 자주 씁니다.

예 He chose Hannites hagwon over Heckers hagwon.

해커스가 아니라 해나이츠 학원을 택했다.

(해커스와 해나이츠 둘을 놓고 고민하다가 해나이츠를 택했다)

6 the way ~ 무언가를 하는 방식

둘 중 하나를 골라야 할 상황에서 하나를 선택한다는 말로, 기호를 나타낼 때 자주

예 the way he walks 그 사람의 걸음걸이 .

예 the way he talks 그 사람의 말투

예 the way you put words together 단어들을 선택하고 말을 하는 방식

7 **meant it** 원래 그 말을 하려고 한 것이다 / 그럴 의도가 아니었다

예 I'm sorry. I didn't mean it.

미안해, 그럴 의도가 아니었어. (그러려고 그런 게 아니었어)

8 **hit on someone** 누군가에게 작업을 걸다

이성에게 호감이 가서 사귀어볼 요량으로 접근한다는 말입니다. 무례하게 들릴 수 있으니, 직접적으로 말할 때는 조심하는 것이 좋습니다.

예 I'm pretty sure he is hitting on you.

걔가 너한테 수작 거는 거야. 분명해.

9 **take a hike** 산책 / 하이킹하다 / 꺼져!

본래는 어디 산책이나 하이킹 간다는 말이나, 상황에 따라서는 화나서 무례하게 '꺼져'라는 말이 됩니다. 자주 쓰이지만, 비속어이므로 남발은 금물입니다.

11

(식당에서 메뉴 정할 때, 한 사람이 '나는 짬뽕'이라고 한 상황에서)

나도 짬뽕!

Make that two.

누가 무엇을 선택했을 때 나도 그것을 선택했다는 말을 할 때, "Make that two"라고 합니다. 문자 그대로 보자면, "그것을 선택한 사람을 나까지 쳐서 두 사람으로 하라"는 말입니다. 비슷한 용법으로, 누가 어떤 의견을 내거나 경험한 것을 이야기할 때, 나도 그렇다는 동의의 의사를 나타낼 때, "That makes (will make) two of us"라고 합니다. "그렇다면, 그런 사람은 당신과 나 둘이네"라는 의미가 됩니다. 관용적 표현으로 자주 쓰이는 말이니 맥락 내에서 익혀두면 좋겠습니다.

W: Han just loves kimchi. He let me try it **the other day**, but I **couldn't stand** the **tangy** smell.

M: Well, **that makes two of us**. I know that smell comes from the **fermentation** process and is actually not a sign that the food has gone bad or anything. But still kimchi is not **palatable** to me.

W: I think most of us Americans will find it hard to **get used to** the Korean food. I've read a news article the other day that said they're going to try to **get rid of** that **pungent** smell from kimchi to make it more appealing to **non-Korean** people.

M: Uh-oh. I'm **not sure if** kimchi without the smell would still be kimchi. It's like removing the hot, spicy sauce from hot and spicy chicken wings. If the wings are not hot and spicy, they're not hot and spicy chicken wings.

W: Haha, that's true. But if they actually manage to make kimchi less smelly, I'll definitely **give it a try**. Why should it matter if the change creates a new variety of kimchi anyway? By the way, we didn't order. Did we? **I'll have** a **Baltic sea herring** sandwich and a coke.

M: **Make that two.**

Words & Expressions

1 the other day 얼마 전에. 그리 오래전이 아닌 최근에 있었던 일을 말할 때 씁니다.

2 can't stand something

도저히 참을 수가 없다. 당연히 이때 쓰이는 stand는 참을 수가 '없다'는 상황에서 주로 쓰이므로 can't stand something의 모양이 대부분입니다.

예 His voice is really annoying. I can't stand it.

그 사람 목소리가 정말 짜증나. 진짜 못 참겠어!

3 tangy 맛이나 냄새가 고약하다는 말로, 특히 톡 쏘는 듯한 강렬한, 기분 나쁜 냄새/맛을 표현할 때 씁니다. pungent와 비슷합니다.

4 fermentation 발효.

동사는 ferment, 형용사는 fermented로 씁니다. 된장이나 김치와 같이 발효시켜 먹는 음식을 설명할 때 주로 씁니다.

5 palatable 입맛이나 구미에 맞는다는 말입니다.

주로 "be palatable to 사람"의 모양으로 씁니다. palate은 '경구개'를 뜻하는 말로, 입맛에 맞는다는 뜻으로 palatable를 쓰는데 용법이 다양하게 변하면서 '기호'를 나타내는 데 광범위하게 쓰이게 되었습니다. 비교적 formal한 표현입니다.

예 The flesh is enjoyed by a small portion of the population and is palatable to Asians.

그 살코기를 좋아하는 사람들은 많지 않으며, 아시아 사람들 입맛에 맞는 편이다.

6 get used to 익숙해지다. 시간이나 경험 등을 통해 익숙해진다는 말입니다.

7 get rid of 영한사전이 제시한 대응어로 '제거하다' 라고 많이 외우지만 정작 용법은 훨씬 광범위합니다. 냄새를 없애거나, 사람을 죽이거나, 내보낸다고 할 때도 쓸 수 있습니다.

예 Can you get rid of this smell?

이 냄새 좀 없애 주시겠어요?

예 A little bear cub got in the car. They did their best to get rid of the bear, but he refused to move.

조그만 새끼 곰이 차에 들어갔다. 곰을 쫓아내려고 안간힘을 썼지만 도무지 꿈쩍도 하지 않았다.

8 pungent 냄새가 고약하고 톡 쏘거나(tangy),

비평/비난의 말이나 글이 신랄하다고 할 때 씁니다.

예 His pungent criticism was so full of profanity that many readers found it offensive.

그 사람의 날 선 비난은 욕설이 너무 많이 담겨 있어서,

많은 독자들은 기분이 상했다.

9 non-Korean 한국인이 아닌

예 non-food item 식품이 아닌 것

10 not sure if "~인지 잘 모르겠다"는 말로,

정말로 '모른다' 는 말을 할 때나, 어떤 주장이나 의견에 대해 회의적인 입장을 전할 때 쓰입니다.

예 I'm not sure if he really meant it.

그 사람이 진짜 맘 먹고 그랬는지 잘 모르겠다.

예 I'm not sure if his anger has nothing to do with me.

그 사람이 화난 게 나랑 정말 아무 관계가 없는 걸까. (관계가 있을지도 모른다는 말)

11 give something a try 한 번 시도해본다.

무언가를 한 번 해본다는 말도 되고, 음식을 한 번 먹어본다는 말도 됩니다.

give something a go라고 할 수도 있습니다.

예 A: I've never gone bungee-jumping. It just scares the hell out of me.

B: Really? You should give it a try. It's really fun.

A: 나 번지점프 한 번도 안 해봤어. 진짜 너무 무서워

B: 정말? 한 번은 꼭 해봐야 돼. 정말 재미있다니까.

12 Baltic sea herring 발트해 청어. 청어를 발효시켜 만든 음식 이름입니다.

그 냄새가 워낙 고약해서 어지간한 사람은 잘 못 먹는다고 합니다.

우리나라 홍어를 떠올리면 그 정도가 비슷하지 않을까 합니다.

12

전철에서 노약자석에 앉은 외국인에게, 이 자리는 노약자를 위한 자리라 노약자가 오면 자리를 양보해 주면 좋겠다고 설명해주고 싶을 때.

These seats are for the elderly and the disabled. We'd like you to give up the seats to them please.

사실 우리나라의 노약자석에 해당하는 제도는 다른 나라에도 있습니다. 영국 지하철에는 "Priority Seat: for people who are disabled, pregnant or less able to stand"이라는 문구가 지하철 내부에 붙어있기도 합니다. 우리나라 지하철에는 몇 가지 버전이 있긴 하지만, "These seats are reserved for the disabled, old, weak or pregnant woman."이라고 1호선에 써 있는 걸 봤습니다. 여러 가지로 자연스러운 영어라고는 할 수 없지요. 어쨌건, 자리를 '양보'한다는 개념은 '배려'의 개념을 담은 한국적 정서를 담고 있는 단어입니다. 영어 문화권에서는 그런 정서가 익숙지 않기 때문에, 도로에서 다른 차에게 길을 양보한다고 하면 give way (to)를 쓰고, 자리를 양보한다고 하면 give up (the seat) 정도로, 좀 더 직접적으로 표현합니다.

M: Excuse me. These seats are for the elderly and the disabled. **I'd appreciate it if you could give up the seats** to them.

W: Oh, I didn't know that. But I don't see any old or disabled people around now.

M: Yes, but still you should not sit there just **in case** some disabled person **shows up.**

W: Well I can always give up the seat when they do show up.

M: But then they may feel uncomfortable about **taking the seat** from you.

W: I **don't really get it**. They'**re entitled to** these seats. Why would they feel uncomfortable about sitting on seats for them? If they still do feel uncomfortable, **it's their problem, not mine.**

M: That makes sense, but you can't blame someone for the way they feel about a given situation. That they feel uncomfortable about asking you to give up the seat is not 'wrong' or anything. It's just part of what makes them who they are. If that makes you frustrated, that's your problem, not theirs. Besides, that's not **the way things work** here. **When in Rome, do as Romans do.**

W: Okay **understood.**

Words & Expressions

1 I'd appreciate it if you could ~

상대방에게 정중하게 요청할 일이 있을 때 쓰는 말입니다.

예 I'd appreciate it if you could put out the cigarette.

This is a non-smoking area.

담배 좀 꺼주시면 좋겠네요. 여긴 금연구역이에요.

2 give up something for (to) 누군가에게 소유권 등을 넘겨준다,

양보한다는 말입니다.

예 I just can't give him up for adoption.

난 걔를 절대 입양 보낼 수 없어.

(입양을 보내기 위해 그 아이를 포기할 수/넘겨줄 수 없어)

3 in case 가정의 상황을 말할 때, "혹시 어떻게 될 경우에 대비해서"라는 말입니다.

바로 뒤에 절이 나오거나 of와 함께 구를 쓰기도 합니다.

예 I'll call you in case he rejects the offer.

걔가 제안을 받아들이지 않으면 너에게 전화할게

예 Head straight to the nearest exit in case of a fire.

화재가 발생하면 가까운 출구로 바로 나가세요.

4 show up 모습을 드러내다, 나타나다

보통 한국 학습자들은 '나타나다' 라는 말을 떠올리면 습관적으로 'appear' 를 떠올립니다. 그런데 appear는 무언가 '짠' 하고 나타난다는 말이지 어떤 장소에 마땅히 나와야 할 사람이나 나올 수도 있는 사람이 나타난다고 할 때는 쓰지 않습니다.

㉹ He didn't show up for the appointment.

그 사람 약속장소에 나오지 않았어.

㉹ Only 12 out of the 30 people showed up today.

30명 중에 오늘 12명 밖에 안 나왔어.

5 take the seat 자리를 차지하다, 빼앗다.

take은 그 핵심에 '가져가거나 취한다' 는 의미를 강력히 담고 있습니다.

본문 맥락에선 앉아있던 사람을 밀어내가 그 자리를 '차지' 한다는 말로 쓰였습니다.

㉹ Someone took my wallet. 누가 내 지갑을 훔쳐갔어

㉹ Don't take her away from me.

그 사람을 내게서 데려가지(빼앗아가지) 마세요.

6 I don't get it. 이해할 수가 없어.

I don't understand보다 더 답답한 마음을 전하기 좋은 말입니다.

㉹ I don't get it. Why would anyone say such a thing to her?

도대체 이해가 안 돼. 왜 그 사람한테 그런 말을 하는 거지?

7 be entitled to 무엇을 받을/가질 자격이 되다.

to는 전치사로 혹은 부정사로 쓰일 수 있습니다.

㉹ I'm entitled to the scholarship. 난 그 장학금 받을 자격이 된다.

예 You are entitled to take part in the competition.

귀하는 그 경기 참가 자격이 됩니다.

8 their problem, not mine. 그 사람들 문제지 내 문제는 아니다.

'소유대명사'를 자주 사용하는 영어적 특성이 잘 녹아 있는 구문입니다.

예 Your kids are all pretty tall. Mine are not.

애들이 다 키가 무척 크네요. 우리 애들은 키가 안 크거든요.

9 the way things work 일들이 돌아가는 방식이라는 말로,

'원래 그런 거야'라는 의미를 담고 있습니다. That's the way it goes. 혹은

That's the way it is. 라고 하면 조금 달라져서, '사는 게 다 그렇지 뭐' 혹은

'원래 다 그런 법이야'라는 말이 됩니다.

예 First you need to get used to the way things work in the office.

사무실에서 보통 일이 어떻게 진행되는지부터 알고 익숙해져야 해.

10 When in Rome, do as Romans do. 로마에서는 로마법을 따르라

종종 When in Rome.까지만 말하고 뒷부분을 빼는데, 더 간결하게 같은 의도를 전달할 수 있습니다.

11 Understood. I understand와 같은 말이지만,

That's understood를 줄인 형태로 '어 이해돼'라는 느낌의 말입니다.

일상생활에서 많이 사용합니다.

13

사과 껍질 좀 얇게 깎아!
(먹을 수 있는 부분까지 많이 깎아 버릴 때)
Make that thinner! You're throwing away too much flesh!

사과를 깎는다는 말을 할 때는 peel이나 pare를 쓰고, peel이 훨씬 흔히 사용되는 단어입니다. peel an apple로 쓰면 됩니다. 그런데 껍질을 얇게 혹은 두껍게 깎는다고 하면 peel the apple thinner! 정도로 표현할 수 있습니다. 그런데, 이미 사과를 깎고 있는 상황이므로 꼭 peel를 쓸 필요는 없습니다. Make that thinner! 정도만 해도, '좀 얇게 해(깎아)'의 의도를 충분히 전달할 수 있습니다. '과육'은 flesh로 쓰므로, 'You're throwing away too much flesh!'라고 덧붙여, 과육이 버려진다는 의도를 전달할 수 있습니다.

M: Ah.. **This is killing me**. It's really hard to peel this apple.

W: Oh Benny, make that thinner! You're throwing away too much flesh.

M: I know. I'm trying. Can't we just **eat it unpeeled**? I heard an unpeeled apple has nearly **double the fiber** and a lot more vitamins in it. So if you **toss** the peel in the trash, you're throwing away all the nutrients **with it**.

W: Okay **genius**. Go ahead and eat it with the peel. Oh don't forget. Most apples **on the market** are not **organic**, so have tons of toxic **chemical residues on them**.

Words & Expressions

1 This is killing me. 이것 때문에 죽겠어.

힘들거나 고된 일을 할 때, 혹은 계속해서 짜증나는 일이 생길 때, 스트레스를 받는다는 표현입니다.

예 I know emergency rooms are always full of patients,
but this wait is killing me.
It's been three hours and no doctor showed up!
응급실이 항상 환자가 많은 건 나도 알아, 하지만 이건 너무 오래 기다리는 거 아니야? 세 시간을 기다렸는데 의사는 보이지도 않잖아.

2 eat it unpeeled 깎지 않은 채로 먹다.

무언가를 어떤 상태로 먹는다고 말할 때, eat something + 형용사의 형태로 많이 씁니다.

예 My sister likes it cold. 누나는 그걸 차갑게 먹어

예 Would you like the food hot and spicy?

음식을 좀 맵게 해드릴까요?

예 Don't eat it raw. 그거 날것으로 먹지 마세요.

3 double the fiber (twice the fiber) 두 배의 섬유질.

세 배부터는 three times (thrice로도 이따금씩 쓰임), four times 등을 씁니다.

유의할 점은 double of the fiber처럼 of를 쓰지 않는다는 점입니다.

우리말로 ~'의" 두 배라고 해서 많은 학습자들이 of를 넣곤 합니다.

예 Chicken breasts have three times the protein found in pork.

닭가슴살에는 돼지고기보다 세 배나 많은 단백질이 함유되어 있다.

4 with it 어떤 행위를 했을 때,

그것과 함께 부수적으로 어떤 다른 것도 같이 딸려간다거나,

어떤 다른 일이 같이 발생할 때 뒤에 붙여 쓰는 말로, 매우 자주 등장하는 용법입니다.

여러 예문을 통해 익히는 것이 좋습니다.

예 The car sank deep into the sea and the gold bars with it.

그 자동차는 바다 깊이 빠졌고, (안에 있던) 금덩어리도 같이 빠져버렸다.

예 A thief stole my bag taking the trash with it.

도둑이 내 가방을 훔쳐가, 그 안에 있던 쓰레기도 사라졌다.

(가방에 쓰레기가 있었는데, 가방을 가져가면서 그 안에 있던 쓰레기도 같이 가져가 버리게 되었다.)

5 genius 천재. 보통 잘난 체하는 사람에게 비꼬듯 말할 때 씁니다.

6 **on the market** 시장에 나와있다, 출시되어 있다.

예 There are 25 different kinds of anti-depressants on the market now.

현재 시중에는 25종의 우울증 치료제가 출시되어 있다.

7 **organic** 유기농의.

organic farming은 유기농법을 이용한 농업을 말하고,

organic produce라고 하면 유기농으로 재배한 농산물이라는 말입니다.

(produce: 집합적으로 농산물을 말하는 명사)

8 **residue** 잔여물, 남은 성분.

의도하지 않았으나 침전되거나 씻겨 내려가지 않고 남은 물질을 말합니다.

chemical residues는 화학물질이 잔여물로 남아있는 것을 지칭합니다.

14

(누가 나 보다 한 발 앞서서 무엇을 했을 때)

아, 한 발 늦었네.

Someone beat me to it.

내가 하려던 것을 누가 선수 쳤을 때, 쓰는 말로, 'You beat me (to it)'이라는 이디엄이 있습니다. 생각보다 쓸 수 있는 상황이 많이 있습니다. 물론 I'm late이라고 해도 상황만 적절히 받쳐준다면 말이야 통하겠지만 더 정확하고 좋은 표현을 쓰는 것이 좋겠지요.

W: Hey, guys! **Listen up. Guess what**. I've **got myself a new ride**!

M: Well, I've just told them you have. I also told them, that new ride is **a 2021 Lincoln Nautilus**, and that your dad **picked up the tab** for you.

W: What? **You beat me to it**? I told you to **keep it to yourself**, and you **blurted it out** like that?

M: Take it easy, Elena. It's just a new car. Not a big deal. Look at them. They're like, 'So what?' Nobody **gives a hoot about it.**

W: Oh yeah? **Folks**! This guy right here has been suffering from **piles** since 2013. He can't even sit down without a cushion.

Words & Expressions

1 listen up. 자 주목해봐! 잘 들어봐!

사람들의 주의를 환기시킬 때 자주 쓰는 말입니다.

2 guess what. 이 말도 주의를 끌 때 쓰는 말인데,

우리 말로는 '있잖아…' 정도에 해당하는 뉘앙스입니다.

3 get oneself something 내가 스스로를 위해 무엇을 샀다, 구했다는 말입니다.

예 So I went and got myself a new guitar. 그래서 가서 기타를 한 대 샀지.

예 Go get yourself a nice pair of shoes or something.

(아버지가 딸에게 카드를 건네며) 가서 좋은 신발이라도 한 켤레 사 신어.

4 a ride 여러 가지 의미를 갖고 있지만, '탈 것'이라는 명사로 많이 쓰입니다.

놀이공원에서 ride는 놀이기구입니다. 또 승용차/자동차를 의미하기도 합니다.

사람들에게 새로 산 차 사진을 카톡으로 전송하면서 아래에,

"My new ride"라고 하곤 합니다.

5 a 2021 Lincoln Nautilus 영어권 국가 사람들은 자동차 종류를 말할 때,

연식 + 제조사 + 자동차명의 순서로 말합니다. 가령, I drive a 2018 Nissan Leaf.

본인의 차를 이런 식으로 불러보고 입에 붙여 놓으면 좋겠지요?

6 pick up the tab 비용을 댄다,

서비스, 물건, 음식 등을 사거나 이용하고 나서 대금을 지불한다는 말입니다.

예 You treated me to a dinner once.

Let me pick up the tab this time!

저번에 니가 저녁 샀잖아. 이번엔 내가 낼게

7 You beat me to it! 니가 선수 친 거야? 니가 먼저 말해버리면 어떡해!

8 keep something to oneself

어떤 사실을 다른 사람들에게 말하지 말고 비밀에 부치라는 말.

예 I swear to God. I've kept it to myself all these years.

진짜야. 그 오랜 세월동안 진짜 아무한테도 말하지 않았다구!

9 blurt 이라고 하면, 무심코 어떤 말을 불쑥 해버리는 상황을 묘사합니다.

그런데 이것을 목적어 it과 함께 'blurt it out' 이라고 말하면,

특히 대화에서 그 의미의 강도가 강해져, '불쑥 말해버려 비밀 등이 탄로난다' 는 의미를 전할 수 있습니다.

10 give a hoot about it 아무도 그거 신경 쓰지 않아

예 A: You heard that? Kim is getting married to a start-up CEO!

B: Well, I don't give a hoot about it.

A: 그거 들었어? 킴, 벤쳐회사 사장이랑 결혼한대!

B: 그래? 그래서 뭐? 난 관심 없어

11 **folks** 일반 서민들을 이르는 말이지만, 호칭으로 부를 때는,

'여러분!' '저기요, 여러분!' 정도에 해당하는 말입니다.

12 **suffer from piles / have piles**

Piles는 '치핵'을 이르는 말로, 치질이 있다,

치질을 앓고 있다는 의미를 전할 때 쓰는 말입니다.

15

(외국인이 한국에 온 기간을 얘기하며)

저는 한국에 온 지 햇수로는 6년째입니다.

This is my sixth year.

우리 말에서 '햇수'로 몇 년 차라는 말은 '만'의 개념이 존재하기 때문에 의식적으로 구분하기 위해 쓰입니다. 가령, '기타 얼마나 쳤어요?'라고 말할 때는 '만 3년 정도 된 것 같아요'라고 말하거나 '햇수로는 3년 차인데 실제로는 1년 정도밖에 안 쳤어요' 이렇게 말하는 경우지요. 영어에서는 나이는 우리가 말하는 '만 나이'로 칭하지만, 많은 경우 몇 주, 몇 달, 몇 년째로 표현하는 상황도 많습니다. 즉 '상황'에 따라 적절한 방식을 택해야 합니다. '나 대학교 3학년이야'라고 말하려면, 물론 'junior'라는 명사가 있으니 I'm a junior 라고 해도 되지만, I'm in my third year in college나 This is my third year라고도 말할 수 있습니다. 임신 주차를 말할 때도 자주 보입니다. I'm in my 20th month (of pregnancy/gestation).

M: **That's new**. I never thought an American would have Hong-uh.

W: Oh I love to eat **fermented** Hong-uh along with kimchi and **steamed pork slices.**

M So how long have you been in Korea?

W: Well, **this is my 6th year**. But Korean foods were my favorite back in the States. If you **count the year and a half I spent here as a child**, that **would be more like** 8th.

M: Geez, you've **lived here longer than I have**. I spent my entire childhood in Canada and got my bachelor's degree in mechanical engineering in the United States. I'm Korean, and **this is my fourth year** in Korea.

Words & Expressions

1 that's new 이야, 신박한데! 이야, 그건 또 몰랐네.

헐! 너 ~~~ 할 줄도 알아?

예 You're a cook? That's new. 요리도 할 줄 알았어? 몰랐네.

2 fermented 발효되거나 삭힌 상태를 말함.

한국의 김치나 홍어, 술(막걸리) 등을 이를 때 흔히 쓰는 말

예 Makgeolli is a fermented rice wine that's long been enjoyed by Koreans.

막걸리는 한국인들이 오랜 세월 즐겨온, 쌀을 발효해 만든 주류다.

3 steamed pork slices 보쌈용 돼지고기를 떠올리면 된다.

Steamed는 증기로 찌는 것에 가깝고, boiled는 물에 끓이는 것.

그런데 사실 '찐다'는 개념 역시 수증기에 의해 익히는 방식이므로 steamed와 boiled는 크게 다르지 않다. 만두를 찔 때는 만둣국이 아닌 이상 steamed만 어울리는 표현.

4 this is my 6th year 올해가 6년째야

올해가 햇수로 6년째야.

흔히 '만'으로 따지는 시간이 아닌 '햇수'로 따진 시간은 '몇 번째 해'라는 식으로 표현한다.

예 ’m in my 3rd year in college. 대학교 3학년이다.

예 She is in her 6th month of pregnancy. 임신 6개월차이다.

5 would be more like ~ 에 가깝다.

예 Subtract the money that went into lobbying,

and the real net profit is more like $40,000, not $75,000.

로비에 들어간 돈을 빼면, 진짜 순수익은 7만 5000달러가 아니라

4만 달러에 가까워.

6 lived here longer than I have 기본적인 비교구문 연습

예 He is taller than I am. 걔(남자)가 나보다 키 커

He has more enemies than I do. 적은 나보다 걔가 더 많지

I bet I’ve been to more countries than you have.

내가 다녀본 나라가 너보다 많을걸

I see your music video has received more likes than mine has.

네 뮤비가 내 거보다 좋아요 많이 받았더라

16

나 어제 하루 종일 열나고 아팠잖아. 뭐 잘못 먹었나 봐.

I was running a fever and sick all day yesterday. Maybe it was something I ate.

열이 난다고 할 때는 run a fever가 가장 흔하게 쓰이는 말입니다. 보통 '아프다'는 것이 감기 기운, 몸살 등을 지칭할 때 역시 흔한 말은 sick입니다. 단 'sick'의 경우는 '속이 안 좋다'는 의미를 전할 때도 많습니다. Sea-sickness (뱃멀미)나 morning sickness (입덧) 등에서 특히 그 특징이 드러납니다. '뭐 잘못 먹었나 봐'라는 말은 그대로 '잘못된 것을 먹었다'는 말을 문자 그대로 옮기기보다는 '먹은 거…에 그 원인이 있었다'는 식으로 써서 Maybe it was something I ate. 이라고 씁니다.

W: I was **running a fever** and sick all day yesterday. Maybe **it was something I ate**.

M: Are you sure? We had **the exact same meals** yesterday. This **can't be the food**.

W: Yes, it can. I think you didn't even touch the raw oysters we had for lunch. I might have **gotten the stomach bug** from the oysters.

M: **Not so fast**! If it's the norovirus, you would've **had a massive diarrhea**. And you weren't exactly **burning hot**. My baby got the stomach bug half a year ago. He was so hot that I **stripped him down to his diaper**. **The temperature kept going up** though. I had to call 911. The doctor said, "**that's the virus doing that**." You **want to go get a test** for Covid-19.

W: Nah~ I don't think I've got Covid. And I hate **that long swab forced up the nose**. The last time I had that test, I felt like the swab was piercing through my brain and **coming out the top of my head**. I'm never doing that.

Words & Expressions

1 run a fever 열이 나다

예 I've been running high fevers ever since I got that flu shot yesterday.

어제 독감 예방접종하고 나서부터 계속 열이 많이 나

2 It was something I ate 직역하면 '그것은 내가 먹은 무엇이었어' 정도가 되어,

무슨 말인지 다가오지 않지만, 원어민들은 어떤 일이 생긴 원인에 대한 언급이라는 점이 맥락상 분명하면 이렇게 많이 씁니다.

예 A: What is so mad about?

B: I think it's the report card he got today.

A: 걔 왜 그렇게 화난 거야?

B: 오늘 성적표 나왔잖아

3 the exact same meals 똑같은 식사

보통은 the same만 가지고도 '똑같다'는 말을 전할 수 있지만, exact를 같이 넣어주면 의미가 더욱 강조됩니다.

예 **I've had the exact same dream at least three times.**

Do you know anything about recurring dreams?

나 완전 똑같은 꿈을 최소한 세 번 꿨어…

같은 꿈 꾸는 게 어떤 뜻인지 뭐 아는 거 있어?

4 the stomach bug '장염'을 이르는 말은 의학용어로 enteritis라는 말도 있고, intestinal inflammation이라고 풀어 설명할 수도 있지만, 좀 더 흔히 일상 대화에서 쓰는 말로는 stomach bug 정도가 있습니다. Norovirus (노로바이러스)로 인한 장염은 그 종류 중 하나로 볼 수 있지요.

5 Not so fast. 잠깐 잠깐, 너무 성급해

누군가가 너무 단정적으로 말을 하거나, 성급하게 결론을 짓거나 확신을 갖고 얘기할 때, 꼭 그렇진 않을 수도 있다, 좀 더 생각해 볼 필요가 있다는 식으로 이견을 제시할 때

광범위하게 쓸 수 있는 말입니다.

㉮ A: It's Kim who ratted on us. We've got to track him down and let him pay for this.

B: Not so fast! He is just one of five suspects. There's a chance that he is not the one.

A: 우리를 밀고한 놈이 김씨야. 이놈 찾아내서 대가를 치르게 해야 돼

B: 워워워··· 김씨는 가능성이 있는 다섯 놈 중 하나일 뿐이야. 아닐 수도 있다구.

6 **a massive diarrhea** '묽은 변'을 diarrhea라고 하는데, 장염에 제대로 걸려 고생을 하는 경우 massive를 같이 써서 많이 고생했다는 뜻을 전할 수 있습니다.

7 **burning hot**

덥거나 뜨겁다는 hot이라는 말에 burning을 같이 써서 그 강도를 더욱 세게 만들 수 있습니다. 체온이나 시장의 과열 상태, 토론이 격해지는 상황 등을 묘사하는 데 쓸 수 있습니다.

㉮ **The stock market has been burning hot ever since Merck put the first Covid-19 treatment on the market.**

'머크' 사가 최초의 코로나19 치료제를 내놓은 뒤로 증시가 내내 뜨거운 상승세를 보이고 있습니다.

8 **strip something/someone down to ~**

기저귀만 남기고 옷을 다 벗긴다. 사람뿐 아니라, 사람이 아닌, 기관, 단체, 상황에도 쓸 수 있습니다.

예 Our livelihood has been stripped down to its bare minimum by the pandemic. All we can afford is three meals a day and utility bills.

팬데믹 때문에 우리의 생활은 필요한 최소한의 것들만 간신히 영위할 수 있는 정도로 전락했다. 기껏해야 하루 세 끼 해결하고, 공과금 내는 것 말고는 할 수 있는 것이 없다.

예 When stripped down to its bare essence, life is just about an endless pursuit of pleasure.

결국 쓸데없는 것을 다 제외하고, 핵심만 추려 보면, 삶은 그냥 만족감을 추구하는 것이다.

9 That's the virus doing that.

구문과 뉘앙스를 잘 이해해야 합니다. The virus is doing that. 이라고 해도 기본적인 의미는 포함이 됩니다. '바이러스가 그 짓을 하고 있는 것이에요' 혹은 '바이러스 때문에 그런 거예요' 정도의 의미가 되겠지요. 그런데 그것을 That's the virus!!!라고 말하고, doing that을 뒤에 붙인 형태를 취함으로써, '그런 건 다 바이러스 때문이에요!' 라는 뉘앙스가 풍기게 됩니다. 우리가 중고교 시절 학교에서 배웠던 'it ~ that' 강조용법을 떠올리시면 편합니다. 단, 이것을 '문법' 이라고 여기지 않고, '말' 로서 이해해 내 것으로 소화해야 합니다.

예 It's you who's at fault. 잘못이 있는 건 너야!

예 You see him? That's the murderer talking to that tall girl around the corner.

저기 남자 보이지? 코너에서 키 큰 여자랑 얘기하고 있는 놈이 그 살인자야.

10 you want to ~

want라는 단어는 to와 함께 써서, 말하는 사람이 '조언'을 하거나 제안을 할 수 있습니다.

예 You don't want to mess with her. She is a black belt.

재한테 까불지 마. 유단자야.

예 You want to leave him alone. He told me he didn't want to talk to anyone.

재는 그냥 내버려 두는 게 좋아. 아무랑도 얘기하고 싶지 않다고 했거든.

11 long swab forced up the nose

무엇을 코 안으로 밀어 넣는다..는 표현으로, 확장성이 매우 높은 구문입니다.

She forced a long swab up my nose. 긴 면봉을 코로 밀어 넣었다.

코는 위로 나있으니까, up my(the) nose가 됩니다.

비슷한 이치가 이렇게도 적용됩니다.

French chefs ram (put, push, force) pipes down the throats of male ducks twice every day, pumping grain and fat into their stomachs.

프랑스 셰프들은 (푸아그라를 만들기 위해) 수컷 오리의 목구멍에 파이프를 매일 두 차례씩 밀어 넣어 강제로 곡물과 지방분을 위 속에 주입한다.

예 You shouldn't flush wet wipes down the toilet.

They clog up the toilet.

물티슈는 변기에 넣으면 안 됩니다. 변기가 막힙니다.

12 come out the top of my head

머리를 뚫고 나온다는 말입니다.

Come out과 top of my head 사이에 뭐가 있어야 할 듯 하지만 없다는 것이 포인트입니다.

I walked out the door. (문으로 걸어나갔다)도 마찬가지인데요.

Walk out과 the door 사이에 뭔가 있어야 할 듯 하지만 없습니다.

I rushed up the stairs. 도 마찬가지.

예 Whatever he says seems to go in one ear and out the other.

그 사람이 말하는 건 뭐든지 머릿속에 안 남는 것 같아

(한 귀로 들어와 한 귀로 흘려버리게 돼)

Part Ⅱ

Short essays

1

Abortion

Question

In many parts of the world, abortion is illegal. In others, you're allowed to abort a developing fetus if certain conditions are met. And many activists insist that all existing restrictions regarding abortion be thrown away and that we allow women to do whatever they want to with their fetus because it's part of their body. Come up with a logical counterargument.

Answer

I do find it maddeningly difficult to either side with or offer a convincing counterargument to the opinion. If anything, however, I'd go for the sanctity of life than a woman's right to choose in very specific circumstances.

At the heart of the age-old debate lies whether that cluster of cells in a pregnant woman's uterus is a life worth fighting for or just an organ that's growing in the woman's body. In many US states, the fetus is considered a life if it's capable of surviving with the aid of medicine when forcibly introduced to the world. And that's somewhere between 20 and 22 weeks after inception. And that's about the time by which you are allowed to legally terminate your pregnancy there.

I believe a fetus is a life. If anyone confronts me about a fetus being a life, I'd kindly remind him of a recent murder case where a woman in her 30s gave birth to a baby, killed it and threw it away in a trash bin. She was charged with murder and convicted, not of illegally terminating pregnancy but of killing a live human being. If murder is to be defined as killing a human life, when did the poor little thing turn from a bodily organ into a human? The moment it was pushed out of her body? If you call an unborn fetus just a part of the body that the woman can do anything with and call it a life the moment it's brought to the world, isn't it too arbitrary?

Aborting an 'old' fetus involves procedures that I'm not capable of depicting in words without cringing in horror. If terminating a, say, 30-week-old fetus should be considered just a 'procedure' like removing a tumor, and not a crime, the woman who killed the baby should have never been convicted because, after all, we all were just a cluster of cells that grew in a woman's body.

I believe that's the middle ground here. You have the right to have an abortion. You have 5 months to decide. And beyond that, let us not pretend that it's still not a life that's growing in the womb.

해설

1 In others, you're allowed to abort a developing fetus if certain conditions are met.

어휘/어구

· **abort**

뭔가를 진행하거나 계획하다가 중간에 멈추고, 도중하차하거나 시키는 것을 말합니다. 그래서 목적어로 취하는 단어들이 plan이나 project, mission 등입니다. 이것이 '태아'와 함께 쓰면 '낙태', '임신을 중간에 끝냄'의 뜻이 됩니다. Cf. abortive 결국 실패하게 되었다는 것을 형용사로 전달

예 In 1990, he was sent on an abortive mission to North Korea to broker a deal.

남자는, 1990년, 합의안 중재를 위해 북한에 파견되었으나 실패하고 말았다.

예 There was a time when aborting a fetus was thought to only be a procedure of restoring the woman's body to normalcy.

낙태라는 것이, 단순히 여성의 몸을 정상의 상태로 되돌리는 시술에 불과하다고 여겨지던 시절이 있었다.

2 And many activists insist that all existing restrictions regarding abortion be thrown away

어휘/어구

· **throw away**

단순히 물리적으로 던져버린다는 의미 이외에도 제도를 폐지하거나, 없애버린다고 할 때도 쓰이는 말입니다.

㉮ You can' t just throw away used butane canisters anywhere.

다 쓴 부탄가스를 그냥 버리면 안 된다.

3 I do find it maddeningly difficult to either side with or offer a convincing counterargument to the opinion.

어휘/어구

· **maddeningly** cf. fiendishly

'maddening'은 mad에서 파생되어 무척 화나는, 화나게 하는 상황에서 쓸 수 있는데, maddeningly는 답답하거나 어렵고, 스트레스 받는 상황에서 종종 쓰입니다. 그중 특히 '어렵다'는 상황에서 쓰일 때는 fiendishly 하고 비슷합니다.

㉮ The traffic is moving maddeningly slowly.

차가 기어간다

㉮ It is sometimes maddeningly (fiendishly) difficult to reason with teenagers.

이따금씩 십대 아이들과 이성적으로 대화를 나누는(토론하는 것) 것이 정말 너무 어렵다.

구문

· I find it difficult to ~

특정 주제나 상황에서 본인의 생각을 표현할 때 차용해 쓰면 좋습니다.

㉮ I find it difficult to put on a forced smile.

억지웃음을 짓기가 어렵다

비교: It is difficult for me to put on a forced smile.

번역비교: 내가 억지웃음을 짓는 것은 어려운 일이다.

㉮ I find it frustrating to have to sit next to someone who talks loudly on the phone on the subway.

지하철 의자에 앉아있는데 옆에서 누가 큰 소리로 전화 통화하면 정말 화가 난다.

4 If anything, however, I'd go for the sanctity of life than a woman's right to choose in very specific circumstances.

어휘/어구

· **sanctity**

신성을 가지고 있거나, 그 자체로 높은 가치를 가지고 있어 '존엄'하다는 의미를 전합니다.

㉠ sanctity of marriage

결혼의 성스러움, 존엄성

㉠ Raising the already high taxes on the rich is violating the sanctity of the free market.

부자들에게 매겨지는 세금이 그렇지 않아도 높았는데, 그것을 더 올리려 하는 것은, 자유시장경제의 가치를 훼손하는 일이다.

구문

· **If anything,**

"굳이 누가 물어본 것이 아니지만, 그래도 혹시 둘 중(혹은 그 이상 중) 하나를 꼽으라면"이라는 뜻으로, 필자의 특정 사안에 대한 입장을 어느 쪽이 아닌 그 반대쪽이라고 말하고자 할 때 쓸 수 있는 말입니다.

예 A: So you're done with him now?

B: No if anything, I'm closer to him than I have ever been.

A: 그럼 이제 그 사람이랑은 끝난 거야?

B: 아니 오히려 그 반대야. 그 어느 때보다 돈독해진 셈이지.

예 If anything, I'm never going to give up.

글쎄, 정 반대야. 절대 포기하지 않을 거야. (바로 앞의 대사는 포기하거나 관심을 끊을 것이냐고 상대방이 묻는 상황. 혹은 혼자 독백을 하면서 포기 등을 하는 것이 옳은지를 자문하는 상황.)

5 At the heart of the age-old debate lies whether that cluster of cells in a pregnant woman's uterus is a life worth fighting for or just an organ that's growing in the woman's body.

어휘/어구

· **at the heart of**

무언가의 중심에 놓여있는 상황을 묘사하는데 쓰입니다.

예 At the heart of the debate lies whether the state has the right to force vaccines upon the people it is supposed to serve.

논쟁의 중심에는, 국가가 떠받들어야 할 국민에게 백신을 강요할 권리가 있느냐 없느냐의 문제가 놓여있다.

· age-old

아주 오래되었다는 말로, old보다 더 거창하고 강도 높은 말. '한정적' 형용사로 더 많이 쓰입니다.

예 I' m not interested in the age-old debate about 'nature vs nurture'.

난, 선천적이냐 후천적이냐 하는 것에 관한 케케묵은 논쟁에는 관심이 없다.

예 Have you heard of the age-old dilemma between choosing to be a jack-of-all-trades or master-of-one?

"두루두루 다 잘하는 사람이 될까, 한 분야에서 최고가 될까"의 딜레마를 들어본 적 있나요?

· cluster

보통은 살아있는 것들이 오밀조밀 모여 있는 것을 뜻합니다. 과일이나 박테리아, 동물, 사람 등의 같은 종류의 묶음이라 생각하면 쉽습니다. 코로나19 사태가 번지면서 종종 등장한 '집단감염'의 사례를 이를 때도 사용될 수 있습니다.

예 a cluster of small, white flowers

작고 하얀 꽃다발

예 As community spread of Covid-19 continues in South Korea, clusters of cases will likely to break out linked to educational institutions and nursing homes.

코로나19의 지역사회 전파가 한국에서 계속됨에 따라, 교육기관과 요양원 등과 관련된 집단감염 사례들이 발생할 가능성이 높다.

· **uterus**

여성의 '자궁'을 뜻하는 의학용어입니다. 보통은 womb이라고 합니다. 그런데 요즘은 과거에 의학 전문용어로만 여겨졌던 많은 단어들이 일반인들 사이에서도 많이 쓰이므로 이 정도는 일반적인 단어로 여기는 것이 좋습니다. 형용사 형태로 'uterine'도 알아 두는 것이 좋습니다.

㉑ uterine cancer

자궁암

구문

· **a life worth fighting for**

싸워 지킬 만한 가치가 있는 생명. worth라는 독특한 단어의 용법을 익히는 데 도움이 되는 구문입니다.

㉑ the bag is worth having

그 가방은 가질 만한 가치가 있다.

비교: a bag worth having 가질 만한 가치가 있는 가방

㉑ the life is worth fighting for

그 생명을 위해(for) 싸울 만한 가치가 있다.

6 In many US states, the fetus is considered a life if it's capable of surviving with the aid of medicine when forcibly introduced to the world.

어휘/어구

· **medicine**

이 단어 자체만으로는 특정 '약품'을 뜻하는 것일 수도, '의학'이라는 분야를 이르는 것일 수도 있습니다. 본문에서는 맥락상 '의학'의 의미로 쓰였습니다.

7 And that's somewhere between 20 and 22 weeks after inception.

어휘/어구

· **inception**

뭔가 새로 시작된다는 말입니다. 본문에서는 정자와 난자가 만나 수정되어 생명이 '시작'된다는 것을 지칭합니다. at the inception of / at one's inception의 형태로 쓰여, 발생/생성 초기의 상황을 묘사하는데 많이 쓰입니다.

예 At its inception, Sony's Walkman was an immediate sensation. It was the ultimate 'must-have' item of the 1980s.

소니 워크맨은 출시되자마자 엄청난 반향을 일으켰습니다. 가히 1980년대의 '필수템' 이었던 것이죠.

8 And that's about the time by which you are allowed to legally terminate your pregnancy there.

어휘/어구

· terminate

끝내거나 종료시킨다는 말로, 딱 들어맞게 쓰려면 목적어를 어울리는 것을 써야 합니다. contract이나 deal과 같은 상호 합의하에 체결된 계약을 종료한다고 할 때 많이 쓰고, 본문에서처럼 임신을 끝낸다는 뜻의 '임신중절'의 의미로도 쓰입니다. 두 경우 모두 매울 formal 한 상황에 어울리는 단어입니다.

예 When one party is in breach of contract, the other is entitled to terminate the contract.

한쪽이 계약을 위반하면, 상대방은 계약을 종료할 권한이 있다.

구문

· that's about the time by which

마찬가지.

㉦ You are supposed to come by the time - the time by which you're supposed to come

당신은 그 시간까지 오셔야 합니다 - 당신이 (까지) 오셔야 하는 그 시간

㉦ He was told to finish the job by the morning - the morning by which he was told to finish the job.

그 사람은 그(날) 아침까지 일을 끝내라는 말을 들었다. - 그 사람이 (까지) 일을 끝내야 하는 그날 아침.

적용: He failed to show up for the meeting on Friday by which he was supposed to close the deal.

그 남자는 금요일까지 계약을 마무리 지어야 하는데 그 날 회의에 나오지 않았다.

9 If anyone confronts me about a fetus being a life, I'd kindly remind him of a recent murder case where a woman in her 30s gave birth to a baby, killed it and threw it away in a trash bin.

어휘/어구

· **give birth to** **(a baby)**

아이를 낳는다는 말로, 생물학적 표현이라기보다는 '시적' 표현입니다. 'birth(출생)'를 baby(아이)에게 give(선사)한다는 뜻이므로. 유의할 점은 birth가 '출생'이라고 하는 '개념'이므로 관사를 절대 쓰지 않는다는 점이지요.

㉠ She gave birth to a healthy baby boy.

건강한 아들을 출산했다.

10 She was charged with murder and convicted, not of illegally terminating pregnancy but of killing a live human being.

어휘/어구

· convict someone of

재판을 통해 누군가를 '유죄판결'한다는 말로, 보통은 피의자가 특정 혐의에 대해 '유죄판결'을 받았다는 식으로 '수동형'을 많이 씁니다.

예 He was convicted of assault and sentenced to 4 years in prison.

폭행혐의에 대해 유죄판결을 받고 4년 형을 받았다.

예 an ex-convict

유죄판결을 받은 전력이 있는 사람; 전과자 cf. ex-con

예 The court convicted him of manslaughter and sentenced him to 7 years in prison.

법원은 피고에게 과실치사 혐의에 대해 유죄를 선언하고 7년 형에 처했다.

11 If you call an unborn fetus just a part of the body that the woman can do anything with and call it a life the moment it's brought to the world, isn't it too arbitrary?

구문

· a part of a body that the woman can do anything with

여성이 어떻게 해도 상관없는 신체의 일부

비교: the woman can do anything with a part of a body

여성은 신체의 일부를 가지고 어떻게 해도 상관없다

비교: "the man I talked to" vs "I talked to the man:

내가 말을 한 남자 vs 난 그 남자에게 말했다.

이렇게, 말의 모양을 자유자재로 바꿀 수 있도록, 의식적으로 바꿔 생각하고 말해보는 일이 습관이 되는 것이 외국어를 익히는데 매우 중요한 노력 중 하나가 될 수 있습니다.

12 Aborting an 'old' fetus involves procedures that I'm not capable of depicting in words without cringing in horror.

어휘/어구

· **cringe**

두려움이나 공포, 고통, 혐오감에 몸을 웅크리는 모습을 취하는 상황

예 I' m sure that hurt him badly. I clearly saw him cringe in pain.

분명히 크게 다쳤을 거야. 고통으로 표정이 일그러지는 걸 봤거든.

· **procedures that I'm not capable of depicting in words without cringing in horror**

이 구문도 마찬가지입니다.

I' m not capable of depicting the procedures in words without cringing in horror

난, 그 시술절차를, 공포로 몸을 움츠리지 않고는 말로 묘사할 수 없습니다.

- 그 시술절차는 말로 묘사하기에 너무 끔찍합니다.

Stray dogs

Question

What do you think we should do with the estimated 20,000 stray dogs roaming the streets of South Korea now?

Answer

All 20,000 stray dogs must be taken into custody; we should find a new home for as many of them as possible and take care of the rest until they pass away.

Stray dogs pose a danger to themselves, livestock and people, and so should be taken to shelters. And we don't have enough of those shelters. Building a dozen big animal shelters will cost a big fortune, but we should weigh the costs against the harm done to livestock and humans when they're left roaming the streets. Besides, we don't need to keep them in those facilities forever. We can run TV commercials and place newspaper ads, so many, if not most of them can find a new home. Those that remain in the shelters can be neutered and taken care of until they meet a peaceful death. Job done? Not yet.

If pet owners regularly desert their own dogs just like they do now, we'll always be surrounded by new stray canines. We must make sure every single pet dog has an identification chip injected in it. We do require dog owners to do just that now, but no one is really going around looking for violations. This should be enforced with renewed vigor. If only we do this, we won't be overflowing with those poor four-legged humans' best friends anymore.

해설

1 What do you think we should do with the estimated 20,000 stray dogs roaming the streets of South Korea now?

어휘/어구

· **stray**

길을 잃었거나, 제 위치를 벗어나 정처 없이 떠도는 상태를 지칭합니다. 가령, go astray라고 하면, 물건 등이 분실된 상황을 뜻합니다. 또 사람이 바른길로 가지 못하고 비뚤어진다는 의미를 가질 수도 있습니다. (종교적인 의미를 지니는 경우가 많음)

예 A big portion of the money earned has gone astray and is not accounted for until now.

번 돈의 상당 부분이 사라졌고, 아직도 어디로 사라졌는지 모르는 상태다

예 The infidels have gone astray from the right path.

이교도들은 옳은 길로부터 벗어났다.

· **roam**

어슬렁어슬렁 돌아다니는 모습을 표현합니다.

예 Around 60 million years ago, dinosaurs roamed the Earth.

약 6천만 년 전엔 공룡이 땅 위를 거닐었다.

2 All 20,000 stray dogs must be taken into custody

어휘/어구

· **take someone into custody**

신병을 인도하다. 사람이나 동물 등을 잡아들여 가두거나 모셔 둔다는 말입니다.

예 The police took the murderer into custody, but his accomplices rescued him shortly afterwards.

경찰이 살인자를 잡아들였지만 공범들이 바로 놈을 구출해냈다.

3 Stray dogs pose a danger to themselves, livestock and people, and so should be taken to shelters. And we don't have enough of those shelters.

어휘/어구

· **pose a danger**

위협이 된다; 위협을 제기한다. danger 자리에는 risk나 threat 등의 성격을 가진 단어들이 쓰인다.

예 North Korea's outdated nuclear weapons system poses little danger to its neighboring countries.

북한의 낙후된 핵무기는 이웃국가에 큰 위협이 되지 않는다.

구문

· **we don't have enough of those shelters.**

enough 다음에 of를 쓸지의 여부는, 보통 enough와 enough of 직후에 한정사의 존재 유무로 판단합니다. 즉, I've had enough of that noise.에서처럼 noise 앞에 한정사 that을 쓰는 경우에 일반적으로 enough of를 쓴다는 것입니다. 이 경우에도 바로 앞에서 유기견 보호소를 언급했고, 이 문장에서도 those라고 한정해주고 있으니 enough of라고 쓰는 것입니다.

4 Building a dozen big animal shelters will cost a big fortune, but we should weigh the costs against the harm done to livestock and humans when they're left roaming the streets.

어휘/어구

· **a big fortune**

큰돈. 본문에서는 cost와 함께 쓰여 큰돈이 든다는 말로, 매우 사용빈도가 높은 표현입니다.

· **weigh ~ against ~**

문자 그대로 '경중을 따져본다'는 말로, 장점과 단점, 기대수익과 비용 등을 비교해 본다고 할 때 씁니다.

예 I've weighed the possible benefits against the costs that we can expect when we decide to go ahead.

계획대로 진행하기로 결정했을 때 기대되는 이익(혜택)과 비용(대가)를 비교해 봤어.

구문

· **the harm done to ~**

본래 구문은 do harm to ~입니다. 어떤 일/행위가 어떤 사람/당사자에게 피해를 준다는 말이지요. the pandemic has done immense harm to the health of the global population. (팬데믹은 전세계인들의 건강에 막대한 피해를 끼쳤다). 이때, "전 세계인들의 건강에 팬데믹이 끼친 막대한 피해"로 문장을 '구(句)'로 바꾸어보면 the immense harm done (by the pandemic) to the health of the global population쯤이 됩니다. 말의 모양을 바꾸는 연습은 앞서도 설명했듯 중요한 언어학습의 일부입니다.

예 The tornado wreaked havoc on the houses in the area.

토네이도가 그 지역 가옥들에 큰 피해를 주었다.

비교: the havoc wreaked on (by the tornado) on the houses in the area.

(토네이도에 의해) 그 지역 가옥들에 주어진 큰 피해

· they are left roaming the streets

비교: we left them roaming the streets

우리는 녀석들이 길거리를 돌아다니도록 내버려 뒀다.

이것을 them을 주어로 바꾸면 they are left roaming이 됩니다. 이렇듯 leave는 종종 그냥 어떤 일이 일어나도록 '내버려 둬진다'는 상황을 전할 때 유용합니다.

예 Leave the chickens foraging for food as they please.

닭들이 그냥 먹을 거 찾아 돌아다니게 내버려둬.

또한 leave는 자연재해 상황을 표현하는데도 유용합니다.

예 The flood left those houses completely under water.

홍수로 집들이 완전히 물에 잠겨버렸다.

5 We can run TV commercials and place newspaper ads, so many, if not most of them can find a new home.

어휘/어구

· commercials

특히 TV의 광고를 지칭합니다. advertisement는 가장 일반적으로 '광고' 혹은 '광고물'을 뜻하므로 신문이나 TV에 나오는 광고물들을 모두 이를 수 있지만 commercials는 TV 광고만을 뜻합니다. 보통 한국인들이 CF (commercial film)이라고 많이 하는데, 콩글리시입니다. TV commercial이라고 합니다. 또 동사는 run을 씁니다. 신문에 광고를 실을 때는 place가 더 잘 어울립니다.

구문

· if not

~까지는 아니지만 / ~만큼은 아닐지 몰라도

바로 앞서서 나온 말의 강도가 좀 적다고 여겨질 때, 좀 더 강도가 센 단어나 수를 뒤에 연결합니다. thousands if not tens of thousands of people 수만 명까지는 아니더라도 수천 명은 되는 사람들. 이때 모양은 if not tens of thousands가 삽입된 형태로 이해하는 것이 좋습니다. 마찬가지로 he was a little disappointed if not frustrated by the decision도 가능합니다. 그 결정으로 화날 정도는 아니었지만 다소 실망은 했다.

6 Those that remain in the shelters can be neutered and taken care of until they meet a peaceful death.

어휘/어구

· **neuter**

(동물을) 거세한다는 말입니다. 번식을 막거나 식용으로 키우는 가축의 육질을 좋게 하기 위해 생식능력을 제거하는 행위를 말합니다. 본문에서는 '중성화' 정도로 순화시켜 이해하면 됩니다.

· **meet death**

'죽는다'는 말을 우리도 '죽음을 맞이한다'는 식으로 부드럽게 돌려 말합니다. 영어에도 이와 비슷한 용법이 존재하는 것입니다.

7 If pet owners regularly desert their own dogs just like they do now, we'll always be surrounded by new stray canines.

어휘/어구

· **desert**

부양이나 돌봄의 의미가 있지만 그렇게 하지 않고 무책임하게 버린다는 뜻으로 쓰입니다. 군인이 탈영한다고 할 때도 쓰는 말입니다.

예 Many new moms still desert their new-borns shortly after they give birth to them.

많은 산모들이 아직도 신생아들을 출생 직후 버리고 있습니다.

예 It looks like these cats were deserted by their owners.

딱 보니까 이 고양이들도 주인이 버린 듯 하다.

· canine

라틴어 어원에서 시작된 '개'를 지칭하는 명사 혹은 형용사입니다. canine teeth (개의 이빨) 동물을 이르는 단어들 중 canine처럼 라틴어 어근을 가져다가 영어에서 쓰는 경우는 이 밖에도 많습니다. dog과 canine의 느낌상 차이는 '개'와 '견공'처럼, 그냥 일상적으로 쓰는 단어가 좀 더 격식을 차린듯 하게 보인다는 것입니다. 또 그래서 상황에 따라서는 유머스럽게 표현하고자 할 때도 일부러 이런 단어들 가져다 씁니다. I expected nothing less than a red carpet treatment when I went to the venue. But what greeted me first was a huge mound of canine poop. (난 그 장소에 갔을 때 아무리 못해도 큰 환대 정도는 기대했다. 그런데 나를 제일 먼저 반긴 것은 높이 쌓여 있는 견공의 변이었다.)

cf. feline (cat), equine (horse), bovine (cow), porcine (pig)

구문

· ~ **desert their own dogs like they do now**

지금 하는 것처럼 자신의 개를 버린다면.

like 자리에 the way를 써도 좋습니다. '지금 그러는 것처럼'이라는 말입니다.

예 You can't throw away the garbage the way you do now. You're supposed to sort the waste.

그렇게 쓰레기를 막 버리면 안 돼요. 분리수거를 해야죠!

예 You're going to get the ax soon if you keep showing up late for work like you do now.

지금처럼 계속 회사 지각하면 짤릴거야.

8 We must make sure every single pet dog has an identification chip injected in it.

구문

· ~ **have something (injected) in it**

무엇이 그 안에/위에/표면에/옆에 붙어있거나 내장되어 있다는 식의 표현법입니다.

예 the apple has an 'organic' label on it

그 사과에는 '유기농' 라벨이 붙어있다.

비교: an organic label is attached on the apple (추천하지 않음)

예 the container has a few dead rats in it

그 컨테이너에는 죽은 쥐 몇 마리가 들어 있다.

비교: a few dead rats are in the container

적용:

- 저기 쟁반이 올려져 있는 책상 좀 이리 가져와봐

(Bring me that desk with a tray on it.)

- 나, 오늘 받은 월급봉투가 들어있던 가방을 잃어버렸어

(I lost the bag with the pay packet I got today in it.)

9 We do require dog owners to do just that now, but no one is really going around looking for violations.

어휘 / 어구

· do just that

이미 앞서 언급되었거나 묘사된 행동을 지칭할 때 씁니다.

예 He told me to give him a call as soon as I got there, **and I did just that**. I don't understand why he is mad at me.

아니, 도착하면 바로 전화하래서, 전화를 했죠. 왜 나한테 화가 났는지 모르겠어요.

예 Europe believed that the only way to stop the pandemic from spinning out of control was to place a total lockdown on the region, **and they did just that**. Except that it didn't stop the deadly pandemic from spreading further.

유럽은 팬데믹이 걷잡을 수 없을 정도로 번지는 것을 막는 유일한 방법은 봉쇄령을 내리는 것이라고 믿었습니다. 그래서 바로 그렇게 했습니다. 단, 그런 특단의 조처도 팬데믹이 퍼지는 것을 막을 순 없었습니다.

10 If only we do this, we won't be overflowing with those poor four-legged humans' best friends any more.

어휘/어구

· overflow with

동물이나 곤충, 혹은 비유적 문제로 넘쳐난다고 할 때 쓰는 말입니다.

예 We're overflowing with criminals because we don't have tough laws that punish them.

범죄자를 처벌할 강력한 법이 없어서 지금 우리 사회에는 범죄자들로 넘쳐나고 있습니다.

· four-legged

다리가 넷 달렸다는 말로, 이족보행을 하는 인간이 아닌 짐승이라는 점을 표현할 때 쓰는 말입니다.

예 A: Vancouver has lots of coyotes.

B: Do you mean those four-legged ones or two-legged ones?

A: 밴쿠버에는 코요테가 너무 많아.

B: 네 발 달린 거 말이야 아니면 두 발 달린 거 말이야?

(coyote는 슬랭으로 중년남성을 유혹해 금품을 사취하는 여성을 뜻합니다)

3

Regulation in space

Question

Many countries are joining the space race. And we don't have a clearly defined set of regulations that govern how things work in space. Do you think that space should be regulated? If so, how? If not, why not?

Answer

Regulation is a must if what is to be regulated is certain to become a bone of contention among interested parties. But we must also make sure not to fall into a 'fairness' trap.

Regulating a space a zillion times the size of the Earth in a way that's fair and just is next to impossible. Besides, regulating the space won't mean much to a country with more urgent matters like starvation at hand. After all, only a dozen or so sovereign states have artificial satellites in orbit circling the planet. For the rest of the world, space regulation is as irrelevant as a rule of the sea for Switzerland.

That said, it should be also noted that the dozen-or-so space-faring nations already hold sway over how things work on the ground, meaning that should any serious conflicts of interests arise among them in space, the consequences should be of grave concern to mankind as a whole. We should start discussing how to set rules now.

Those of us capable of sending rockets into space should come together first to form an international organization and establish a set of rules to follow in a way that prevents and/or resolves conflicts in space. We could start from there and expand and bolster the organization as we go.

해설

1 Regulation is a must if what is to be regulated is certain to become a bone of contention among interested parties.

어휘/어구

· a must

보통 복수형태로는 쓰지 않으면, '반드시 해야 하는 것', '필수적인 일' 정도의 의미로 쓰입니다. 활용된 형태로 a must-have item (필수템) 정도가 있습니다.

예 If you live in the U.S., a car of your own is a must.

미국에 살면, 자기 차 한대는 꼭 갖고 있어야 한다.

예 Portable electric fans seem to have become a must-have item for Koreans in the summer.

휴대용 선풍기는 한국에서 여름에 필수템이 된 것 같다.

· a bone of contention

contention은 날을 세운 언쟁이나 말다툼을 말합니다. 이 단어를 bone과 함께 쓰면, 그런 언쟁의 핵심이 되는 문제를 이르는 말이 됩니다. 논쟁거리,

언쟁의 주제라는 의미가 되는 것이지요.

예 Japan has been trying hard to make Dokto island seem like a bone of contention.

일본은 독도가 논란의 대상이 되는 것처럼 보이게 만들기 위해 부단히 노력해 왔다.

구문

· what is to be regulated

학교문법에서 be to 용법으로 설명되곤 하는 표현법인데, 실질적으로는 가능성 혹은 앞으로 일어날 일을 묘사하는데 주로 사용됩니다. 본문에서는 앞으로 일어날 일을 설명합니다. what is to be regulated는 본문에서 '앞으로 규제될 것'을 뜻합니다.

예 If he is to win over the disenchanted 20s, he must show them that he cares about them.

그가 마음이 떠난 20대의 마음을 다시 사려면(살 수 있으려면), 20대에게 자신이 분명히 20대를 걱정하고 생각한다는 점을 보여줘야 한다.

예 With some uncertainty of what is to come in the months ahead in terms of the pandemic, the health authorities are asking the people to use caution in everything they do.

보건 당국은, 앞으로 몇 달간 닥칠 일(미래)이 불확실하기 때문에, 국민들에게 모든 일에 신중을 기할 것을 당부하고 있다.

2 But we must also make sure not to fall into a 'fairness' trap.

어휘/어구

· **a fairness trap**

항상 적용되는 것은 아니지만 trap이라는 단어가 붙으면, 자칫 잘못해서 오류에 빠지거나 문제에 봉착할 수 있게 된다는 의미를 전합니다. fairness trap이라고 하면, 지나치게 공평무사함만 고려하고 집착하다가 자칫 큰 것을 놓쳐 실수를 하게 될 수도 있다는 말입니다.

3 Regulating a space a zillion times the size of the Earth in a way that's fair and just is next to impossible.

어휘/어구

· **next to impossible**

불가능 바로 옆이라는 말이므로, 거의 불가능에 가깝다는 말입니다.

예 It is next to impossible to beat him in a game of chess

체스로 그 사람을 이기는 건 불가능에 가까워

· **a zillion**

매우 많은 수를 이르는 '비격식'적인 말입니다. billion, million, trillion에서 모양을 따와, 알파벳의 마지막 글자 z를 붙여 매우 많은 수라는 뜻의 단어가 탄생한 것이죠.

구문

· **a space a zillion times the size of Earth**

지구보다 훨씬 큰 공간. 무엇의 몇 배에 해당하는 크기/수의 무엇…이라는 뜻입니다. 구문으로 외워 익혀 놓아야 합니다.

예 He bought a house five times the size of mine.

우리 집 다섯 배 크기의 큰 집을 샀다.

예 They have a desert 20 times the size of Yeoido.

여의도 면적의 20배나 되는 크기의 사막이 있다.

비교: He ate three times as much meat as I did.

그 사람은 나보다 세 배나 많은 고기를 먹었다.

· **in a way that ~**

어떤 식으로. 이야기를 이어 나가기에 좋은 구문.

예 She tried to convince him in a way that is logical and evidence-based.

여자는, 논리적이고 증거에 기반한 방식으로 남자를 설득하려고 노력했다.

(논리적으로, 증거에 기반해서 설득했다)

4 Besides, regulating the space won't mean much to a country with more urgent matters like starvation at hand.

어휘/어구

· **starvation**

기아 (hunger) cf. starve

· **at hand**

손에 바로 쥐어져 있거나, 가까이 있어서 바로 활용할 수 있다는 뜻입니다. 보통 모양은 'you need to make sure that help is at hand for those poor people.'에서처럼 무엇이 바로 근처에 있어서 필요할 때 쓸 수 있다는 'readily available'의 형태로 씁니다.

예 With more than a dozen nuclear warheads at hand, North Korea has become a big threat to South Korea and its neighboring countries.

십여 개의 핵탄두를 이미 확보한 북한은 한국과 주변국에게 큰 위협이 되었다. (손에 넣어 가지고 있다는 뜻)

5 After all, only a dozen or so sovereign states have artificial satellites in orbit circling the planet.

어휘/어구

· **sovereign**

자주적이고, 주권을 가진(autonomous) 독립 국가라는 단어를 쓸 때, sovereign country/nation/state의 형태로 많이 씁니다. 그런 자립권, 자율권 등을 나타내는 단어로 sovereignty로 변형시켜 쓰기도 합니다.

· **orbit**

궤도. orb는 '구체(球體)'의 뜻입니다. 구슬이나 행성들을 이르는 데 쓰이지요. 그래서 orbit은 그런 구체의 형태를 띤 행성의 '궤도'라는 뜻이 단어가 되었습니다. 보통은 in orbit과 함께 씁니다.

예 More than 100,000 artificial satellites are in Earth's orbit.

지구궤도에는 10만 개가 넘는 인공위성이 떠있다.

예 The U.S. put two different satellites into Mars' orbit.

미국은 화성 궤도에 두 개의 위성을 띄웠다.

6 For the rest of the world, space regulation is as irrelevant as a rule of the sea for Switzerland.

어휘/어구

· **irrelevant**

본래 '관계가 없다'는 문자 그대로의 뜻을 갖고 있지만, 실질적으로는 관계가 없어, 전혀 중요성을 갖지 못하거나, 의미 있는 변화를 이끌지 못한다는 의도를 전합니다.

예 Your help was irrelevant in his success.

너의 도움 따윈 그 사람이 성공하는 데 도움이 되지 않았어

예 The end of the world is nigh. Whether you believe it or not is irrelevant.

세계의 종말이 다가왔노라! 그대가 그것을 믿던 안 믿던 상관없습니다. (믿던 안 믿던 종말은 올 것입니다)

7 That said, it should be also noted that the dozen-or-so space-faring nations already hold sway over how things work on the ground,

어휘/어구

· That said, / that being said

자, 이제 그 얘기를 했으니 말인데…의 뜻으로, 앞서 어떤 사안이 언급되고, 그와는 조금 다르거나 반대되는 측면의 포인트를 강조하고자 할 때 문장 앞부분에 쓰는 부사구입니다.

예 He is a versatile player: he is smart, powerful and fast. That said, however, he has never been a team player. That's why coaches don't like him much.

그 사람은 다재다능한 선수입니다. 똑똑하고 힘도 좋고 빠르죠. 그렇긴 한데, 팀플레이어는 못됩니다. 그래서 감독들이 그 사람을 그렇게 좋아하지는 않은 것이죠.

· spacefaring

우주를 여행하는, 우주여행과 관련된, 우주에 우주선을 보내 우주개발해 참여해 있는. 보통 회사나 국가, 기관 등과 어울려, 우주여행을 주요 사업 부문으로 하거나 이미 우주에 발을 내디딘 당사자를 이를 때 쓰는 말

예 There is simply no way that humanity can become a spacefaring civilization without major regulatory reform. (by Elon Musk)

인류는, 대대적인 규제개혁이 없이는 절대 우주를 누비는 문명이 될 수 없다.

· **hold sway** (over)

어떤 문제나 기관, 사람에 대해 주도권을 쥐고 흔든다. 통제나 주도할 권한이 있다는 뜻의 표현입니다.

㉥ Gun lobby's money and power still holds sway over Congress.

총기옹호단체의 자금과 힘이 여전히 의회를 쥐락펴락(장악)하고 있다.

구문

· **it should be noted that ~**

이 점은 짚고 넘어가야 한다. 한 가지 중요한 것은, note라는 말 자체가 중요한 부분을 콕 집어 적는다는 말이기 때문에 한 번쯤 언급하거나 짚고 넘어가야 한다는 말을 하고자 할 때 유용한 구문입니다.

㉥ It should be noted here that South Korea is not allowed to build a rocket whose striking distance is more than 400km.

중요한 것은, 한국은 사거리가 400km를 넘는 미사일은 개발 자체가 금지되어 있다는 점이다.

8 meaning that should any serious conflicts of interests arise among them in space, the consequences should be of grave concern to the mankind as a whole.

어휘/어구

· grave

형용사로, 문제나 이슈가 중차대하고 심각하다는 뜻을 표현합니다.

a grave matter (중대한 문제) a grave concern (매우 심각하고 중요한 관심사, 문제)

구문

· Should

문장 처음에 써서, 가정의 상황을 표현합니다. "혹시라도 어떤 일이 일어나면…"의 뜻입니다. '도치'구문의 일종입니다.

예 Should anyone come out of the closet in my class, I'm sure I'll help him through the difficult process of repositioning himself in the school.

혹시라도 우리 반에서 누가 커밍아웃하면, 새롭게 이 학교에서 자리매김할 수 있도록 계속 도와줄 생각이네.

· be of grave concern (더 중차대한 문제이다)

보통 be동사와 형용사를 쓰는 경우 해당 형용사를 명사형으로 바꿔주고 be를 같이 써주면 의미는 비슷하되 모양만 바뀌게 됩니다. 가령, it is important라는 말을 it is of importance라고 쓸 수 있다는 말이지요. 다른 예로, the matter is of greater significance to me than money를 살펴보면, is of greater significance to 부분이 사실은 is more (greatly) significant to와 사실상 같은 뜻이라는 말입니다. 그런데 이런 표현을 쓰는 이유는 몇 가지가 있지만 가장 큰 것은, 말을 조금 더 '문어체'로 쓰고자 하기 때문이기도 하고, 명사화 시키면 그 명사에 형용사를 넣어 정도를 가감하기가 쉬워진다는 점입니다. 즉, it is of greater importance to me에서 명사 importance에 더 중요하다는 의미를 첨가하려면 greater만 넣어주면 되는데 이것을 important라고 쓰면 greater 부분이 more greatly로 변해야 하고, 이렇게는 잘 쓰지 않는다는 게 문제가 되는 것입니다.

9 Those of us capable of sending rockets into space

구문

· those of us

'나'를 포함한 같은 처지에 있는 사람들을 지칭하기 위해 씁니다. 반대로 상대방과 상대방을 포함한 같은 처지에 있는 사람을 지칭할 때는 those of you라고 씁니다. 이렇게 쓰면 바로 다음에 그 사람들을 설명하는 구문을 연결하기 좋습니다. 가령, Those of us new to this place need some guidance as to who we need to talk to when we have questions.

우리처럼 여기 처음 온 사람들은, 궁금한 게 생기면 누구에게 물어야 하는지에 대한 지침 같은 게 있으면 좋겠다.

예 I'd like those of you who're done with their assignment to come with me to the lab.

여러분들 중, 과제 다 한 분들은, 저와 함께 연구실로 같이 가주시기 바랍니다.

10 We could start from there and expand and bolster the organization as we go.

어휘/어구

· **as we go**

"일단 일을 진행하면서", "그때그때 상황을 봐가면서"라는 뜻입니다. 특히, 미리 계획해 놓는 것이 아니라 상황이 시시각각 변하면 그것에 맞춰가면서라는 뜻이 됩니다.

예 What we need to do first is build a machine learning algorithm designed to learn the Korean language and then we can add new languages as we go.

일단 우리가 먼저 해야 할 일은, 한국어를 배우도록 머신러닝 알고리즘을 하나 만들어 놓는 겁니다. 그리고 나서 추가로 차차 새로운 언어를 넣을 수 있습니다.

4

Literary translation

Question

Come up with a way to make sure that we could have more great works of literary translation.

Answer

I don't think we lack competent translators who are well versed in both languages and have a superb grasp of literature. What we do lack is a proper compensation system based on an accurate understanding of the nature and value of literary translation.

Around 200 people earn their master's in Korean-English translation every year. Many, if not most of these professionals are capable of translating excellent works of Korean literature into English and vice versa. But few choose to because that job simply doesn't pay you as much as you get from, say, translating a machine manual.

It's not hard to see why. Your work is only worth the value it creates, and literature has never been about enriching the artists. Let's say you translated a best-selling American novel. That's going to take you at least a few months or even a year or longer. You get somewhere between 5% and 10% of the sales. Novels rarely sell more than 100,000 copies here. Do the math. You won't be able to make ends meet.

So what do we do to make sure we have more great literary works of translation? We offer more compensation to exceptional translators. Since great literary works are an important part of national strength, a state-run organization can be set up under the direct auspices of the Ministry of Culture and Tourism. That organization can try to make sure more compensation goes to great works of translation, which will go a long way to drawing talented translators into the world of literature.

해설

1 I don't think we lack competent translators who are well versed in both languages and have a superb grasp on literature.

어휘/어구

· **well-versed in**

지식, 식견 등이 풍부해 특정 분야에 통달한 상태를 이르는 말입니다.

예 He is well-versed in the history of music.

음악사에 조예가 깊다.

예 We need people well-versed in both IT and communications equipment.

우리에겐 IT와 통신장비를 둘 다 잘 아는 사람이 필요합니다.

· **(have) a (good) grasp of/on**

무엇을 잘 이해하고, 잘 다룬다는 뜻으로, 언어능력이 뛰어나다는 말을 할 때도 종종 쓰입니다.

예 His grasp on the English language is nowhere near as strong as his cooking skills.

그 사람은 영어보다는 요리를 훨씬 잘 한다.

· **superb**

뛰어나고, 훌륭하고, 뭔가를 잘한다는 뜻입니다. 비교적 informal한 표현입니다.

예 He is not just a superb musician. He is an inspiration for so many prospective pro-musicians with little gift.

그 사람은 그냥 훌륭한 음악가 정도가 아닙니다. 그 분은 재능이 많지 않은 프로 음악가 지망생들에게 훌륭한 롤모델이 되고 있습니다.

2 Many, if not most of these professionals are capable of translating excellent works of Korean literature into English and vice versa.

어휘/어구

· **vice versa**

"그 반대도 마찬가지"라는 뜻으로, 호응의 관계가 정확하지 않으면 어색해질 수도 있으니 유의해야 합니다. 문자 그대로의 의미는 'that's the case the other way around'의 정도가 됩니다.

예 Your job includes translating texts written in English into Korean, and vice versa.

하실 일은 영어로 된 문서를 한국어로 번역하고, 또 그 반대로도 하시는 겁니다.

예 Dogs hate cats, and vice versa.

개는 고양이를 싫어합니다. 고양이도 마찬가지고요.

3 But few choose to because that job simply doesn't pay you as much as you get from, say, translating a machine manual.

어휘/어구

· choose to

자신의 의지로 무언가를 한다고 할 때 쓰는 말입니다. 물론 여러 개 중에 하나를 '선택'한다는 말을 할 때도 쓰지만, 선택이 아닌 '자발적 의지에 의한 결정'을 의미할 때도 많이 쓴다는 점이 중요합니다. 또, 아래 예문과 같이, to 다음에 동사를 쓰지 않는 경우가 대부분입니다. 이미 앞서 leave가 있기 때문에 다시 쓸 필요가 없는 것이죠.

예 You can always leave if you choose to.

원하면 언제든 가셔도 돼요. (가고 싶으면 가도 돼요)

예 They're allowed to work from home if they choose to, but they could face pay cuts.

원하면 재택근무를 해도 됩니다. 단, 봉급은 줄어들 수 있습니다.

· say

이 말은 '가령, 예를 들어, 음…' 정도의 뜻을 갖는데 for example 등과는 모양이나 용법이 다릅니다. say의 가장 큰 특징은 문장구조에 영향을 주지 않으며, '허사'와 같이 말의 느낌을 살려줄 뿐이라는 것이지요.

예 Is learning Arabic harder than, say, learning Korean?

아랍어 배우는 게, 음…… 아, '한국어' 같은 언어 배우는 것보다 어렵나?

예 If you are running, say, a grocery store, all you have to do is make sure you keep the shelves filled with fresh produce at all times. But things get a little more complicated if the business you're running is, say, a hair salon, a service provider.

만약, 음…, 식료품점 같은 걸 운영한다면, 항상 신선식품이 잘 공급 되도록만 하면 문제가 없어요. 그런데 운영하는 사업이, 어… 미용실 같은 서비스업이라면 훨씬 일이 복잡 해져요.

구문

· doesn't pay you as much as you get from, say, translating

비교 구문은 항상 까다롭습니다. 보고 이해하는 것에 비해 내가 말하고 쓰려면 더욱 어려운 것이 비교 구문입니다. 이런 것이 나오면 모조로 입에 '착' 붙여 외우는 것이 가장 좋습니다. 물론 애초에 제대로 이해를 하고 외워야겠지요. 비슷한 여러 예문을 보면서 비교/이해하는 것이 가장 먼저입니다.

예 I don't make as much as you do.

난 너만큼 못 벌어.

예 He earned in a single year as much as I did in five.

내가 5년간 번 돈을 그 사람은 1년에 벌었다.

예 This year, the government has collected as much in tax as it has paid out in emergency cash aids.

정부는 긴급지원금으로 푼 만큼의 돈을 세금으로 거둬들였다.

4 Your work is only worth the value it creates, and literature has never been about enriching the artists.

어휘/어구

· worth

독특한 용법을 가진 단어입니다. 형용사임에도 뒤에 명사를 데리고 다니는 단어지요. This bag is worth $4,000. 에서 볼 수 있듯, worth라는 형용사 뒤에 '돈의 액수'를 씁니다. 이 가방은 4천불의 가치가 있다. 그런데, 모양이 또 다른 것이 있습니다. Nothing is worth dying for. 그 어떤 것도 생명보다 중요하진 않다. 혹은 어떤 것도 '위해' 죽을 만한 가치가 있는 것은 없다.

예 Martin Luther King Jr. believed that a life worth living should include a principle worth dying for.

마틴 루터 킹 주니어는, 살 만한 가치가 있는 삶은, 지키기 위해 죽을 만한 가치가 있는 원칙이 있는 삶이라고 생각했습니다.

· about

물론 흔히 the book is about a sailor 에서처럼, 우리 말로 '관하여'라는 뜻으로 이해/번역되곤 합니다. 하지만 본문에 등장한 것은 그것과 좀 다릅니다. Love is about giving. 사랑은 주는 것(에 관한 것)이다. about을 쓰지 않으면 '사랑은 주는 것'이라는 말인데, 우리 말로는 되는 것 같지만 사랑은 개념이고 giving은 행위이기 때문에, 사랑은 주는 것이라고 쓸 것이 아니라 '주는 것에 "관한" 일, 개념이라고 써야 합니다.

예 Preparing the entrance exam for the GSIT is all about putting in enough hours to get yourself ready.

한국외대통번역대학원 입학시험을 준비하는 것은 결국 준비하는데 얼마나 많은 시간을 쏟아붓느냐의 문제이다.

5 You get somewhere between 5% and 10% of the sales.

어휘/어구

· **somewhere between A and B / anywhere from A to B**

대략적 추산치를 제시할 때 쓰는 말입니다. anywhere from A to B라고 해도 대략 비슷한 의미를 전할 수 있습니다.

예 He took home anywhere from $60,000 to $70,000.

그 사람은 대략 6만에서 7만불 정도를 벌었다.

예 Somewhere between 5,000 and 7,000 people signed the petition.

대략 5천에서 6천명 정도가 청원서에 사인했다.

6 Do the math.

어휘/어구

'셈을 해봐라'는 말로, 어떤 주장이나 의견을 펼치면서 산술적 계산을 통해 본인의 말이 설득력이 있다는 점을 강조하고자 할 때 씁니다.

예 They get a profit margin of $400 for each of those refrigerators they sell. They' ve sold 5,000 of them so far this year. Do the math. This is a serious business.

저 냉장고 한 대 팔면 마진이 4백불이 남는다. 올들어 지금까지 5천대를 팔았으니, 이거 괜찮은 사업 아닌가.

7 Since great literary works are an important part of national strength, a state-run organization can be set up under the direct auspices of the Ministry of Culture and Tourism.

어휘/어구

· **state-run**

국영, 국가가 운영하는. cf. state-owned 국유, 국가소유의

두 단어는 비슷하지만 다릅니다. 말 그대로 state-run은 국가가 운영한다는 말이고 state-owned는 국가 소유라는 말이지요. 종종 국가 소유이기도 하고 동시에 국가가 운영하기도 하지만 아닌 경우도 있습니다.

· **under the auspices of**

후원이나 지원, 보호를 받고 있다는 상황을 표현합니다. 본문에선 문화관광부 직속으로 운영되고 있다는 뜻을 전합니다. 정부나 학교, 공식 인가기관 등과 함께 많이 쓰입니다. formal한 표현입니다.

예 In the earlier years the work was done mainly under the direct auspices of the Prime Minister's office.

초기에는 해당 작업이 총리실 직접 관할 하에 진행되었다.

8 That organization can try to make sure more compensation goes to great works of translation, which will go a long way to drawing talented translators into the world of literature.

어휘/어구

· **go a long way to (toward)**

to(toward)이하에는 목표, 목적에 해당하는 단어를 씁니다. 결국 그 곳으로 가는 데 큰 도움이 된다. 혹은 그 날을 앞당겨 준다는 뜻으로 씁니다.

예 The money raised will go a long way toward providing essential food and medicine for the poor.

그렇게 모금된 돈은, 가난한 사람들을 위한 필수적인 식품과 약품을 공급하는 데 크게 도움이 될 것이다.

5

Gender pay gap

Question

What is your explanation for the gender pay gap that exists across the board in Korea?

Answer

I believe the gender pay gap in Korea exists for the same reason that it is present in the rest of the world: women used to be thought of as lesser beings in the distant past (and they still are in some parts of the planet), and societies, laws and institutions are still framed in a way that makes it easier to treat them like dirt.

It's not like men believe deep down that their female colleagues are dumber, and so deserve less pay than what they take home. Ask any man - with any semblance of sanity - sitting next to you in the office if he thinks he is smarter and so worth more to his employer than any of his female colleagues with credentials on par with his. He'll just laugh it off. (Well if not, he's just the kind of a lunatic occasionally seen on TV blaming African Americans for their own suffering. You can write him off.)

Still, the age-old, outdated and unreformed work environment that works against women in the workforce is still there: many employers still deny their female employees a paid maternity leave; most, if not all, executives are men who tend to see merits from men's point of view. This outdated environment will take time and some heroic struggles to change.

Besides, cultural biases that discourage women from coming forward and being assertive are still doing their damage as well, resulting in the flawed idea that women do no better on the job than their male peers. They are slowly going away, but until they're completely gone, the pay gap is going to be there for some time.

해설

1 What is your explanation for the gender pay gap that exists across the board in Korea?

어휘/어구

· **across the board**

분야, 종류를 막론하고 모든 부분에 걸쳐서.

예 She achieved excellent grades across the board including a 9 in Spanish and 9 in Geometry.

스페인어 9점, 기하학 9점을 포함해, 모든 과목에서 훌륭한 점수를 받았다.

2 women used to be thought of as lesser beings in the distant past (and they still are in some parts of the planet)

어휘/어구

· **be thought of as**

어떻게 혹은 무엇/어떤 사람으로 여겨진다는 말로, 능동형으로도 두루 쓰입니다.

예 You can think of him as your brother.

형처럼 생각해.

예 I' ve never thought of it as a compliment.

난 그걸 한 번도 칭찬으로 생각해본 적이 없어.

· lesser

less 와의 차이라면, 단순이 크기나 양적인 측면보다는 가치나 중요성에 있어서 덜 하다는 뜻을 갖고 있습니다. 그래서 어떤 생명체가 어떤 생명체보다 덜 중요하거나 가치가 덜 하진 않다는 말을 할 때도 쓸 수 있습니다. lesser beings라고 하면 '덜한 존재', '가치 등이 떨어지는 존재'의 의미가 됩니다. 인종차별주의자들이 유색인종을 그런 왜곡된 시각으로 바라보기도 하지요.

예 It' s not that dogs are lesser creatures than humans just because they don' t talk.

개가 말을 못한다고 인간보다 못한 생명체인 것은 아니다.

3 societies, laws and institutions are still framed in a way that makes it easier to treat them like dirt.

어휘/어구

· framed

frame은 명사로 '큰 틀'의 뜻입니다. 그래서 동사로 쓰면 큰 구조나 틀을 짠다는 의미로 씁니다. 경우에 따라 무고한 사람을 나쁜 사람으로 몰고 갈 요량으로, 함정을 만들어 나쁜 사람으로 보이게 만든다고 할 때도 씁니다.

예 They seem to be framing this as just another case of voice phishing.

사람들은 이번 사건을 그냥 단순히 '보이스피싱' 사건인 것처럼 보이게 만들고 있는 것 같다. (본문에서는 특정한 형태로 틀이 잡혀 있다는 뜻으로 쓰였습니다.)

예 Democratic institutions are framed in terms of individual freedom.

민주적 절차 및 제도는 개인의 자유를 중심으로 형성이 되어 있다.

· treat someone like dirt

사람을 하찮게 여기거나 푸대접한다는 뜻

예 What really strikes me about those people who have housekeepers, and nannies is how they boss them around and treat them like dirt.

가사도우미나 유모를 두는 사람들은 정말 놀라운 게, 고용한 사람들한테 이래라저래라 하고 막 대하는 거야.

4 It's not like men believe deep down that their female colleagues are dumber, and so deserve less pay than what they take home.

어휘/어구

· **deep down**

부사구로 '내면 깊은 곳에서', '속으로는' 이라는 말입니다. 본심을 나타낼 때도 쓸 수 있는 표현입니다.

㊎ I think deep down, he was a big fan of you.

난 그 사람이 (겉으로는 그래도) 원래는 너를 정말 좋아했던 것 같아.

구문

· **It's not like ~** (뭐 ~~한 거, 뭐 그런 건 아니다)

it's not that ~ 의 구문도 비슷한 의미를 전하지만 like을 넣음으로써 좀 더 '구어'스러운 느낌을 준다. 가령, "It's not that I hate him. It's just that I find him annoying when he is around" 이라고 말하면, "난 그 사람을 싫어하는 것이 아니라, 그 사람이 주변에 있으면 짜증이 나는 것뿐이야" 정도의 말이 되는데 like을 같이 쓰게 되면, "내가 뭐 그 사람을 싫어한다던가 그런 게 아니라…" 정도로 말의 느낌이 달라지는 것입니다.

예 It's not like I particularly liked your work. It's just yours was less bad.

자네 작품이 뭐 딱히 더 좋았다, 그런 건 아냐. 그냥 다른 작품들이 너무 형편없었던 것뿐이지.

· what they take home

문자 그대로 이해하면 '집에 가져가는 것'입니다. 실질적으로는, '버는 돈'이라는 뜻입니다.

예 She makes three times what I take home.

나보다 세 배 많이 번다

예 Put in some extra hours a night every day, and work every other Saturday, and you'll take home one and a half times what you do now.

매일 두어 시간씩 더 일하고, 토요일은 격주로 일을 해. 그러면 지금 버는 돈의 1.5배는 벌 수 있을 거야.

5 Ask any man - with any semblance of sanity - sitting next to you in the office if he thinks he is smarter and so worth more to his employer than any of his female colleagues with credentials on par with his.

어휘/어구

· **semblance**

겉모습. 속내까지는 아니어도 최소한 겉모습만을 지칭할 때 씁니다.

㉠ Celebrities usually live without any semblance of privacy.

셀럽들은 보통 사생활이라고는 전혀 없이 산다. (사생활이라고는 겉모양이라도 비슷한 것을 누리지 못한다)

㉠ They're basically trying to tear apart any semblance of digital privacy by requiring everyone leave posts on line under their real names.

그들은 인터넷에서 어떤 글을 올리더라도 실명으로 올리도록 함으로서 온라인 프라이버시를 송두리째 앗아가려는 것이다.

6 He'll just laugh it off.

어휘/어구

· **laugh something off**

대수롭지 않게 어떤 말이나 상황을 웃어넘긴다는 말. off는 보통 '붙어있는 것을 떨어뜨린다'는 근본의미를 갖습니다. 마음에 담아두지 않고 웃음과 함께 잊어버린다, 털어버린다는 뜻입니다.

㉠ You can't just laugh it off like that! You should listen to that advice.

그런 식으로 그냥 웃어넘기면 안 돼. 그 조언에 귀 기울여야 해.

7 Well if not, he's just the kind of a lunatic occasionally seen on TV blaming African Americans for their own suffering.

어휘/어구

· lunatic

정신이 나간 사람. 미치광이. 매우 경멸적으로 특정 사람을 지칭하는 말입니다.

예 To me, he is just a rich lunatic who doesn't know a thing about music.

내가 보기에 그 사람은 그냥 음악의 음자도 모르는 돈만 많은 미치광이일 뿐이다.

구문

· seen blaming

보통 see를 이렇게 많이 씁니다. They saw him walking into the sea. (사람들이 그 사람이 바다로 걸어 들어가는 것을 봤다) 그런데 이것을 수동태로 바꿀 수도 있습니다. He was seen walking into the sea. 그러면 말의 느낌이 바뀝니다. "그 사람이 바다로 걸어 들어가는 걸 본 사람이 있다" 바로 '목격되었다'는 것이지요. 이렇게 see의 모양이 수동형으로 바뀌는 경우는 많습니다. The guy seen talking to the victim on the beach is the prime suspect. 해변에서 희생자와 대화한 남자가 용의자다. 이 경우, 남자가 희생자와 대화를 나누었고, 그것을 목격한 사람이 있었거나 CCTV등에 찍혔다는 것이 은연중에 시사되고 있습니다.

㉮ She was seen climbing over the wall and disappearing into the forest.

여자가 벽을 타고 넘어 숲으로 사라지는 것이 목격되었다. (목격한 사람이 있다)

8 You can write him off.

어휘/어구

· write someone/something off

무시하거나 신경 쓰지 않아도 될 만큼 중요한 것이 아니거나 하찮은 것이라는 말입니다.

㉮ People always write him off as some type of bum.

사람들은 항상 그 사람을 무슨 놈팡이쯤 되는 사람으로 무시해버리곤 한다.

9 the age-old, outdated and unreformed work environment that works against women in the workforce is still there

구문

· still there

'단어'라기보다는 표현법에 가까운 말로, 아직 항상 있던 그 자리에 '있다'는 말입니다. 사라지지 않고 남아있다는 말로, 흔히 한국 학습자들이 'exist'로 쓰는 상황에 대체가 가능한 표현입니다.

예 I thought I had gotten over the shock from the humiliating defeat. It turns out, it's still there deep inside my heart.

난 그 치욕스러운 패배로 느낀 충격을 모두 극복했다고 생각했다. 그런데 알고 보니 그 충격은 마음 깊은 곳에 아직 그대로 남아 있었다.

10 many employers still deny their female employees a paid maternity leave

어휘/어구

· **a maternity leave** 출산 휴가

leave라는 말 자체가 회사로부터 별도 신청해서 받는 '휴가'의 개념입니다. sick leave는 '병가'가 되겠지요. paid leave 라고 하면 '유급휴가'가 되고 unpaid leave라고 하면 '무급휴가'입니다. 본문에선 paid maternity leave라고 했으므로 유급 출산휴가라는 뜻이 됩니다. 요즘 기업들은 paternity leave(남자가 받는 출산휴가)를 주기도 하지요. 보통 며칠 쉬려고 take some time off 라고 할 때보다 더 장기간인 경우가 많습니다.

예 He is on a leave of absence from work.

지금 휴가(휴직)중입니다.

11 Besides, cultural biases that discourage women from coming forward and being assertive are still doing their damage as well, resulting in the flawed idea that women do no better on the job than their male peers.

어휘/어구

· **assertive**

자신감 있고, 앞에 나서는 '성향'을 나타냅니다. aggressive와 비슷하나, aggressive는 보기에 따라 지나치게 공격적인 성향으로 받아들여질 수 있습니다. assertive는 자신의 의견을 적극적으로 말하고 어필하는 성향입니다.

예 Being assertive about your feelings does not mean you should act on those feelings as you please.

자신의 감정에 대해 적극적이라는 것이 꼭 내 멋대로 감정에 따라 행동해야 한다는 뜻은 아닙니다.

6

Emergency cash aids

Question

The government has, in more than a few occasions, offered emergency cash aids to cash-strapped small business owners during the pandemic. And some lawmakers have been critical of the gift money saying the government is squandering the precious tax money on a lost cause. They say the money would be better spent on retraining those small businesspeople so that they have some creative skills under their belt. Or they can be encouraged to shut down their business and become salaried workers instead, the lawmakers say. What's your thought on this view?

Answer

The way I see it, those lawmakers are missing the point here. Most, if not all, of the government handouts have been offered to those barely making ends meet and hit hard by the pandemic. They're being given a new lease on life because you can't thrive if you're dead. 'Creative skills' don't mean anything if those who are supposed to learn them are dead.

The pandemic meant an unprecedented dip in sales for most small businesses, chief among them, restaurants. In fact, I recently read a news report that put the number of business closures at around 200 a day in Seoul alone. Or you can just go out for a stroll and try counting the number of 'For lease' signs along the street. Struggling businesses may need a new way of leading a decent life later, but as of now, what they're in need of is hard cash and not some fancy new skills to make money off of in, say, 3 years.

True, I would've clapped my hands in agreement in a heartbeat if I'd heard the lawmakers say what they're saying now a few years ago. This is not a few years ago. We're going through the worst economic crisis ever, at least for those small businesses running a business on a shoestring. Retraining people in creative skills could wait at least for now.

해설

1 The government has, in more than a few occasions, offered emergency cash aids to cash-strapped small business owners during the pandemic.

어휘/어구

· **cash-strapped**

자금줄이 막혀 돈이 쪼들린다는 말로, 회사나 사업체가 힘들어하고 있다는 말입니다. 서술적으로 'strapped for cash'라고도 씁니다.

예 The one-time cash aids will certainly give a much needed help to those cash-strapped small and mid-sized companies.

이번 1회성 현금지원은 자금난을 겪고 있는 중소기업들에게 정말 필요한 도움이 될 것이다.

예 A growing number of Korean universities are becoming strapped for cash after squandering money on wasteful new programs.

낭비성 프로그램에 돈을 쏟아부어 자금이 부족해진 한국 대학이 늘고 있다.

2 And some lawmakers have been critical of the gift money saying the government is squandering the precious tax money on a lost cause.

어휘/어구

· **gift money**

선물로 주는 돈. 우리나라에선 설 명절에 주고받는 세뱃돈이나 어른이 오랜만에 보는 조카 등에 주는 돈을 이를 때 쓸 수 있고, 결혼식 등에서 주는 축의금도 이에 해당합니다.

· **squander**

생산적이니 못한 곳에 돈이나 능력, 에너지 등을 소비하여 낭비를 유발하는 행동을 지칭합니다. 여러 모로 waste (동사)와 비슷하나, 좀더 formal합니다.

예 You are squandering an opportunity to turn over a new leaf and become a good citizen.

자네는 지금, 개과천선해 훌륭한 시민이 될 수도 있는 귀중한 기회를 발로 차버리고 있는 것이네.

· a lost cause

실패한 일이나, 해봐야 소용이 없는 가망이 없는 일을 지칭할 때 씁니다.

예 They should just stop wasting money on a lost cause. No one can police the Internet, and it's futile to try.

애초에 실패할 일에 돈을 낭비하는 일을 당장 중단해야 한다. 그 누구도 인터넷을 검열할 순 없다. 시도해 봐야 소용없다.

구문

· saying

앞서 '의도'를 표시하고, 그 의도를 보여주는 구체적인 발언 내용을 소개할 때 자주 쓰는 '구문'입니다. 가령, he opposed the plan이라고 하면, 그 사람이 그 계획에 반대했다는 뜻입니다. 반대한다는 것은 구체적인 '발언'이 아니라 '입장'입니다. 그래서 이렇게 연결해 말할 수 있습니다. He opposed the plan saying he is sure it's not going to work the way they want it to. 이렇게 쓰면 saying 이하에 반대하는 의도로 한 말을 소개할 수 있습니다. 해석할 수 있다고 그냥 넘어가지 마시고, 스스로가 쓸 수 있도록 익혀 놓으면 좋겠습니다.

예 She praised his decision to start a business of his own saying the time is ripe for him to start doing things on his own.

'이제 혼자서 뭘 해볼 시기가 되었다' 며 여자는 남자가 사업을 시작하기로 한 결정을 높이 평가했다.

3 They say the money would be better spent on retraining those small businesspeople so that they have some creative skills under their belt.

어휘/어구

· **have something under one's belt**

어떤 귀중한 기술이나 지식, 자격증 등을 따내거나 이룩한다는 뜻으로 보통 '자랑할 만한' 일을 이룬 상태를 이릅니다.

예 He has more than 10 years of experience in the field under his belt. You can trust him.

해당 분야에서 10년 이상 경험을 쌓으신 분입니다. 믿으셔도 됩니다.

구문

· **be better spent on**

수동 형태로 써서 돈이나 에너지를 차라리 다른 곳에 쓰는 것이 더 낫다는 말을 할 때 씁니다. on 이하의 내용이 뭔가 구체적인 명사가 아닌 어떤 행위를 쓸 때는 on을 빼기도 합니다.

예 The money would have been better spent on buying me a nice dinner.

그 돈 차라리 나 밥이나 한 끼 사주지 그랬어.

예 You don't really need to go looking for someone who could do the job for you. The energy would be better spent studying that yourself.

그 일할 수 있는 사람 찾아다니느라 힘 뺄 필요가 없어. 차라리 그 노력을 그 분야에 대해 니가 직접 공부하는데 쏟는 게 나아.

4 Or they can be encouraged to shut down their business and become salaried workers instead

어휘/어구

· salaried

salary는 보통 '봉급' 정도로 이해하고 있지만 wage와 비교해보면 salary는 버는 돈의 '규모'적 측면을 강조하고 보통은 '연봉'단위를 말합니다. 반면 wage는 '임금'으로 번역되는 경우가 많고 시급 단위로 많이 쓰지요. 또 salary는 보통 full-time 근로자로서 '봉급생활'을 하는 사람이 회사로부터 받는 돈을 말합니다. 그래서, salaried 라는 형용사는 회사 다니면서 회사의 돈을 받고 일하는, 계약관계에 묶여 있는 상태를 지칭합니다.

예 Many small businessowners say they'd rather become salaried workers if they're given a choice.

많은 자영업자들은 선택권만 주어진다면 월급쟁이로 살고 싶다고 한다.

5 The way I see it, those lawmakers are missing the point here.

어휘/어구

· **the way I see it**

내가 보기에는; 내 생각에는; 내가 봤을 때는

기본적으로 in my opinion이나 I think의 의미이지만 말투가 확연히 달라집니다. From where I see it 도 비슷한 어구로 알아 두면 좋습니다.

6 They' re being given a new lease on life because you can' t thrive if you' re dead.

어휘/어구

· **give someone a new lease on life**

새로운 삶의 기회나, 수명이 연장되는 등의 혜택을 준다는 의미의 비유적 표현입니다.

예 Your organs will give those dying a new lease on life.

당신의 장기가 죽어가고 있는 사람들에게 새 생명을 안겨줄 것입니다.

7 The pandemic meant an unprecedented dip in sales for most small businesses, chief among them, restaurants.

어휘/어구

· dip

갑자기 뚝 떨어지는 것, '급격한 하락'을 의미합니다.

예 The sudden dip in temperatures can aggravate respiratory disorders.

기온이 갑자기 떨어져 호흡기계 질환이 악화될 수 있다.

· chief among them

앞서 여러 가지가 있다고 언급하고 난 다음 콤마로 연결하거나 마침표를 찍고 나서 그것들 중 어떤 것들이 있는지 몇 가지 나열을 할 때 쓰는 표현입니다. 내용이나 구조로 볼 때 including, such as와 비슷합니다.

예 I have many complaints as to the service quality, chief among them, the grumpy waiter.

서비스에 대해 불만이 많은데요, 대표적으로 웨이터가 너무 불친절해요.

8 In fact, I recently read a news report that put the number of business closures at around 200 a day in Seoul alone.

어휘/어구

· **in fact**

단순히 '사실은'으로 이해하면 안 됩니다. 물론 1) 앞서 언급한 내용과 정반대되는, 어떤 특정한 사실을 밝히려 할 때도 쓸 수 있는 말이지만 이 표현의 중요한 한 축은, 2) 앞서 일반적인 발언이나 주장을 내세운 다음, 그 발언이나 주장을 뒷받침할 만한 'fact'에 해당하는 구체적 사실을 적시할 때 쓴다는 것입니다. 가령 The worst seems to be over. (최악은 지난 것 같다)라고 말하고 나서 In fact, we've had only 35 daily confirmed cases yesterday. 라고 하면, 최악은 이제 지났다는 것을 구체적인 'fact'로, (코로나) 일일 확진자 수가 어제 35명에 불과했다는 사실을 제시한 것이다. 따라서, 우리말로는 이 경우에는 '사실' 보다는 '실제로'가, 상황에 따라서는 '가령' 정도도 어울립니다.

예 He says he's got a Master's in physics when, in fact, he dropped out of high school.

물리학 석사를 갖고 있다고 하는데 사실은 고등학교 중퇴 학력이다.

예 That guitar you're holding in your hand is a very well-made one. In fact, that one is more expensive than the rest of the guitars in the shop combined.

지금 들고 계신 기타, 정말 잘 만든 기타입니다. 사실 그 샵에 있는 나머지 기타 값을 다 합친 것보다도 더 비쌉니다.

구문

· put ~ at

'수치'를 대략적으로 추산할 때 쓰는 말입니다. 가령, "The government puts the number of death row inmates in the country at around 30 now"라고 한다면, 이것은 '정부는 현재 전국의 사형수를 대략 30명 정도로 추산하고 있다' 혹은 '정부 추산에 따르면 전국의 사형수는 대략 30명 정도'라는 말이 됩니다.

예 Analysts generally put the expected gains from the deal at $400 billion.

전문가들 추산에 따르면, 해당 계약으로 기대할 수 있는 수익은 대략 4000억불 정도가 된다.

9 Struggling businesses may need a new way of leading a decent life later, but as of now, what they're in need of is hard cash and not some fancy new skills to make money off of in, say, 3 years.

어휘/어구

· as of now

현재로서는. 앞으로는 어떨지 모르지만 일단 지금은

예 As of now the most urgent matter is how to stop the rapid spread of the pandemic.

가장 급한 문제는 일단 현재로선 팬데믹의 빠른 확산세를 막는 것이다.

· hard cash

'현금'이라는 말이지만, 특히나 신용카드나 통장에 들어있거나 주식계좌에 들어있는 형태로의 화폐가 아닌 '손으로 만질 수 있는', '눈에 보이는' 현금이라는 말입니다.

예 We need to give them hard cash, not some sort of meal coupons or gift cards.

그 사람들에게 우리가 지금 줘야 할 것은 식권이나 상품권 같은 것이 아니라 '현금' 입니다.

구문

· fancy skills to make money off of

본래 구문은 make money off of fancy skills 입니다. 멋진 기술들을 이용해서 그것으로부터 돈을 번다는 말입니다. 가령 he made a fortune off of identity theft 라고 하면 '신분도용'을 이용해서 큰 돈을 벌었다는 뜻입니다. 그렇다면 이 말의 모양을 변형시켜, 'identity theft to make a fortune off of'라고 쓸 수 있습니다. 그러면, '큰 돈을 벌 수 있는 신분도용'이라는 형태의 말이 되는 것이지요.

예 Make sure to give him some inside information to make some money off of.

그 사람한테 뭔가 돈 될 만한 내부 정보 좀 꼭 흘려줘.

10 True, I would've clapped my hands in agreement in a heartbeat if I'd heard the lawmakers say what they're saying now a few years ago.

어휘/어구

· **true**

admittedly, to be sure 등과 함께 '물론, ~이긴 하다'는 정도의 말에 씁니다. 유의할 점은, '물론 ~가 사실이긴 하지요'라는 말에 쓰이므로 이 표현을 쓴 직후 혹은 해당 아이디어가 끝난 다음에는 but이나 still 등 반대되는 이야기가 나온다는 점입니다.

예 True, we are the 10th largest economy in the world. But our social welfare is so poor that it's hard to call this country a developed one.

물론 우리가 세계 10대 경제대국인 것은 맞다. 하지만 우리의 사회복지시스템은 너무 형편없어서 아직 우리는 선진국이라고 할 수 없다.

· **clap one's hands**

박수를 친다는 말입니다. 동의나 칭찬, 환호 등 여러 상황에 두루 쓸 수 있는 어구입니다.

· **in a heartbeat**

머뭇거리지 않고 바로. heartbeat은 심장박동입니다. 어떤 반응을 보일 때, 깊이 생각해 보지 않고, 바로, 심장이 한 번 뛸 만한 짧은 시간 안에 반응을 보인다는 말입니다.

예 When asked to pick between those three, he went for the blue one in a heartbeat.

셋 중에 하나를 고르라고 하니까 남자는 바로 파란 색을 골랐다.

11 We're going through the worst economic crisis ever, at least for those small businesses running a business on a shoestring.

어휘/어구

· **run (a business) on a shoestring**

매우 적은 소자본으로 작게 사업체를 운영한다는 뜻입니다. shoestring 다음에 budget을 넣기도 합니다.

예 Since the beginning, we've been running the business on a shoestring budget with no steady income.

처음부터 우리는 꾸준한 수익도 못 내면서 소규모로 사업을 해왔다.

12 Retraining people in creative skills could wait at least for now.

어휘/어구

· could/can wait

그건 좀 나중에 해도 돼. 일단 급한 일이 아니니까 뒤로 미뤄도 된다고 말할 때 쓰는 표현입니다.

예 A: Let me throw out the trash.

B: No, that can wait. Come with me to the barn first.

A: 쓰레기 버리고 올게.

B: 아냐, 그건 나중에 해도 돼. 나랑 헛간에 먼저 좀 같이 가야겠다.

7

Moral obligation

Question

Do you think developed economies like the U.S. and the UK are morally obligated to offer Covid-19 vaccines to poor countries? Why or why not?

Answer

Rich countries are morally bound to help out the poor ones, but you don't want to confuse moral obligation with the legal sort. After all you can't expect everyone to become a Good Samaritan. You don't have a right to point fingers at them for refusing to share in the pain of others. But there are times when you do.

It's the dead of night. You're on your way back home from a long night of 'drinkathon' and stumble upon a man lying on the ground and seemingly at death's door. You've got to help him especially if all it takes to help him out is to press 911 on your mobile phone. One will have a hard time coming up with a strong case for forgiving you for turning a blind eye and walking away. That everyone feels the pang of conscience proves that being morally right is part of what makes us human.

That said, things aren't always so straightforward. What if the guy a few breaths away from dying is hanging by a rope below a bridge 100 feet above the surface of a rapid current? You've got to risk your own life to save his. What if it comes down to your life versus his? Is his life worth saving even at the expense of your own? A moral dilemma is inescapable when the action requires a choice, a choice between your own interests and someone else's. And when you find the price you're highly likely to pay for your peace of mind is too much to bear, you're forgiven to walk away.

And that brings me back to the question of whether rich countries are obliged to give away vaccines to poor ones. And yes they are because, here, the price you're paying for the peace of mind is a few million doses of vaccines, not your life.

해설

1 Do you think developed economies like the U.S. and the UK are morally obligated to offer Covid-19 vaccines to poor countries?

어휘/어구

· **obligated**

의무가 있다 없다를 논할 때 흔히 쓰는 표현으로 특히 법적 책임의 느낌을 강력하게 풍깁니다.

㊓ You are not obligated to give back the money, but you'll be frowned upon if you don't.

그 돈을 돌려줘야 할 의무가 있는 것은 아니지만 돌려주지 않으면 사람들이 싫어하겠지.

2 Rich countries are morally bound to help out the poor ones,

어휘/어구

· **bound**

본래 '묶여있다(bind - bound - bound)는 뜻에서 출발해 someone is bound to do something의 모양으로 쓰여, 법적, 도덕적으로 의무가 있거나 구속력이 있다고 할 때 쓰는 말입니다.

㉑ He is morally bound to compensate the damage he caused her.

남자는 여자에게 가한 피해에 대해 보상을 할 도덕적 의무가 있다.

㉑ You are legally bound to vacate the building by Friday.

당신은 금요일까지 건물을 비워줄 법적 의무가 있습니다.

cf. a legally binding order 법적 구속력이 있는 명령

3 After all you can't expect everyone to become a Good Samaritan.

어휘/어구

· **a Good Samaritan**

선한 사마리아인

성서에, 예수가 강도 만난 사람의 비유를 드는데, 그 중 사회적 지위가 높았던 사람들은 도움이 필요했던 강도 만난 사람을 두고 지나쳤지만, 당시 천하고 불결한 사람들로 여겨졌던 사마리아 지역 사람 중 한 명이 강도 만난 사람을 도와준다는 내용입니다. 영어에서 a Good Samaritan은 그렇게 다른 사람을 대가 없이 돕는 마음씨 좋은 사람을 비유하는 표현으로 굳어졌습니다.

4 You don't have a right to point fingers at them for refusing to share in the pain of others.

어휘/어구

· **point a finger(fingers) at someone**

손가락질하며 욕하는 상황을 묘사합니다.

예 You should point a finger at him just because he ignored your plea for help.

당신의 도움요청을 무시했다는 이유로 그 사람을 손가락질 해선 안돼.

· **share in the pain**

share는 타동사로도, 자동사로도 씁니다. 타동사로 쓸 때는 '공유'의 개념이거나 '나눈다'는 개념입니다. They're sharing an apartment. 아파트를 같이 쓴다. 즉 같이 산다는 말입니다. I'd like to share a story with you. 이야기를 해준다는 말입니다. 나만 알고 있는 이야기를 상대방도 알게 한다는 데서 파생된 용법이지요. 그런데 in을 쓰면 '참여'의 개념입니다. I shared in the profits. 라고 하면 나도 그 이익을 나누는데 참여했다는 말입니다. 결과적으로는 I shared the profits와 비슷하지만 초점이 다릅니다. I shared the profits 라고 하면 내가 수익을 독식하지 않고 다른 사람들과 나누었다는 말이 되고 I shared in the profits라고 하면 나도 그 수익을 나눠 갖는데 참여해 내 몫을 챙겼다는 말입니다. share in the pain이라고 하면 그 고통 안에 나도 참여한다. 즉, 나도 고통을 공감하고 같이 느낀다는 말이 됩니다.

예 He says he shares in the pain of Asian Americans who are suffering hidden but no less hurtful discrimination.

그는, 겉으로는 드러나지 않지만 못지 않게 고통스러운 차별을 겪고 있는 아시아계 미국인들의 아픔을 공감한다고 말합니다.

5 It's the dead of night.

어휘/어구

· **the dead of night**

한밤중이라는 말입니다. 초저녁이 아닌 한 밤중이라는 말로 middle of night과 비슷합니다.

6 You're on your way back home from a long night of 'drinkathon' and stumble upon a man lying on the ground and seemingly at death's door.

어휘/어구

· drinkathone

drink와 marathon의 합성어로 슬랭이므로 공식적인 글에 쓰는 것은 자제하는 것이 좋겠습니다. 2차 3차를 넘어가며 밤새 술을 마시는 것을 유머러스하게 표현한 단어입니다. 원어민들 사이에서 종종 쓰입니다.

예 The organization says it's putting on a sponsored drinkathon for charity.

그 단체가 자선을 목적으로 음주의 밤 행사를 개최한다고 한다.

· stumble upon

stumble은 문자 그대로는 무언가에 걸려 넘어진다는 말이지만, upon과 함께 써서 우연히 예기치 못한 곳에서 누군가를 만나게 되거나 무언가를 발견하게 되는 상황을 묘사합니다.

예 A man named Han was visiting from Seoul with a friend when they stumbled upon Lotteria near their hotel.

한씨라는 사람이 서울에서 친구와 함께 관광을 왔는데, 호텔 근처에서 우연히 '롯데리아'를 발견했다.

· at death's door

우리 말로도 금방 의미가 다가오는 이디엄입니다. '죽음의 문턱에 있다'는 말이지요. 금방이라도 숨이 넘어갈 정도로 위급한 상황에 있는 상태를 말합니다.

예 He was at death's door when the condition was diagnosed. It was a rare genetic disorder.

진단을 받았을 때 남자는 이미 가망이 없는 상태였다. 희귀 유전자 질환이었다.

7 You've got to help him especially if all it takes to help him out is to press 911 on your mobile phone.

구문

· **all it takes to ~ is to ~**

~하는 데는 ~만 있으면 된다. 활용도가 매우 높은 구문입니다.

예 All it takes to beat the pandemic is to come up with good vaccines and treatments.

좋은 백신과 치료제만 있으면 팬데믹은 끝낼 수 있다.

예 All it takes to become a billionaire is to be born to a billionaire.

억만장자가 되려면 그냥 억만장자의 자녀로 태어나기만 하면 돼.

8 One will have a hard time coming up with a strong case for forgiving you for turning a blind eye and walking away.

어휘/어구

· **a (strong) case for**

어떻게 해야 한다는 (설득력 있는) 주장.

㉠ he made a strong case for keeping the repeat offender for an indefinite period of time.

남자는, 그 상습범을 무기한 감금해야만 한다는 설득력 있는 주장을 펼쳤다.

· **to turn a blind eye to**

보고도 못 본 척한다는 말입니다. cf. to turn a deaf ear to

㉠ You failed because you kept turning a deaf ear to my calls for a change in attitude.

내가 그렇게 태도를 바꾸라고 했는데 듣는 체도 안 해서 그렇게 실패한 거야.

9 That everyone feels the pang of conscience proves that being morally right is part of what makes us human.

어휘/어구

· **a pang of conscience**

pang은 아리듯 아픈 극심한 통증을 말합니다. 그래서 a pang of conscience라고 하면 양심의 가책, 양심이 찔리는 것을 말합니다. feel하고 같이 잘 어울립니다.

구문

· That 절 + 동사

That으로 시작해서 절이 따라 나오면 그 부분 까지가 주어역할을 합니다. 가령, That he has been absent for three days in a row tells me that something is definitely wrong. 이라고 하면 '그 사람이 3일 연속으로 결근을 했다는 사실은 뭔가 잘못되었다는 것을 나에게 말해줘 (3일 연속으로 빠진 걸 보면 뭔가 분명히 잘못된 거야)라는 말이 됩니다.

㉕ That they lied to me about you means there's something fishy going on here.

그 사람들이 나한테 당신에 대해 거짓말했다는 것은 뭔가 안 좋은 일이 벌어지고 있다는 뜻이야.

10 That said, things aren't always so straightforward.

어휘/어구

· straightforward

문자 그대로는 '곧게 뻗어있다'는 말이지만, 실질적으로는 이해하기 쉽고, 단순 명료하다는 뜻으로 많이 쓰입니다.

예 The recycling system in Korea is pretty straightforward. All you need to do is sort out plastic and bottles before putting everything else in the dump.

한국의 재활용 제도는 무척 이해하기 쉽다 (단순하다). 플라스틱과 병만 분리하고 나머지는 버리면 된다.

구문

· **That said,**

That said, 혹은 That being said나 With that being said 혹은 Having said that, 도 다 비슷합니다. '자 이제 그 말을 했으니까 말인데' 정도로 이해하면 됩니다. 보통은 앞서 어떤 말을 하고 나서, 그것과는 비교적 상반되거나 다른 측면을 부각하고자 할 때 씁니다.

예 I don't think he is to blame for the disaster. That said, he is not completely free of responsibility because, after all, the disaster broke out under his watch.

그 재난이 그 사람 때문에 발생했다고는 할 수 없을 것 같다. 뭐 그렇긴 하지만, 책임이 전혀 없는 건 또 아니지. 아니 그 사건이 그 사람 관리하에서 일어난 것은 사실이잖아.

11 What if the guy a few breaths away from dying is hanging by a rope below a bridge 100 feet above the surface of a rapid

current?

어휘/어구

· **a few breaths away from dying**

죽기 직전에 있다는 표현입니다. 좀더 문자 그대로 해석해보면, 죽기까지 몇 숨 정도 남았다는 말이 되겠지요. 앞서 등장한 at death's door와 비슷합니다.

· **hang by a rope**

로프에 매달려 있다. hang은 자동사 혹은 타동사 모두로 쓰일 수 있으므로, He was being hung by a rope 의 형태도 가능하나 자동사로 hanging by a rope이라고 쓰는 것이 더 자연스럽습니다.

· **100 feet above the surface**

"바닥(표면)에서 100피트 높이에서.."라는 뜻의 '부사구'입니다.

예 The parachute opened 3,000 feet above the ground.

지상 3000피트 상공에서 낙하산이 펴졌다.

예 The spacecraft is supposed to be flying 100km above the Earth.

그 우주선은 지상 100km 상공에서 비행을 하게 되어 있다.

12 What if it comes down to your life versus his?

어휘/어구

· **come down to**

결국에는 어떤 문제로 귀결된다는 말입니다. So everything comes down to money in the end. 결국 모든 건 돈 문제다.

예 The effectiveness of all education reform eventually comes down to a good teacher in the classroom.

결국 어떤 교육개혁이라도, 효과가 있으려면 선생님이 훌륭해야 하는 것이다.

13 Is his life worth saving even at the expense of your own?

어휘/어구

· **at the expense of**

무엇을 희생하면서까지. 무엇을 대가로 치르고.

예 Should we really try to achieve that goat even at the expense of others' lives?

다른 사람들의 목숨을 대가로 치러가면서까지 그 목표를 성취하려고 하는 것이 옳은 일일까요?

14 And when you find the price you're highly likely to pay for your peace of mind is too much to bear, you're forgiven to walk away.

어휘/어구

· walk away

어떤 일에 더 이상 관여하지 않고 손을 뗀다는 말. 특히 책임을 지거나 마땅히 해야 할 일을 하지 않고 도망을 가거나 자리를 뜬다는 뜻입니다.

예 He chose to walk away from it all even when the children were left in danger.

아이들이 위험에 처해있는데도 나 몰라라 하고 가버리는 쪽을 택했다.

구문

· find that something is too much to bear

find는 목적어와 형용사를 같이 쓰거나 (I found the movie pretty fun) that절을 연결해 생각이나 느낌을 전할 때 씁니다. 이성적/합리적 판단보다는 개인적 생각이나 느낌을 표현하는 것에 더 가깝습니다.

예 I found that letting him get away with it was morally wrong.

난, 그 사람이 그런 잘못을 저지르고도 처벌받지 않고 지나가도록 내버려두는 것 자체가 도덕적으로 잘못된 것이라고 느꼈다.

15 And that brings me back to the question of whether rich countries are obliged to give away vaccines to poor ones.

어휘/어구

· **give away**

무언가를 대가를 바라지 않고 그냥 줘버린다는 뜻입니다. 명사 형태로 giveaway라고 하면, 사은품이나 증정품을 뜻합니다.

예 He gave away all the money he earned this month to help pay for the baby's surgery.

남자는, 아기의 수술에 보태라고, 이 달 번 돈을 모두 줘버렸다.

구문

· **That (which) brings me back to the question ~**

그래서 다시 그 문제로 돌아가게 됩니다. 애초에 제기되었던 문제에 관해 논의를 하다가 논지 전개상 조금 다른 주제로 넘어갔다가, 다시 연결고리가 생겨(혹은 마련해서) 본래의 문제로 돌아오게 된다고 할 때 쓰는 말입니다.

예 Then you are free to walk away. Which brings us back to the question of who is to blame for that catastrophic failure.

그렇다면 당신은 그냥 손을 떼고 떠나셔도 됩니다. 자, 그래서 다시 그 끔찍한 사건에 대한 책임이 누구에게 있느냐는 문제로 돌아가게 되는 것이지요.

Poverty and redistribution

Question

Some liberal-leaning politicians and activists often claim that poverty arises when the government 'fails' to redistribute wealth. Do you agree?

Answer

I just don't think I can come up with a logical rebuttal that can make those politicians and activists eat their words. I do believe that poverty is a natural corollary of a failed attempt at redistribution. Except that I'm not as willing to call it a 'failure'.

My father grew up in a poor family. He didn't have a penny saved in his bank account by the time he turned 25. He had to put food on the table for his mother and siblings. He had worked tirelessly for the next 34 years supporting his family before getting into a home of his own, after taking out a mortgage. One of his childhood friends had a father who had happened to have a very rich father himself. He inherited two gas stations and a big ranch where he kept a few hundred cows. His riches grew into billions and hadn't worked an hour of his life since maybe he turned 40.

So do we take away the gas stations and ranch, sell them off and distribute the loot evenly among his poorer neighbors? No. It doesn't take a Nobel-prize winning economist to know things just don't work that way. If they had, that lucky friend of my father's wouldn't have had a rich father in the first place. You work hard to amass wealth because you know that's going to be yours and yours only.

That being said, you should've helped out my father when he was young. This is not the Amazon forest where the law of the jungle is the name of the game. This is a 'country' with a government that runs it. They collect taxes and use them to make sure that bad luck doesn't ruin the lives of the people they serve. So a healthy society is one that 'distributes' wealth in a way that creates opportunities for all and doesn't deter the rich from working hard to make more money at the same time.

So basically I believe poverty is a symptom of a set of policies that aren't working as well as they should be. But the moment we call it a result of a 'failure' to redistribute wealth, we start walking on the slippery slope. Sometimes poverty is purely a result of an irresponsible government. Other times, you have no one else to blame but yourself for your own fate. So let's always remain vigilant so the unfortunate get the help they need but guard against inadvertently sowing the seeds of moral hazard among people.

해설

1 I just don't think I can come up with a logical rebuttal that can make those politicians and activists eat their words.

어휘/어구

· **rebuttal**

반론이나 반박의 말을 뜻합니다. 특히, 앞서 상대방이 한 말이나 주장이 틀렸다는 것을 보여주는 일련의 주장을 뜻합니다.

예 I was the last to speak, and I had to come up with a rebuttal for each of those arguments.

내가 마지막 발언자였고, 제시된 주장들에 대해 하나하나 반박을 펼쳐야 했다.

· **eat one's words**

우리 말에도 뱉은 말을 주워담는다는 표현이 있습니다. 같은 뜻은 아니지만 비슷합니다. 내가 한 말을 스스로 틀렸다고 자인하고 취소한다는 말입니다. 주로, 누가 어떤 단언을 했을 때, 그 말이 틀렸다는 것을 입증한다는 상황에 많이 씁니다.

예 He said I would never be able to make it to the top of the mountain. I'll make him eat his words.

그 사람은 내가 정상에 절대 도달하지 못할 거라고 말했다. 그 말을 꼭 취소하게 만들어줄 거다.

2 I do believe that poverty is a natural corollary of a failed attempt at redistribution.

어휘/어구

· (natural) **corollary**

어떤 일의 자연스런 결과(물)라는 말로 natural 과 잘 어울립니다. 매우 formal한 표현입니다.

예 An increase in productivity is a natural corollary of a happy workforce.

근로자들의 만족도가 높아지면, 생산성은 자연스럽게 오르게 되어 있다.

3 Except that I'm not as willing to call it a 'failure'.

어휘/어구

· **Except that ~**

앞서 어떤 명제, 설명을 제시한 다음, 예외적으로 그 설명과 다른 경우를 덧붙여 말하고 싶을 때 쓰는 말입니다. 앞서 나온 문장을 끝내지 않고 콤마로 연결하는 경우도 많고, 본문처럼 새로 시작하는 경우도 많습니다.

예 He and I are mired in the same dilemma. Except that I know it, and he doesn't.

그 사람과 나는 똑같은 딜레마에 빠져 있는데, 차이점이 있다면 난 그걸 알고 있고 그 사람은 모르고 있다는 점이다.

4 He had to put food on the table for his mother and siblings.

어휘/어구

· put food on the table

문자 그대로는 식탁에 음식을 올려놓는다는 말로, 가정에서 생계를 담당하고 있다는 뜻입니다. bring home the bacon이나 keep the family fed and clad (먹이고 입힌다는 말)와 비슷합니다.

예 It's traditionally been the husband's responsibility to put food on the table.

집에 돈을 벌어오는 일은 전통적으로 남자들이 하는 일이었다.

5 He had worked tirelessly for the next 34 years supporting his family before getting into a home of his own, after taking out a mortgage.

어휘/어구

· **get into a home of his own**

자신의 집에 들어간다는 말이지만, 비유적으로는 내 명의로 된 내 집을 사게 된다는 뜻입니다.

예 It took him 20 long years to get into a home of his own.

집 사는데 20년이 걸렸다.

· **take out a mortgage**

주택담보대출을 받는다는 말로, 대출(loan)도 take out할 수 있으며, get을 쓰기도 합니다.

예 He took out a student loan to put himself through college.

부모님에게 손 벌리지 않고 대학 다니느라 학자금 대출을 받았다.

6 He inherited two gas stations and a big ranch where he kept a few hundred cows.

어휘/어구

· **inherit**

유산으로 물려받는다는 말로, 돈, 부동산, 가치관 등을 목적으로 씁니다.

예 He inherited a mansion and a patch of land 10 times the size of Yeouido.

대저택 한 채와, 여의도 10배 면적의 땅을 유산으로 물려받았다.

· **ranch**

목장. 소, 양, 말 등을 기르는 목장으로, 규모가 매우 큽니다.

7 His riches grew into billions and hadn't worked an hour of his life since maybe he turned 40.

어휘/어구

· **riches**

돈과 부를 말합니다. wealth는 '부'라는 '개념'을 지칭하는 경우가 많지만 riches는 구체적인 재산, 가진 것들을 의미합니다.

예 Their riches came from the hard labor of their hired hands.

그 사람들의 재산은 결국, 고용된 사람들의 노동에서 비롯된 것이었다.

8 So do we take away the gas stations and ranch, sell them off and distribute the loot evenly among his poorer neighbors?

어휘/어구

· take away

물건인 경우 빼앗아 가거나 억지로 소유권을 빼앗는 것을 뜻하고 사람인 경우 데려가거나, 데려가는 주체가 경찰 등이면 체포해 데려간다는 말입니다. 매우 다양한 상황에 두루 쓰입니다.

㉮ The protesters were arrested and taken away by the riot police.

전경이 시위대를 체포해 데려갔다.

· sell off

sell만을 쓴다면 단순히 '파는' 행위를 뜻하지만 off로 같이 쓰면 '팔아치운다'던가 팔아'버린다'는 식의 뉘앙스가 있습니다. 회사의 경우 지분 일부를 매각한다는 뜻으로도 쓰입니다.

㉮ He sold off his 2020 BMW X5 MSP and set out a half-year journey around the world.

2020년식 BMW X5를 팔아 그 돈으로 6개월간의 세계일주에 나섰다.

· **loot**

전쟁상황이라면 전리품을 뜻하고, 무엇을 팔고 난 '대금'의 뜻이 되기도 하며, 승리의 대가로 얻는 금전적 혹은 비금전적 보상을 지칭합니다. 범죄 과정에서 습득하게 된 물건을 뜻하는 '장물'의 의미로도 쓰입니다.

예 He gave back the loot and said sorry for stealing everything.

노획물을 돌려주고, 모든 것을 빼앗은 일에 대해 사과했다.

9 It doesn't take a Nobel-prize winning economist to know things just don't work that way.

어휘/어구

· **It doesn't take ~ to ~**

꼭 ~가 아니라도 ~쯤은 안다/할 수 있다

어떤 일이 대수롭지 않거나, 쉽거나 일상적이라는 말을 하고자 할 때 많이 쓰는 구문입니다.

예 It doesn't take a doctor to know that handwashing is the best way to keep you from getting a cold.

의사가 아니라도 손 씻는 것이 감기 예방에 제일 좋다는 것쯤은 다들 알고 있다.

예 It doesn't take a rocket scientist to know that such a stiff drink can catch fire.

전문적 지식이 없어도 그렇게 독한 술이면 불이 붙을 수도 있다는 것쯤은 안다.

10 You work hard to amass wealth because you know that's going to be yours and yours only.

어휘/어구

· amass

돈, 재산 등을 꾸준히 모아서 쌓는 것을 말합니다.

예 He then amassed enormous wealth selling narcotics in Mexico in the 1980s.

1980년대 멕시코에서 마약을 팔아 막대한 부를 축적했다.

· yours and yours only

yours만 가지고도 '당신의 것'이라는 말이 되지만, 그 말을 한 번 더 하고 only를 뒤에 쓰게 되면 '다른 누구의 것도 아닌'의 의미가 더욱 강조됩니다.

예 All eyes were on them, and them only.

모두들 다른 어떤 곳도 바라보지 않고 하나가치 그들만 쳐다보고 있었습니다.

예 Martha is the best and nicest stylist in the whole country. Been going to her and her only for over 5 years.

마르다는 이 나라 최고의 미용사야. 5년 넘게 마르다한테만 머리했어.

11 That being said, you should've helped out my father when he was young.

어휘/어구

· **That being said, 혹은 That said나 With that (being) said, Having said that**

모두 가능합니다. '자 이제 그 말을 했으니 말인데' 정도로, 앞서 말한 내용과 상반된 내용의 말을 할 때, 반전을 위해 자주 씁니다.

예 He doesn't know a thing about computer hardware. That said, however, he's had no problem making use of all sorts of software all these years.

컴퓨터 하드웨어는 하나도 모르는데, 그 오랜 세월 동안 온갖 종류의 소프트웨어는 아무 문제 없이 잘 활용해 왔어.

12 This is not the Amazon forest where the law of the jungle is the name of the game.

어휘/어구

· **the law of the jungle**

정글의 법칙. 적자생존의 원칙이 적용되는 냉혹한 삶의 현장을 비유적으로 이르는 경우가 많습니다.

예 The law of the jungle still applies. 'Survival of the fittest' is the only rule there.

아직 정글의 법칙이 통용된다. 거기선 '적자생존'이 유일한 규칙이다.

· name of the game

가장 중요한 것. 중요한 원칙, 규정 등을 지칭합니다. 특정한 필드나 분야에서 제일 중요한 가치를 지닌 것. 가장 중요하게 다뤄지는 규정을 뜻합니다.

예 In computer security, 'vigilance' is name of the game.

컴퓨터 보안이라는 분야에선, '긴장의 끈을 놓지 않는 것'이 가장 중요한 덕목이다.

예 Being curious is the name of the game in the world of art.

예술의 세계에선 '호기심'을 갖는 것이 무엇보다 중요합니다.

13 So a healthy society is one that 'distributes' wealth in a way that creates opportunities for all and doesn't deter the rich from working hard to make more money at the same time.

어휘/어구

· deter

애초에 어떤 마음을 먹지 못하게 막는다는 말로, 사람을 주어로 쓰기보다는 행동이나, 전략, 무기 등을 주어로 씁니다.

예 Only tougher law can deter potential law breakers from committing crimes.

더욱 강력한 법만이 예비범죄자들의 범죄를 미연에 방지할 수 있습니다.

예 North Korea keeps saying it needs nuclear weapons as a deterrence against a possible attack by the U.S.

북한은 항상, 핵무기가 필요한 이유가, 미국의 침략을 저지하기 위해서라고 주장한다.

구문

· in a way that / in ways that ~

영어에서 자주 등장하는 구문입니다. 어떤 행위나 과정을 말하면서 구체적인 방식 등을 묘사할 때 많이 씁니다.

예 As the coronavirus spreads, it gains more opportunities to mutate in ways that make it easier to be transmitted from person to person.

코로나바이러스가 확산되면서, 바이러스는, 사람에서 사람으로 감염되는 것이 더 쉬워지도록 변이할 수 있는 기회를 더 많이 갖게 된다.

14 So basically I believe poverty is a symptom of a set of policies that aren't working as well as they should be.

구문

· **working as well as they should be**

목표만큼 잘 작동하지 않고 있다. 예상만큼 좋다(좋지 않다), 그 사람이 말한 만큼 크진 않다.. 등의 '비교구문'입니다. 난이도 자체가 높진 않은데 '바로 떠올려' 쓰려면 많은 훈련과 연습이 필요합니다. 예문들을 보고 이해한 다음 외워질 만큼 머리속에서 재구성해봐야 합니다.

㉠ He wasn't as good looking as she told me he was.

그 사람은 그 분이 말해준 것만큼 잘생기진 않았다.

㉠ The house wasn't as big as I thought it would be.

그 집은 내가 생각했던 것만큼 크진 않았다.

㉠ Working out 2 hours a day every day was more challenging than I thought it would be.

하루에 두 시간씩 운동하는 것은 내가 생각했던 것보다 더 어려웠다.

15 But the moment we call it a result of a 'failure' to redistribute wealth, we start walking on the slippery slope.

어휘/어구

· **walk (be) on the slippery slope**

문자 그대로는 (자칫하면 아래로 굴러 떨어질 수 있는) 미끄러운 경사면을 걷고 있다는 말로, 조금만 문제가 생기면 걷잡을 수 없는 사태로 비화될 수 있는 상황을 지칭하는 이디엄입니다.

예 Whenever I'm told I may be walking on the slippery slope of bias, I ask myself if I'm being fair-minded.

내가 자칫 편견으로 기울고 있을 수도 있다는 말을 들을 때마다 나는 내가 공정한 사고를 하고 있는지를 자문해 본다.

16 Other times, you have no one else to blame but yourself for your own fate.

구문

· **you have no one else to blame but yourself for**

벌어진 일이 본인 책임이라는 점을 강조해 말하고자 할 때 자주 쓰는 말입니다. (너 스스로를 빼고는 ~에 대해서 탓을 할 사람이 아무도 없어 = ~는 결국 네가 자초한 일이야)

예 When you live alone, you have no one else but yourself to blame for your daily routines.

혼자 살면 하루 일과에 대한 책임은 너 자신에게 있는 거야.

17 So let's always remain vigilant so the unfortunate get the help they need but guard against inadvertently sowing the seeds of moral hazard among people.

어휘/어구

· **inadvertently**

우연히, 의도하지 않았는데 실수로, 나도 모르게 원하거나 의도하지 않았는데 어떤 일이 벌어진다고 할 때 쓰는 말입니다. accidentally와 비슷합니다.

예 A custodian at a California middle school has resigned three days after he says he inadvertently brought a loaded handgun into the school.

캘리포니아의 한 중학교 건물관리인이, 본인에 따르면 의도치 않게 권총을 학교에 가지고 들어왔다가 사흘 만에 사임했습니다.

· **moral hazard** 도덕적 해이

누군가가 잘못을 할 때마다, 그 잘못을 감싸주고 덮어줘, 그 잘못에 대한 책임을 지지 않아도 되는 상황이 반복적으로 일어날 때, 당사자가 도덕적으로 '해이'해져, 스스로의 행동을 바르게 고치려 들지 않을 때, 그 상황을 '누군가가 도덕적 해이에 빠졌다'고 말합니다.

예 Moral hazard of banks played an important role in the coming of the 1998 Asian Financial Crisis.

은행들의 도덕적 해이가 1998년 아시아 금융위기 발생에 중대한 역할을 했다.

9

Anonymity on-line

Question

The comments section that appears below on-line news reports is notorious for all sorts of verbal abuse, rumor-mongering and simply trash. So it's little wonder people often make a case for letting people leave posts only under their real names. Others are dead set against removing anonymity online because that's the very basis upon which democracy was built and thrives. Which side are you on?

Answer

I am all for the idea that anonymity should be gone from the comments section of all media outlets. I believe anonymity has outlived its usefulness as a powerful weapon that brings down dictatorship and debunks corrupt politicians.

You only need to remind yourselves of the insanity that drove Choi

Jin-shil and Gu Hara to death to realize that a vicious tongue armed with anonymity is as pernicious as any bullet of murderous intent. The comments section that comes below any news report is littered with hate-filled, mindless accusations that border on death threats. One of those I ran into the other day reads, "I'd love to slit his throat". These trolls must never be allowed to get away with these things.

True, anonymous freedom fighters wouldn't have been able to have their voice heard by those with the power to change their fate, had it not been for the ability to divulge the atrocities committed by their leaders without running the risk of having their identity compromised. But that simply points to the need to establish an independent agency charged with guarding the identities of those who leave comments on line. You can't leave the authority to see who you are on line to the elected officials in power. Power of that magnitude in the hands of people of that nature will almost certainly lead to mayhem where some of them abuse the power to trample upon the lives of innocent citizens.

So again, my answer to the question is yes, we take the best of both worlds: you are allowed to remain anonymous, but the moment your comments start hurting people, you'll be tracked down and get your behind kicked.

해설

1 The comments section that appears below on-line news reports is notorious for all sorts of verbal abuse, rumor-mongering and simply trash.

어휘/어구

· **rumor-mongering**

monger라는 말은 명사로 시시콜콜한 루머, 이야기 등을 세상에 퍼뜨리는 사람을 말합니다. 그런 사람이 하는 행위를 mongering이라고 하는데, 중요한 것은 mongering의 형태로만은 잘 쓰지 않고 앞에 다른 '무엇'에 해당하는 말을 같이 씁니다. 또 같이 쓰는 말이 많지 않습니다. 대표적으로 잘 쓰는 말이 rumor로서 rumor-mongering은 소문 등을 퍼뜨리는 행위를 말합니다. 비슷하게 'warmonger / warmongering'이라는 말도 많이 씁니다. 전쟁광이나 전쟁분위기를 퍼뜨리기 좋아하는 사람, 그런 사람의 행위를 말합니다.

2 So it's little wonder people often make a case for letting people leave posts only under their real names.

어휘/어구

· **it's little wonder / it's no wonder**

어떤 일이 너무도 당연한 일이라는 뜻입니다. 문자 그대로는, '의아해할 것도 없다'는 말이지요.

예 It's no wonder he's mad.

그러니까 그 사람이 화날 만도 하지 / 그 사람이 화 나는 것은 당연한 일이야

· **make a case (for/against)**

특정 사안에 대한 하나의 주장을 펼친다는 말로 for는 이하의 생각/주장에 대한 찬성 의견을 against는 반대 의견을 펼 친다고 할 때 씁니다.

예 He made a strong case against the massive emergency cash handouts saying what they need is not cash but a pat on the back.

남자는 그들이 필요한 것은 돈이 아니라 격려라며 이번에 결정된 대규모 긴급자금지원에 대한 (매우 설득력 있는 - strong) 반대 의견을 냈다.

3 Others are dead set against removing anonymity online because that's the very basis upon which democracy was built and thrives.

어휘/어구

· **be** (dead) **set against**

dead는 부사의 역할을 해서 반대의 강도가 세다는 뜻입니다. 어떤 문제나 행동에 대해 전면 반대하는 입장을 표명할 때 씁니다.

예 He seems to be dead set against using tax money to fund the project.

남자는 그 프로젝트에 드는 비용을 국민의 세금으로 충당하는 것 자체에 전전 반대입장인 것 같다.

4 I am all for the idea that anonymity should be gone from the comments section of all media outlets.

어휘/어구

· **be all for**

전적으로 찬성한다. 쌍수를 들고 환영한다는 뜻의 표현입니다.

예 I'm all for getting rid of the ludicrous law.

난 그 말도 안 되는 법을 없애는데 전적으로 찬성한다.

· **news outlet / media outlet**

'언론회사'의 뜻으로 신문사나 방송국을 광범위하게 지칭하는 표현입니다.

5 I believe anonymity has outlived its usefulness as a powerful weapon that brings down dictatorship and debunks corrupt politicians.

어휘/어구

· **outlive**

주어가 목적어보다 오래 산다는 말입니다. 단순히 생각하면 Women generally outlive men. 처럼 '여자가 보통 남자보다 오래 산다'의 상황에 쓰이는데, 이 단어는 비유적으로도 많이 씁니다. 본문에서처럼 어떤 제도나 물건이 효용성이 다했다는 상황에서도 쓴다는 것이지요.

㈎ Beepers have long outlived their relevance in the modern society where everyone has carries around a mobile phone with them, but they're still being used among some medical doctors working in general hospitals.

삐삐는 이제 모두가 핸드폰 하나씩은 들고 다니는 현대사회에서 별 의미가 없는 기계가 된지 오래다. 그런데도 아직 종합병원 의사들은 삐삐를 쓴다.

· bring down

성을 무너뜨리거나, 견고하게 세워진 시스템, 국가체제 등을 붕괴시킨다고 할 때 쓰는 말입니다.

예 We are suffering from the same rot that has brought down democracy in other countries.

우리는 다른 나라에서 민주주의를 붕괴시킨 바로 그런 종류의 상황 때문에 고생을 하고 있다.

· debunk

주장, 생각, 믿음 등이 틀렸다는 것을 밝혀 만천하에 드러낸다는 뜻입니다. 목적어로는 잘못된 생각, 믿음을 쓰기도 하고, 그런 생각을 갖고 있거나 주장하는 주체가 되기도 합니다.

예 In this book they debunked such myths as eating turkey makes you sleepy.

이 책에서 저자들은, 칠면조 고기를 먹으면 잠이 온다던가 하는 잘못된 믿음을 파헤쳤다.

예 Do you think that somebody will pick up your legacy and continue to debunk the fraudsters when you are no longer able to?

앞으로 당신이 할 수 없게 되면, 누군가가 나타나 당신의 유산을 이어받아 그런 사기꾼들을 계속해서 파헤칠 것이라고 생각하십니까?

6 You only need to remind yourselves of the insanity that drove Choi Jin-shil and Gu Hara to death to realize that a vicious tongue armed with anonymity is as pernicious as any bullet of murderous intent.

어휘/어구

· **pernicious**

해롭고 사악하다(harmful)는 뜻인데, 특히 겉으로 처음에는 확연히 드러나지 않지만 차차 큰 피해를 줄 수 있는 성향을 나타냅니다.

예 The uncomfortable new uniforms had a pernicious effect on employee morale.

이번에 새로 만든 불편한 유니폼이 직원 사기에 악영향을 끼쳤다.

· **of murderous intent**

intent는 '의지'나 '의도'를 뜻하는 말로 something/someone of ~ intent라고 하면, 애초에 ~한 의도를 가진 어떤 것/사람을 뜻합니다. intent가 마음속에 품은 의도라면 intention은 구체적인 행동을 취하고자 하는 마음의 목적을 말하는데요. intent 자리에 이것도 쓸 수 있습니다. 가령 a man of evil intention 이라고 하면, 사악한 의도를 가진 남자라고 할 수 있지요.

구문

· you only need to ~~~ to realize that ~

~를 알려면 ~만 하면 된다 / ~만 하면 ~를 알 수 있다

예 You only need to think of the 9/11 terrorist attacks to realize that terrorists are everywhere.

9/11사태만 생각해보면 테러범이란 어디에나 존재한다는 점을 금방 인식할 수 있다.

7 The comments section that comes below any news report is littered with hate-filled, mindless accusations that border on death threats.

어휘/어구

· be littered with

쓰레기 등이 여기저기 흩어져 어질어져 있다는 말로, 비유적으로도 쓰입니다.

예 These are two areas of Pompeii that are littered with all sorts of graffiti.

여기가 그라피티가 가득한 폼페이의 두 지역이다.

· **to border on**

border는 '국경'을 이르는 말인데, 동사로 on과 함께 써서, ~와의 경계에 있다는 말입니다. 실질적으로는 '~까지는 아니어도 그것에 비슷한 것'이라는 말을 하고자 할 때 씁니다. 가령 the remark borders on perjury이라고 하면 그 발언이 '위증'이라고는 못해도 거의 위증에 해당하는 말이라는 뜻입니다.

8 One of those I ran into the other day reads, "I'd love to slit his throat".

어휘/어구

· **run into**

우연히 누군가를 만나거나 무엇을 발견하게 된다는 말입니다. come across와 비슷합니다.

예 I ran into an old friend of mine in the movie theater yesterday.

어제 오랜 친구를 극장에서 우연히 만났다 (마주쳤다)

· **read**

책이나 인터넷 등에 어떤 글이 쓰여있었다고 할 때 그 내용을 인용할 때 씁니다.

예 In the posting was a remark that read, "he is an anti-Semite".

그 글에는 '그는 반유태주의 자야' 라는 말이 쓰여있었다.

9 True, anonymous freedom fighters wouldn't have been able to have their voice heard by those with the power to change their fate, had it not been for the ability to divulge the atrocities committed by their leaders without running the risk of having their identity compromised.

어휘/어구

· **had it not been for**

~가 없었더라면. 가정법 과거로 고교 교과과정에 등장합니다.

예 I would have failed had it not been for your help.

너의 도움이 없었더라면 난 실패했을 거야.

예 The government would've fallen had it not been for the immediate involvement of the US troops.

미군이 당장 개입하지 않았더라면 정부는 무너졌을 것이다.

· **divulge**

비밀 등을 누설하거나 폭로하는 것입니다. reveal하고 비슷합니다.

예 The blog did not divulge specific details, but did say the boy band had been stalked by some of their fans for years.

해당 블로그는 자세한 사항을 밝히지는 않았지만, 그 보이그룹을 열성팬들이 수년 동안 스토킹 해왔다고 말했다.

· atrocity

보통 복수형태로 쓰고 전쟁 등에서 벌어진 '잔혹한' 범죄나 살인, 학살 등을 표현할 때 씁니다. 형용사로도 많이 변형되어 사용됩니다. atrocious crimes 또 정도가 너무 심해서 인상이 찌푸려질 정도라는 의미로도 쓰는데요. He's got atrocious Japanese accept.라고 하면 일본어를 하긴 하는데, 액센트가 형편없다는 말이 됩니다.

· run the risk of

어떤 위험을 감수하고 있다는 말입니다.

예 I was willing to run the risk of losing my job to help her.

난 여자를 도우려고 해고될 위험을 무릅쓸 용의가 있었다.

· compromise

명사나 동사로 '타협' 정도로 많이 쓰이지만 또 하나의 중요한 용법은 무엇을 잃거나, 어떤 소중한 것이 손상을 입는 것을 말합니다. 가령, the outpost was compromised by enemy attacks라고 하면 우리의 전진기지가 적 공격에 의해 무너졌다/적에 빼앗겼다는 말입니다.

㉮ Dental issues not only affect your pet's teeth, but they can also compromise his health.

치아가 안 좋으면 애완동물의 치아에만 문제가 생기는 것이 아니라 전반적인 건강도 해칠 수 있습니다.

10 But that simply points to the need to establish an independent agency charged with guarding the identities of those who leave comments on line.

어휘/어구

· be charged with

임무나 책임을 지고 있다는 표현입니다. 같은 표현으로 '혐의'를 표현할 수도 있습니다.

㉮ The agency charged with handling the whistleblower complaints isn't doing its job.

그 내부 고발건들을 다루는 임무를 맡고 있는 단체가 임무를 제대로 수행하지 않고 있다.

㉮ The man charged with robbery was due to appear in the New York District Court on Monday.

강도 혐의를 받고 있는 남자가 월요일 뉴욕지방법원에 출두할 예정이었다.

11 Power of that magnitude in the hands of people of that nature will almost certainly lead to mayhem where some of them abuse the power to trample upon the lives of innocent citizens.

어휘/어구

· **magnitude**

강도나 중요함의 정도가 높다는 말을 할 때 쓰는 명사입니다. 지진의 강도를 표현할 때도 씁니다. **a matter of (huge) magnitude**라고 하면 매우 중차대한 문제를 의미합니다.

예 Who to vote for is a matter of great magnitude to us all.

누구를 찍을까의 문제는 우리 모두에게 매우 중요한 문제입니다.

예 A magnitude 6.5 earthquake struck off the east coast of Okinawa.

진도 6.5의 강진이 오키나와 동부해역에서 발생했다.

· **mayhem**

큰 혼란이나 문제, 위기사태를 말합니다.

예 Such a big and abrupt change in temperature will lead to mayhem for our planet' s wildlife.

그렇게 극심한 온도변화가 발생하면, 지구상의 야생동식물들은 큰 재앙을 겪게 될 것이다

· **trample upon**

인권이나 권리 등을 짓밟고 유린한다는 뜻입니다.

예 It is easier to trample upon the rights of the poor because we have few who will raise their voice for them.

가난한 사람들의 권리를 짓밟는 것이 쉬운 이유는, 그들의 권리를 위해 목소리를 내는 사람이 거의 없기 때문이다.

12 So again, my answer to the question is yes, we take the best of both worlds

어휘/어구

· **the best of both worlds**

두 가지 중 좋은 것 만을 지칭하는 말로, have나 get, take등을 같이 써서, 좋은 것만 취한다는 의미를 전할 수 있습니다.

예 Two years ago, Samsung set out to put the best of both worlds in the palm of your hand with the Fold in a way others wouldn't even dare to imagine.

2년 전, 삼성은 '폴드'폰을 통해 한 손안에 두 가지 장점을 모두 담았고, 이는 다른 누구도 상상도 못했던 일입니다. (이 경우엔 휴대성과 화면의 크기를 말하고 있습니다)

13 you are allowed to remain anonymous, but the moment your comments start hurting people, you'll be tracked down and get your behind kicked.

어휘/어구

· track

위치, 행적을 추적한다는 동사로 down과 함께 쓰는 경우가 많고, 명사 형태로도 쓰입니다. (keep track of)

예 The suspect was taken into custody after police tracked him down after a nationwide manhunt.

경찰이 전국적으로 대대적인 단속을 벌여 용의자를 잡아내 신병을 확보했다.

예 A new technology called electronic GPS tracker helps police keep track of sex offenders.

GPS 추적기라는 기술을 통해 경찰은 성범죄자들의 행적을 추적할 수 있다.

· get one's behind kicked

일상대화에서 kick one's a** 의 형태로 '혼을 내준다'는 의미로 쓰지만, a**는 비속어이므로 이것을 behind(엉덩이) 정도로 순화시켰습니다. 방송 매체에 따라서는 비속어는 금기하므로 이렇게 바꿔 쓰는 경우가 많습니다. 또 주어를 혼내 주는 주체가 되면 she kicked his behind라고 쓰지만, 혼쭐나는 주체가 주어가 되면 he got his behind kicked의 형태로 바꿔줍니다.

10

Machine translators

Question

Do you believe human translators and interpreters are going to be replaced by machines in, say, 30 years?

Answer

I can't think of a future, by any stretch of imagination, where a piece of software is helping two heads of state discuss what to do with a nuclear-armed North Korea that's about to implode after a civil war. Though I do believe it's certainly a matter of time before machines take over most human jobs including translators', I'm sure the 21st century won't see the day come.

If my memory serves me right, the first time I heard of a machine possibly helping two individuals from two different linguistic backgrounds talk to each other was in the mid-1990s. That probably was an intriguing new idea that might have stirred up the creative mind of a few truly brilliant scientists, but for me that just sounded like a fun topic of a future sci-fi movie I'd love to go watch. Three decades on, we do have AI assistants who take our commands and perform routine daily tasks accordingly. But that's about all they could do for now. No organizers of an international conference with a sane mind would hire a machine translator. What if what's at stake is not some noble cause like ending poverty in some of the least developed economies but a war that could be brought against the rest of the world by a 'rogue' nation with a vast nuclear arsenal? You don't want to put Siri in the booth. AI translators will help you ask for directions in, say, Poland. It won't be your reliable partner who helps to cut a deal with a prospective business partner from China.

Besides, this is how far we have come from 3 decades ago. Another 3 decades is not going to be anywhere near enough to leave human translators in the dust. Driving safely is hard enough. Look where the past 30 years of research has got us. You don't want to put AI in the driver's seat just yet. I think we're going to be making a living translating and interpreting just fine 30 years from now.

해설

1 I can't think of a future, by any stretch of imagination, where a piece of software is helping two heads of state discuss what to do with a nuclear-armed North Korea that's about to implode after a civil war.

어휘/어구

· **by any stretch of imagination**

stretch는 무언가를 주욱 당긴다는 뜻입니다. '스트레칭'을 생각하시면 됩니다. by any stretch of imagination 상상력을 아무리 늘어뜨려보아도… 정도로 직역할 수 있는데요. 아무리 생각해도, 아무리 상상의 나래를 펼쳐보아도… 로 이해하면 됩니다. 그래서 '부정적인' 문장들에 어울립니다. 아무리 생각해도 ~는 아니다…는 말에 쓰입니다.

예 He can't be that mean by any stretch of imagination.

아무리 생각해도 그 사람이 그렇게까지 야비할 수는 없을 텐데…

· **head of state**

국가의 수반, 즉 대통령이나 국가주석, 독재자 등을 지칭합니다.

· **implode**

explode와 대비시켜 기억하면 좋습니다. explode가 폭탄이나 건물 등이 충격에 의해 폭발한다는 말이라면 implode는 내부로부터 문제가 발생해 터지거나 무너지는 것을 말합니다.

예 You can't expect North Korea to implode if Kim Jong-un is alive and well.

김정은이 건재한 이상 북한이 내부로부터 붕괴하길 기대할 순 없다.

2 Though I do believe it's certainly a matter of time before machines take over most human jobs including translators', I'm sure the 21st century won't see the day come.

구문

· **it's a matter of time before**

~은 시간문제다. 결국 시간만 지나면 ~는 벌어지게 되어 있다.

예 It's a matter of time before we all run out of ammunition and get shot to death by the enemy.

결국 탄약이 떨어져 적군의 총에 쓰러지는 건 시간 문제다

· the 21st century won't see the day come

직역하면 21세기는 그 날이 오는 것을 보지 못할 것이다. 즉, 21세기에는 그런 일이 일어나지 않을 것이라는 말입니다. 특정 시기에 어떤 일이 일어났거나 나고 있거나 날 것이라는 말을 할 때 유용한 구문입니다.

㉮ The year 2022 will surely see the pandemic wind down and eventually disappear from the face of the Earth.

2022년에는 코로나가 잦아들어 결국 지구상에서 완전히 자취를 감추게 될 것이다.

3 If my memory serves me right, the first time I heard of a machine possibly helping two individuals from two different linguistic backgrounds talk to each other was in the mid-1990s.

구문

· if my memory serves me right

(혹시 틀릴 수도 있지만) 내 기억이 맞는다면.

· **the first time I heard of a machine helping two individuals**

구문을 잘 이해하고 모양을 바꿔보면 도움이 되는 구문입니다. I heard of a machine helping two individuals the first time - 나는 기계가 두 사람을 돕는다는 얘기를 처음 들어보았다. 이것의 구조를 조금 바꿔, "내가, 기계가 두 사람을 돕는다는 얘기를 처음 들어본 것은…"의 말이 되는 것입니다. I saw her in Andong (for) the first time. (난 그녀를 안동에서 처음 봤다.) 이것을 The first time I saw her was Andong.(내가 그녀를 처음 본 것은 안동 에서였다)이라고 바꿔 말하면 초점이 달라집니다.

4 Three decades on, we do have AI assistants who take our commands and perform routine daily tasks accordingly.

어휘/어구

· **three decades on**

30년이 지난 지금. 뒤이어 언제부터 인지를 표시해 주기도 합니다. 20 years on from the disaster로 쓰면 그 재난이 있고 나서 20년이 지난 지금이라는 말이 됩니다.

5 No organizers of an international conference with a sane mind would hire a machine translator

어휘/어구

· **someone with a sane mind**

제정신이 사람이라면… sane mind로 써서 '제대로 된 이성'이라는 뜻을 표시해서, '제정신인 사람이라면 어떤 일은 하지 않을 것'이라는 말을 할 때 씁니다.

예 No one with a sane mind would go on a drinking binge on the day he got the Covid-19 jab.

제정신인 사람이라면 코로나19 백신 맞은 날 폭음을 하진 않을 것이다.

6 What if what's at stake is not some noble cause like ending poverty in some of the least developed economies but a war that could be brought against the rest of the world by a 'rogue' nation with a vast nuclear arsenal?

어휘/어구

· **rogue**

악당이나 사기꾼, 혹은 전반적으로 그냥 '나쁜 녀석'이라는 뜻입니다. 한 동안 북한과 같은 악당 같은 나라를 지칭하는데 널리 쓰였습니다. 그래서 '나라'를 뜻하는 nation이나 state과 같은 단어와 함께 지금도 씁니다.

예 We also face continued threats from rogue states like Iran and North

Korea that require our constant vigilance.

우리는 이란과 북한 같은 '깡패국가들'의 위협에 직면해 있어, 상시로 경계하고 있어야 합니다.

· **arsenal**

무기고/병기고를 뜻하는 말로, 실제 무기들을 뜻하는 경우도 많지만 비유적으로, 당면한 문제를 해결하는데 사용할 수 있는 도구들을 지칭하기도 합니다.

예 The five different kinds of vaccines are about all the weapons we have in our arsenal against Covid-19.

현존하는 다섯 가지 백신이, 우리가 코로나와 싸우며 사용할 수 있는 무기의 전부다.

7 It won't be your reliable partner who helps to cut a deal with a prospective business partner from China.

어휘/어구

· **cut a deal / crack a deal / strike a deal**

상대방과 합의나 거래를 성사시키는 것을 말합니다.

예 The Serbian president has vowed to cut a deal to resolve the Kosovo issue once and for all.

세르비아 대통령은 코소보 사태를 한 번에 해결하기 위한 합의를 도출하겠다고 다짐했다.

· **prospective**

앞으로 곧 있을, 앞으로 곧 어떤 사람이 될 것이라는 말입니다. the prospective lawyer라고 하면, 아직은 lawyer가 아니지만 앞으로 lawyer가 될 사람이고, I'm looking for a prospective partner for this project. 라고 하면 아직은 아니지만 앞으로 하게 될 이 프로젝트를 함께 운영할 '파트너가 될 사람'을 찾고 있다는 말이 됩니다.

8 Another 3 decades is not going to be anywhere near enough to leave human translators in the dust.

어휘/어구

· **not anywhere near enough to ~**

~하기에는 턱도 없이 부족할 것이다. not anywhere 대신에 nowhere를 넣어도 되고, enough 자리에 다른 형용사를 쓸 수도 있습니다. 직역하면, '~하기에는 '충분(enough)'의 근처도 못 간다. 즉 턱도 없이 부족하다는 말입니다.

예 The class is not anywhere near over.

수업이 끝나려면 멀었다.

예 His score is nowhere near as good as mine.

걔 점수는 나랑 상대가 안 된다. (나보다 훨씬 낮다)

예 He was not anywhere near ready to be a professional translator when he graduated.

졸업했을 때만 해도 프로 통번역사가 될 준비가 전혀 안 되어있었다.

· leave ~ in the dust

앞지른다는 말인데, 문자 그대로 살펴보면, 경주 도중에 앞서 가고 있는 사람을 '쌩'하고 지나쳐 가는 바람에 뒤쳐진 사람이 먼지를 먹게 된다는 상황을 이디엄으로 묘사한 것입니다.

예 South Korea now has 95% of its population fully vaccinated leaving the previous top place winner (87%) in the dust.

한국은 현재 인구의 95%가 접종을 완료해, 이전 1위를 크게 앞질렀다.

9 Look where the past 30 years of research has got us.

구문

문장 자체로 하나의 표현을 이루고 있다고 생각하시면 좋습니다. look where those efforts got us 라고 하면 명령문으로 (직역) '그 노력들이 우리를 어디로 데려왔는지(그 노력이 우리를 얼만큼 발전하게 했는지) 보라'는 말입니다. 맥락에 따라 그 성과가 무척 많았거나 혹은 너무 적었다는 말을 하려는 것입니다.

예 Look where that $30,000 investment got you. Another $10,000 won't mean much.

3만 달러 투자해서 당신이 얼마나 벌었나 보세요. 그 정도면, 기껏해야 1만불 더 투자한다고 해서 얼마나 더 벌겠어요.

11

Low birth rates

Question

South Korea has one of the lowest birth rates in the world. A smaller population will mean a shrinking economy with fewer jobs to go around. What do you think we can do to boost the rates?

Answer

When you're presented with a challenge to be tackled, the first thing you want to do is get to the bottom of the problem, identify the causes and strike them at their source. Low births are about money and care-giving. Couples aren't being offered enough of either. If the government is serious about the low fertility rates, all they need to do is shower married couples with child-rearing grants, build twice as many daycare centers and after-school programs as there are now and give them free or near-free access to them.

Of course the problem is where they find the resources to offer such generous benefits. And the answer is more than obvious. You collect more taxes. And yes, the benefits should add an enormous strain on the fast-depleting budget even if we do collect more taxes. No worries. If we can successfully encourage our young couples to give birth to two or more babies, these young ones will soon be a steady source of taxes in 20~30 years. So we're investing in our future by emptying out the national coffers. This is a big bet. But without a bold new bet, we may never be given a future. Desperate times need desperate solutions.

해설

1 A smaller population will mean a shrinking economy with fewer jobs to go around.

어휘/어구

· to go around

보통 여러 사람에게 한정된 물건이나 재화를 나눠줄 때, 그 양이 충분하거나 충분치 않은 상황을 설명할 필요가 생기는데 그 때 쓰는 말입니다.

예 We don't have enough masks to go around.

사람들에게 나눠 줄 마스크가 부족해

예 There are enough vaccines to go around, but rich countries keep hoarding them.

전 세계 사람들에게 돌아갈 수 있을 만큼 백신은 충분히 많다. 그런데 부국들이 계속 백신을 쌓아 두고 있다.

· mean

인과관계를 표시할 때 종종 적합한 표현이 됩니다. 특히 한국어와는 1:1로

매칭되지 않는 대표적인 사례입니다. 가령, smaller paychecks will mean higher turnover rates. (turnover rate: 이직률)라고 하면, '더 적은 월급봉투는 더 높은 이직률을 의미할 것'이라고 직역할 수 있는데, 우리가 이렇게 말하진 않죠. 월급이 줄어들면 이직률이 높아질 것이라고 하죠. 그런 상황에서 씁니다.

㉠ Losing a job not only means a sharp drop in income and economic security for a family.

일자리를 잃으면 가계의 수입과 경제적 안정성만 떨어지는 것이 아니다.

2 When you're presented with a challenge to be tackled, the first thing you want to do is get to the bottom of the problem, identify the causes and strike them at their source.

어휘/어구

· get to the bottom of

근간을 찾아간다는 말로 어떤 문제나 현상의 진정한 원인/이유를 찾아낸다는 말입니다.

㉠ The victims decided to get to the bottom of the case themselves because police decided not to.

경찰이 그 사건의 원인을 더 이상 파헤치지 않기로 했기 때문에 희생자들은 직접 사건을 조사해보기로 했다.

· **at one's source**

hit, strike 등과 함께 써서 '핵심', '원인', '근간'을 해결(deal with, tackle)한다는 말입니다.

예 We don't cover up the stink at Sams. We strike it at its source.

우리 '쌤스사(社)'는 냄새가 안 나게 덮어버리지 않습니다. 우리는 그 원인을 찾아 그것을 없앱니다.

3 If the government is serious about the low fertility rates, all they need to do is shower married couples with child-rearing grants, build twice as many daycare centers and after-school programs as there are now and give them free or near-free access to them.

어휘/어구

· **all they need to do is**

~만 하면 된다. 특히 all은 '전부'라고 생각하지 말고 '그것만' 정도로 이해하면 좋습니다. All I need is love. 라고 하면 내게 필요한 것은 사랑'뿐'이라는 것이지요.

예 All you need to do to become a translator is sign up for a class at Hannites.

통번역사가 되려고 한다면 한형민어학원 수업에 등록만 하면 돼.

· **shower**

타동사로 써서 물건, 돈, 지원 등을 마구 '뿌린다'는 말입니다. 샤워할 때 물이 쏟아지는 상황을 떠올리면 됩니다. .

예 Shower your kids with praise every time they read a book.

아이들이 책을 읽을 때마다 칭찬 세례를 퍼부어 주세요.

구문

· **twice as many daycare centers and after-school programs as there are now**

현재 있는 것보다 두 배 많은 어린이집과 방과 후 프로그램. 비교구문은 항상 외워질 만큼 반복해서 입에 붙여 놔야 합니다. 예문들을 참고하세요.

예 He has three times as many pets as I do.

나보다 애완동물 수가 세 배 많다.

예 She is putting twice as much time studying as I am.

나보다 공부에 두 배나 시간을 더 많이 쓰고 있다.

4 And yes, the benefits should add an enormous strain on the fast-depleting budget even if we do collect more taxes.

어휘/어구

· **add/put a strain on**

strain은 부담이나 짐을 뜻합니다. 그래서 put/add a strain on someone이라고 쓰면 무엇이 누군가에게 힘든 점으로 작용한다는 뜻이 됩니다.

예 The emergence of the COVID-19 pandemic is certain to put a strain on access to primary care services.

코로나19의 발생으로, 1차진료 서비스를 활용하는 것이 분명히 더욱 힘들어질 것이다. (코로나19가 1차진료서비스에 대한 '접근'에 부담을 안길 것이다)

5 So we're investing in our future by emptying out the national coffers.

어휘/어구

· **empty out**

쌓아 두거나 넣어/모아 둔 것을 몽땅 비운다는 뜻입니다. 돈이나 예산에 관해 말할 때 많이 씁니다.

㉮ He emptied out the bag of chips and put some of the dog poop in it. It was a nasty prank.

그는 봉지에 들어있는 과자를 다 빼고 개똥을 넣었다. 진짜 지저분한 장난이었다.

· the national coffers

국가의 재원을 비유적으로 이르는 '국고'의 뜻입니다. coffers는 '금고'를 뜻하는데 national과 함께 써서 국가가 보유하고 있는 재정을 지칭하게 된 것입니다.

㉮ We need to replenish the national coffers that have been almost depleted.

거의 바닥이 나버린 국고를 빨리 채워야 한다.

12

A divided nation

Question

Journalists and commentators often lament that the country is sharply divided between the two distinct ideological camps: the right and the left. And the division seems starker here than anywhere else, they say. What's your thought on this view?

Answer

I don't think we are any more divided than those in other countries. It's just that 'haters' are usually louder than their peace-loving, saner counterparts.

I get how one might believe this little piece of land is split by two different ideological belief systems like a tofu neatly cut in two by a sashimi knife. All you need to do to think that way is, go read any news report that appears on Naver, scroll down and read some of the hate-spewing gibberish left on the comment section where bigots from both sides are hurling racist, sexist, homophobic, xenophobic and simply I-hate-all-of-you type slurs at each other. Once you start dwelling on the Net portals, you'll soon become brainwashed to believe that this has indeed become a land of foul-mouthed morons who seem to be spending their entire days leaving such trash on the comment sections.

Once you look up from the screen and get to meet people and talk to them, the world suddenly starts to look brighter. You hardly find bigots around you. Most of us are doing fine, willing to engage in thoughtful conversations and think of ways to build a more peaceful society. It's only those ostracized lone fools stuck at home looking into the screen and writing trash 24/7 that are doing the fighting.

So let's not get lost in the sea of hate by clicking on reports and bothering to read the comments. This is still a great country to live in with enough good people you can enjoy talking to.

해설

1 Journalists and commentators often lament that the country is sharply divided between the two distinct ideological camps

어휘/어구

· **lament**

슬프거나 한탄스럽거나 원망스러움의 표시로 뭐라고 '말한다'는 뜻입니다. 단순히 '한탄한다'는 것이 아니라 그 한탄과 원망의 내용을 소개하기 위해 쓰는 말입니다.

㉩ He lamented that the former Korean president didn't even make an official apology for what he did to those innocent people who lost their lives during the democratic movement.

그는, 그 전 한국 대통령이 민주화운동 중 숨진 무고한 시민들에게 공식사과도 하지 않았다며 안타까워했다.

2 And the division seems starker here than anywhere else, they say.

어휘/어구

· **stark**

달갑거나 반갑지 않지만 눈에 확/확연하게 들어온다는 뜻입니다. 어울리는 명사들이 많지 않습니다. a stark reality (냉엄한/피할 수 없는 현실), a stark room (딱히 장식도 없이 삭막해 보이는 휑한 방) 본문에서는 눈에 확 들어온다 혹은 눈에 확 띈다 정도의 의미로 쓰였습니다.

예 Anyone could tell the stark difference from then and now. He is a whole lot better looking now.

누가 봐도 전과 후의 차이를 구분할 수 있을 겁니다. 지금이 훨씬 잘 생겼습니다.

3 It's just that 'haters' are usually louder than their peace-loving, saner counterparts.

어휘/어구

· **counterpart**

다른 편에 있는 해당 물건, 직책, 사람 등을 뜻하는 단어로, 쓰임새에 특히 유의해야 합니다. 가령 미국 대통령과 한국 대통령을 지칭한다면, 미국 대통령(President Biden)을 먼저 말하고 나서 '한국 대통령'은 그대로 쓰지 않고, and his Korean counterpart으로 쓴다는 말입니다. 이 때 소유격(his)을 꼭 써줍니다. counterpart 이외에 다른 가능한 단어들도 있습니다. 비슷한 예들을 들어봅시다.

㉮ disabled people and their healthier neighbors

장애인과 비장애인을 이렇게 부를 수 있습니다.

㉮ normal-weight kids and their heavier peers

정상체중 아동과 비만 아동

㉮ Japanese men in their 50s and their Korean counterparts

일본의 50대 남성과 한국의 50대 남성

구문

· it's not ~ ; it's just that ~

어떻다는 말이 아니고, 그냥 어떻다는 말이다.

우리 말에도 비슷한 말투가 있습니다. 가령, "아니, 당신이 틀렸다는 말이 아니고, 증거가 있으면 좋겠다 그 말이지" It's not that you're wrong. It's just that it would be great if you've got some proof to prove that. 비슷하게, I'm not saying ~; I'm just saying ~ 이라고 해도 비슷한 의도를 전할 수 있습니다.

㉮ I'm not saying we're going to end up in a miserable failure. I'm just saying that we need to be better prepared.

아니 뭐, 우리가 완전히 실패할 거라는 말이 아니라, 그냥 더 준비를 잘 해야 되지 않느냐 그 말이지.

4 read some of the hate-spewing gibberish where bigots from both sides are hurling racist, sexist, homophobic, xenophobic and simply I-hate-all-of-you type slurs at each other.

어휘/어구

· hate-spewing

hate은 '혐오감'을 뜻하는 명사이고 spew는 물, 불, 욕설 등을 '내뿜는다'는 말입니다. 이 두 단어가 합쳐져서 욕설이나 비방, 모욕성 발언 등을 서슴없이 입 밖에 내거나 쓴다는 말이 됩니다.

예 Depending on your political bent, Donald Trump is either a tell-it-like-it-is political savior or hate-spewing threat to American democracy.

당신의 정치성향에 따라, 도널드 트럼프는 직설적인 화법을 구사하는 정치적 구원자일 수도 있고, 혐오발언을 일삼는 미국 민주주의에 대한 위협일 수도 있다.

· gibberish

딱히 요지가 없는 되는대로 지껄이는 말을 뜻합니다. He is talking gibberish의 형태로도 많이 사용됩니다.

예 When asked about what he thought about the new tax, he started talking gibberish. He clearly has no clue what the new tax is all about.

그 새로운 세금제도에 대해 묻자 남자는 횡설수설하기 시작했다. 분명히 그 세금이 뭔지 전혀 모르고 있는 것이다.

· hurl

비난이나 욕설, 모욕 등을 '던진다'는 말입니다. 문자 그대로는 무기나 물건을 던진다는 뜻입니다.

예 They were hurling the pots and pans everywhere, and one man was almost hit by an iron bar.

사람들은 냄비와 프라이팬 등을 마구 던지고 있었다. 그러던 중 한 남자가 쇠막대기에 맞을 뻔했다.

· slur

문자 그대로는 술에 취해 발음이 꼬인 채 하는 말이나 그 발음을 말하는데, 비유적으로는 비방이나 중상, 욕설 등의 의미로도 사용됩니다.

5 Once you start dwelling on the Net portals, you'll soon become brainwashed to believe that this has indeed become a land of foul-mouthed morons who seem to be spending their entire days leaving such trash on the comment sections.

어휘/어구

· **dwell on**

어디에서 떠나지 않고 오래 머물며 계속 시간을 보낸다고 할 때 쓰기도 하고(1), 특정 주제에 대해 계속 고민하고 생각해본다고 할 때도 씁니다.

예 She tends to dwell on some minor mistakes she makes on stage.

무대에서 한 작은 실수들을 너무 곱씹는 경향이 있다.

· **foul-mouthed**

bad-mouthed와도 비슷합니다. 욕설이나 비속어, 비방 등을 많이 입에 담는다는 뜻입니다.

예 I see her getting called all sorts of names by foul mouthed trolls, but I have never seen her acting rude to anyone.

나는 인터넷 악플러들이 그분을 온갖 단어를 써가며 비방하는 것을 종종 보는데, 난 한 번도 그분이 다른 사람에게 무례하게 구는 것을 본 적이 없다.

6 It's only those ostracized lone fools stuck at home looking into the screen and writing trash 24/7 that are doing the fighting.

어휘/어구

· **ostracized**

개인이나 다수로 구성된 단체가 외면이나 배척을 당한다는 뜻으로 쓰입니다. 그런 점에서 shun가 비슷합니다. 따라서 의미상 '왕따'의 느낌이 분명히 있지만, '왕따'라는 단어보다는 훨씬 formal하므로 어울리지 않습니다.

예) She has been ostracized by her own family for being lesbian.

레즈비언이라는 사실 때문에 자신의 가족으로부터 외면당해 왔다.

구문

· doing the fighting

동사로 fight만 쓸 수도 있지만 do the fighting이라고 씀으로써 다른 효과를 노릴 수 있습니다. 가령, You can just sit and relax. Let me do the cleaning.이라고 하면, "그냥 앉아서 쉬면 돼. 청소하는 건 내가 할게."라는 말이 됩니다. "내가 청소 할게"라는 말과 "청소는 내가 할게"라는 말이 다르듯, let me clean과 let me do the cleaning이 다른 것입니다.

예) Chris is simply a top-notch attorney. I've learned just to be quiet and let him do the talking, and then I get the best results.

크리스는 그냥 최고의 변호사야. 이젠 난 그냥 입 다물고, 협상이나 대화는 그냥 그 사람에게 맡기게 됐어. 그러면 결과는 보나 마나더군.

13

Delivery foods and people's health

Question

Online food delivery services have been enjoying a huge boom especially during the Covid-19 pandemic. After all, we've been mostly stuck at home during those lockdowns. You can't cook every meal for the family. And some health experts suggest that the rise in popularity of the online food delivery services and major 'platforms' for them such as Uber Eats is to blame for the bad food choices that we make. Do you agree?

Answer

I do believe we're being driven to pick less healthy food items with the rise of big on-line food delivery platforms especially during the pandemic, but not for the reason most people imagine. And I think things will turn for the better for most consumers as those platforms grow more sophisticated.

Prior to the pandemic, we had a couple of major food delivery apps including Yogiyo and Baemin. The food choices on offer weren't as diverse as they are now mostly because not many restaurants were convinced of the need to put themselves up on the platforms. Not only that, some of the healthiest and fanciest of all foods weren't simply fit for delivery. After all, the finest steak you can find in town half the size of your palm costing a couple of hundred bucks isn't worth it unless it comes on the glitzy plate served by a subservient waiter ready to take your orders during the 2 hours you spend having that dinner with your sweetheart.

The two years since then have brought about a sea change, though, in the scope of foods you can have delivered to your doorstep fresh from the kitchen. Delivery apps have virtually every single restaurant signed up, and they've rounded up enough delivery guys to serve armies. So the scope of food choices and fast delivery mean you're free to choose some of the healthiest items you used to enjoy in the restaurant of your choice before the pandemic and have them in the comfort of your home. If anything, these changes will stay with us even after the pandemic is long gone.

해설

1 major 'platforms' for them such as Uber Eats is to blame for the bad food choices that we make.

어휘/어구

· be to blame for

누가, 벌어진 어떤 일에 대한 책임이 있다는 말입니다. blame은 단순히 '비난'의 뜻이 아니라, '책임'의 소재에 관한 단어입니다. 동사/명사 모두 마찬가지입니다.

예) She is to blame for the mess.

그 난장판이 발생한 것은 그 사람(she) 때문이다.

예) Don't put the blame on him for what happened.

벌어진 일에 대해 그 사람 탓을 하지 말라

예) America blames the Chinese lab for the emergence of Covid-19.

미국은 코로나19가 발발한 것이 그 중국의 실험실 때문이라고 한다.

2 And I think things will turn for the better for most consumers as those platforms grow more sophisticated.

어휘/어구

· **turn for the better** (take a turn for the better)

turn은 '변화'의 의미를 담습니다. 상황이 좋은 쪽으로 변한다는 뜻입니다. 반대로 better 자리에 worse를 써서 악화된다는 의미도 전할 수 있습니다.

예 The pandemic took a turn for the better when two new treatments won an emergency approval from the FDA.

치료제 두 개가 FDA로부터 긴급사용승인을 받으면서 팬데믹 상황이 좋아지기 시작했다.

3 The food choices on offer weren't as diverse as they are now mostly because not many restaurants were convinced of the need to put themselves up on the platforms.

어휘/어구

· **on offer**

판매하거나, 쓰도록 내놓아진 상태를 말합니다. 이 때 on은 '전시되어 있는 상태'를 나타내는 on display에서의 on과 그 용법/의미가 같습니다.

예 The world-renowned guitarist took a look at the guitars on offer at the auction on Monday.

그 세계적 기타리스트는 월요일, 경매장에 매물로 나온 기타들을 살펴보았다.

· **put ~ up on**

리스트나 무언가를 올린다는 말로, 광고나 판매 목적으로 다른 사람들이 볼 수 있도록 올린다는 말입니다. 집 등을 팔려고 내놓는다고 할 때도 같은 표현을 활용할 수 있습니다.

예 I put my house up on the market. (I put my house up for sale)

집을 내놨다. (팔려고)

4 After all, the finest steak you can find in town half the size of your palm costing a couple of hundred bucks isn't worth it unless it comes on the glitzy plate served by a subservient waiter ready to take your orders during the 2 hours you spend having that dinner with your sweetheart.

어휘/어구

· **be worth it**

그만 한 가치가 있다. 이 때 it은 특별히 지칭하는 것이 있는 대명사라기보다는 관용적으로 worth와 붙어 쓰이는 단어일 뿐입니다. 보통은 비싸거나 치러야 할 대가가 클 때 씁니다.

예 The bag isn't worth it.

그 가방은 그 만한 가치가 없어. (너무 비싸다는 뜻)

예 I had to wait for 2 months to get my hands on the newest smart phone. And it wasn't worth the wait.

그 최신 폰 사는데 두 달이나 기다렸다. 그런데 (받아보니까) 그렇게 오래 기다릴 만 한 가치가 있는 물건이 아니었다.

· subservient

(좀 못마땅하다 싶을 정도로) 비굴할 정도로 머리를 조아리고 굴종적 태도를 보인다는 말입니다.

예 It's hard being a waiter and having to be nice and subservient to snobs in exchange for tips.

웨이터로 일하면서 팁 좀 받겠다고 속물들에게 굽신거리는 것은 참으로 힘든 일이다.

구문

· a steak half the size of your palm

손바닥 반 만한 크기의 스테이크

크기를 가늠하기 위해 '비교'하는 구문입니다. 여의도 다섯 배 크기의 땅은 a piece of land 5 times the size of 여의도라고 합니다. 그러면 남한 영토의 20배에 달하는 넓이의 땅을 전쟁에서 빼앗겼다고 말하고 싶다면 They lost a landmass 20 times the size of the South Korean territory in the war. 라고 쓰면 되겠지요.

5 The two years since then have brought about a sea change, though, in the scope of foods you can have delivered to your doorstep fresh from the kitchen.

어휘/어구

· **a sea change**

우리 말에 '10년이면 강산도 변한다'는 말이 있죠. 영어에서도 a sea change라고 하면 엄청나게 큰 변화를 이르는 말이 됩니다.

구문

· **have ~ delivered to one's doorstep**

물건이나 음식 등을 배달시킨다는 말입니다. 흔히 하는 실수는 I delivered my lunch. (점심을 배달 시켰다)라고 쓰는 경우인데, 내가 배달'한' 것이 아니라 돈을 주고 다른 사람이 배달하게 한 것이니, 이 말은 이상합니다.

예 You can have your every meal delivered to your doorstep with a click of a mouse.

마우스 클릭 한 번이면 모든 음식을 배달 시켜 먹을 수 있다.

6 Delivery apps have virtually every single restaurant signed up, and they've rounded up enough delivery guys to serve armies.

어휘/어구

· **round up**

사람이나 업체 등을 모집하거나 모은다고 할 때 쓰는 말입니다. 경찰이 용의자를 체포한다고 할 때도 종종 씁니다.

예 They've rounded up enough volunteers for the second phase clinical trial.

임상 2상을 위해 필요한 자원자들을 모두 모집했다.

7 So the scope of food choices and fast delivery mean you're free to choose some of the healthiest items you used to enjoy in the restaurant of your choice before the pandemic and have them in the comfort of your home.

어휘/어구

· the restaurant of your choice

당신이 선택한 식당 여러 개가 있는데 그 중 특히 기호에 따라 고른 것이라는 점을 강조하는 표현입니다.

예 He failed to enter the school of his choice because his grades were not good enough.

성적이 좋지 못해서 선택한 학교에 입학하지 못했다.

· in the comfort of your home

집에서 편하게.

home은 다른 단어로 대체하기도 합니다. in the comfort of my own office에서처럼 상대적으로 편한 공간, 대상을 쓰기도 합니다.

예 Now you can attend classes from the comfort of your own home via distance learning tools like Zoom.

줌과 같은 원격교육 툴을 이용해 편하게 집에서도 수업에 참여할 수 있습니다.

14

Sex offenders

Question

Sex offenders are more likely to reoffend when they're sent back to society than any other kind of ex-convicts. So it is not uncommon to hear people say we'd better lock them up for good. What do you think?

Answer

I simply can't think of any other way to serve justice better than locking up repeat sex offenders for good.

For me, incarceration is supposed to serve three main purposes: you lock criminals away to rehabilitate them so they're sent back in the society as good citizens after serving their time in prison; you can deter future criminals from committing offences by showing them clearly what kind of a price they're going to have to pay for messing with the law; last but not least, you help the victims and/or their family have at least a little peace of mind knowing that the bad guy is paying the price for what he did to them.

You're not fulfilling any of those said goals with repeat sex offenders by throwing them behind bars, releasing them back and locking them up again. Recidivism is proof that rehabilitation isn't going to happen to these brutes; for all the tough sentences given out to rapists, the number of people charged with rape keeps going up. The threat of incarceration is no deterrence for these evil creatures. Victims will have to live in fear of retaliation because those monsters are certain to be released. A little peace of mind should sound like a luxury to these innocent people. 203

So what do we do with these animals? We either erase them from the face of the Earth or keeping them locked up in prison for the rest of their lives. We've seen time and again what those electronic trackers we put around their ankles can, or more accurately, can't do. They must never be allowed to see the light of day again. And that's for the good of the world and for themselves as well.

해설

1 Sex offenders are more likely to reoffend when they're sent back to society than any other kind of ex-convicts.

어휘/어구

· **ex-convicts**

전과자. convict는 동사로는 '유죄판결을 내린다'는 말이고 명사로는 유죄판결을 받은 사람이라는 뜻입니다. 그런데 후자의 용법으로는 잘 안 쓰고, ex-와 붙여서 이전에 유죄판결을 받은 전력이 있는 자. 즉, 전과자를 말합니다. 줄여서 ex-con이라고도 합니다.

㉮ A healthy society is one that gives even ex-cons a chance to turn over a new leaf.

건전한 사회란 전과자들에게도 개과천선할 수 있는 기회를 주는 그런 사회다.

2 So it is not uncommon to hear people say we'd better lock them up for good.

어휘/어구

· not uncommon

부정어(uncommon)에 not을 써서 특별한 뉘앙스를 주는 기법입니다. not uncommon는 '흔치 않지 않다' 즉, 흔하다는 말인데 단순히 흔하다는 것이 아니라, '결코 특이한 게 아니다' 정도의 뉘앙스를 가집니다. not without도 마찬가지입니다.

예 He is not without faults either.

그 사람도 잘못이 없는 건 아니다. (그 사람도 잘못은 있다)

예 These days it is not uncommon to see people who actually believe so many made-up stories about vaccines.

요즘에는 백신에 대한 그런 가짜뉴스를 믿는 사람들을 심심치 않게 본다.

· for good

영원히 forever의 뜻입니다.

예 He is gone for good.

그 사람 아주 가버린 거야. (다시는 돌아오지 않을 거야)

3 I simply can't think of any other way to serve justice better than locking up repeat sex offenders for good.

어휘/어구

· **repeat offenders**

offender는 나쁜 짓, 범죄를 저지르거나 규정 등을 위반하는 사람을 일컫는 단어입니다. repeat과 함께 쓰면 재범, 상습범 등을 뜻합니다.

예 Korean courts are notorious for giving way too lenient sentences to repeat offenders.

한국 법원은 재범을 저지르는 사람들에게 특히나 관대한 형량을 내리는 것으로 정평이 나 있다.

4 For me, incarceration is supposed to serve three main purposes

어휘/어구

· **incarceration**

투옥, 감옥에 가둔다는 말입니다. 감옥에 가둔다는 말은 put(throw) someone in prison / put someone behind bars 등으로도 표현할 수 있는데 incarcerate은 단어의 격이 좀 높아 다소 formal한 느낌을 줍니다. 그래서 영한사전에서도 '감옥에 보낸다'가 아닌 '투옥'이라는 다소 어려운 단어로 설명해 놓고 있지요.

5 you lock criminals away to rehabilitate them so they're sent back in the society after serving their time in prison

어휘/어구

· **rehabilitate**

신체적으로 부상을 입었을 때 '재활'한다는 의미로도 쓰이고, 범죄를 저질렀을 대 해당 재소자를 '교화'시킨다는 의미로도 쓰입니다.

예 The civic group is committed to rehabilitating homeless people.

그 시민단체는 노숙자들을 재교육해 사회로 다시 돌려보내는 일을 한다.

6 you can deter future criminals from committing offences by showing them clearly what kind of a price they're going to have to pay for messing with the law

어휘/어구

· **deter**

애초에 어떤 (보통 나쁜) 일을 저지르지 않도록 마음조차 먹지 못하게 한다는 말입니다. 미리 단념 시킨다는 말이지요. 니다.

예 It is hard to deter someone willing to commit a suicide attack.

자살테러를 하려는 사람은 애초에 마음을 돌리기가 어렵다.

· **mess with the law**

mess with라고 하면 방해하거나, 참견해서 문제를 일으키는 것을 말합니다. mess with의 대상이 법이 된다면 당연히 범법행위를 한다는 말이 되겠지요.

예 He is a fierce fighter. I wouldn't mess with him if I were you.

그 사람 엄청난 싸움꾼이야. 나라면 그 사람 건들지 않을 거야.

7 You're not fulfilling any of those said goals with repeat sex offenders by throwing them behind bars, releasing them back and locking them up again.

어휘/어구

· **said**

형용사로 '이미 앞서 언급된' 정도의 뜻입니다. the said goals라고 하면 앞서 언급된 목표들이라는 말이 됩니다.

예 Taking the said ingredients frequently helps strengthen your immune system.

앞서 언급한 재료들을 자주 복용하면 면역력 개선에 도움이 됩니다.

8 Recidivism is proof that rehabilitation isn't going to happen to these brutes

어휘/어구

· **recidivism**

재범 혹은 재범을 저지르려는 기질 등을 나타내는 단어입니다.

예 California gives child molesters with recidivism chemical castration.

캘리포니아에선 아동추행범들이 재범을 저지르면 화학적 거세를 한다.

· **brute**

짐승(animal) 혹은 사람인데 짐승 같은 악당이나 나쁜 짓을 한 사람을 지칭합니다. 형용사가 brutal입니다. '잔혹한'이라고 한국 학습자들이 외운 단어지요.

9 for all the tough sentences given out to rapists, the number of people charged with rape keeps going up.

어휘/어구

· **for all**

despite all의 뜻으로 이해하면 됩니다. 즉 '온갖 ~~~가 있었음에도' 정도의 뜻입니다. 특히 잘 어울리는 단어들이 있습니다.

예 For all the warnings about smoking, the number of smokers in this country isn't going down.

흡연에 관해 그렇게 많은 경고문구가 있지만 이 나라의 흡연자 수는 줄어들지 않고 있다.

예 For all the efforts the authorities have made to get people vaccinated, only about half the population are now fully vaccinated.

당국이 국민들의 백신접종을 위해 그 많은 노력을 했지만, 백신접종 완료자는 아직 인구의 절반 밖에 안 된다.

10 Victims will have to live in fear of retaliation because those monsters are certain to be released.

어휘/어구

· retaliation

보복, 복수의 뜻입니다. 한국 사람들은 복수라는 단어를 들으면 'revenge'를 떠올리는데, 일반적으로 revenge는 동사로는 잘 쓰지 않고 명사로 take revenge on 정도로는 씁니다. retaliate 은 이것보다 많이 formal한 단어입니다. 형용사 형태인 retaliatory도 사용 빈도가 매우 높습니다.

㊕ China imposed retaliatory sanctions against the US after the US publicly denounced China over its handling of the Uyghurs.

중국은, 미국이 중국의 위구르족 처우에 대해 공개적으로 비난하자, 미국에 대해 보복적 제재조치를 가했습니다.

11 We either erase them from the face of the Earth by sitting them in the electric chair or keeping them locked up in prison for the rest of their lives.

어휘/어구

· erase ~ off the face of the Earth

erase는 다른 동사들로도 대체해 씁니다. 가령 he has vanished off the face of the Earth 라고 하면 문자 그대로는 '지표면에서 온데간데 없어 사라졌다'는 말이 됩니다. erase로 쓰면 당연히 지구에서 '말소'시켜버린다는 뜻이므로 본문에서는 '사형'을 시키거나 종신형으로 감옥에서 살다 죽도록 한다는 말이 됩니다.

㊕ The last of the Amazon tribes seems to have disappeared from the face of the Earth.

현존하는 아마존 최후의 부족이 완전히 사라져 버린 것 같다.

12 We've seen time and again what those electronic trackers we put around their ankles can, or more accurately, can't do.

어휘/어구

· **time and again**

'여러 차례, 몇 번이고 반복해서' 정도에 해당하는 부사구입니다.

예 I've told you time and again that learning English is all about practice!

영어 배우는 건 연습밖에 없다고 누차 얘기했잖아!

13 They must never be allowed to see the light of day again.

어휘/어구

· **see the light of day**

세간에 알려진다는 의미로 많이 쓰입니다. 즉, 어떤 사실이나 사물이 어둠 속에 묻힌 채 있다가 밖으로 나온다는 말이지요. 그런데 본문에서는 나쁜 사람들을 감옥에 가두고 바깥 세상으로 못 나오게 해야 한다는 의미로 썼습니다.

예 Not a single one of the rioters should be allowed to see the light of day.

그 폭도들은 전부 감옥에서 썩게 해야 한다. (다시는 세상의 불빛을 볼 수 있도록 해선 안 된다.)

14 And that's for the good of the world and for themselves as well.

어휘/어구

· **for the good of**

누구의 이익/선을 위해.

㉬ That's all for the good of the country.

다 나라를 위한 일이야

Part Ⅲ

My two cents

(Longer essays)

1. Saving lives on the cheap

Covid-19 is still taking its toll on the entire globe. Hundreds of thousands have perished, and the economic damage it has done is simply beyond description. An even bigger problem is, it shows no sign of abating. Health experts say it will be at least a year or more before the pandemic starts to peter out. The last time an infectious disease wreaked such havoc was in 1918 when the Spanish Flu killed somewhere between 17 million and 50 million people around the world. Now, to put that number into perspective, World War I killed 15 million. As of now in November 2020, 55 million people have gotten infected with Covid-19, and 1.3 million of them have succumbed.

1.3 million 'pales' in comparison to 17 million - to pick even the least possible number, but the Spanish Flu struck a century ago when humanity didn't even have their first antibiotic. The medical advances we have achieved over the past century should mean things like Covid-19 shouldn't happen to mankind now. So the question I'd like to ask at this point is, what was it that made this particular pandemic survive so long making our lives miserable and killing so many people in the meantime?

Early this year, when Daegu city turned into a big epicenter of Covid-19 infections, physicians were left at a loss not knowing what to do with the disease. Most of them said they didn't have a clue as to what the virus was and how to kill it. Yes, the novel coronavirus was like no other. We've had MERS and before that, SARS both of which were also coronaviruses, but this one was different in its transmissibility. That was one big reason why it's still alive and well almost a year after its first appearance.

If it had been just about the ease with which the virus spread, one might ask why we don't have a vaccine ready yet. After all, those two coronaviruses that have come before Covid-19 should've prodded the medical community to develop vaccines against those two. If that had been the case, coming up with one for this new, yet similar coronavirus would not have been such a tall order. We eradicate infectious diseases by developing vaccines and/or treatments just as we have done with measles and smallpox among others. So a more appropriate question to ask is why we still don't have one yet.

The answer has a lot to do with time and money. It takes at least a few years for a vaccine to start being given out to people because vaccines, or any drugs for that matter, need to be both safe and effective. You don't want to put even a tiny fraction of the recipients at risk of suffering nasty side effects. The U.S., the undisputed leader in medicine, wasn't about to start working on vaccines for an epidemic that's infecting people half a world away. It was only after Covid-19 started to spread like wildfire across the world that the medical community started giving a serious thought to developing them.

Aside from the time problem, pharmaceutical companies don't make a fortune off of vaccines the way they do selling drugs for chronic conditions like diabetes and hypertension. After all, you get the vaccine once or twice, and that's it while you take the meds for high blood pressure every day for life. They're not charities; they have little incentives to work on developing a drug that simply isn't worth it.

Then the logical first step to take for humanity is to make sure pharmaceutical companies start working on vaccines the moment an epidemic is spotted anywhere on the planet and is deemed highly likely to spread to other parts of the world. For that, we need developed economies with the U.S. leading the charge, to chip in to the WHO (World Health Organization) to build a fund. The world spends 1.8 trillion dollars in all on national defense. We lose a lot more lives to epidemics than to armed conflicts, and we spend less than one thousandth the money that goes into defense on preventing and responding to epidemics. We get more bang for the buck here.

해설

1 Covid-19 is still taking its toll on the entire globe.

어휘/어구

· **take one's toll on**

직역하면 ~에게 그 대가를 치르게 한다는 말입니다. toll은 toll gate를 떠올리시면 됩니다. 치르는 대가, 요금을 말합니다. 비유적으로 어떤 일이 어떤 피해를 가져온다는 뜻입니다.

예 The tsunami took a huge toll on the coastal villages.

그 지진해일로 해안 마을들이 큰 피해를 입었다.

(쓰나미가 마을들에게 큰 대가를 치르게 했다)

2 Hundreds of thousands have perished, and the economic damage it has done is simply beyond description.

어휘/어구

· **perish**

소멸되고 사라진다는 말인데, 지금은 '죽는다'는 말로 많이 씁니다.

문어체이므로 일상생활에 쓰기에는 무리가 있습니다.

예 Their belongings have all perished in the warehouse fire.

창고화재로 모든 소지품이 전소됐다. (모두 타서 없어졌다)

예 During this period tens of millions of people are believed to have perished in the labor camps.

이 기간동안 수천만의 사람들이 그 강제노동수용소에서 숨진 것으로 여겨진다.

· **beyond description**

정도를 나타낼 때 쓰는 말로 직역하면, '표현할 수 없을 만큼 (많이, 심하게, 크게 등)'의 뜻이 됩니다.

예 For now I' m just grateful beyond description to have the vaccine.

일단 지금은 백신을 맞을 수 있다는 것 자체가 너무너무 감사합니다.

3 An even bigger problem is, it shows no sign of abating.

어휘/어구

· **show no sign of**

~한 조짐을 보이지 않고 있다

예 The stock market is showing no sign of recovery.

증시는 회복될 기미가 보이지 않는다

· **abate**

크기, 강도 등이 줄어든다는 말입니다. 태풍이나 바람 같은 자연현상에도 쓰고, 경기침체나 위기 같은 것에도 씁니다.

예 The unprecedented rainfall that caused roads and homes to flood on Staten Island is unlikely to abate anytime soon.

스타틴 아일랜드의 도로와 가옥을 침수시킨 전례 없는 홍수사태는 조만간 잦아들 기미를 보이지 않고 있습니다.

4 Health experts say it will be at least a year or more before the pandemic starts to peter out.

어휘/어구

· **peter out**

크기, 강도, 수, 소리 등이 점점 작아지거나 약해진다는 말입니다.

예 Their campaign to drive out animal cruelty petered out as funds began drying up.

보유자금이 줄어들면서 동물학대를 없애고자 했던 그 캠페인은 차차 사그라들었다.

구문

· **it will be** (is going to be) **시간 before**

얼만큼의 시간은 지나야 ~게 될 것이다. 어떤 일이 일어나려면 시간이 어느 정도가 지나야 한다, 필요하다는 등의 의미를 전할 때 씁니다.

예 It's going to be another year or so before we could see the pandemic come to an end.

팬데믹이 끝나려면 아직 1년 정도는 더 있어야 한다.

5 The last time an infectious disease wreaked such havoc was in 1918 when the Spanish Flu killed somewhere between 17 million and 50 million people around the world.

어휘/어구

· **wreak havoc on**

크고 막대한 피해를 끼친다는 말로, 자연재해나 경제위기, 코로나 대유행 등의 사태 등과 어울립니다.

예 Airlines canceled more than 2,800 flights on Monday as rising Omicron cases wreaked havoc on the travel industry.

항공사들은, 오미크론 감염자 수가 늘면서 여행산업이 큰 피해를 입게 돼, 월요일 2800편 이상의 항공편을 취소했다.

구문

· **the last time ~~ was in ~~ when**

마지막으로 ~했던 것은 ~했던 언제였다.

이 구문 하나로 문장 하나가 완벽히 완성됩니다.

㉮ The last time I saw him was in 2011 when I was still studying.

내가 그 사람을 마지막으로 본 것은 내가 아직 공부하고 있던 2011년이었다.

㉮ The last time they were in Paris was in 2005 when the horrible terrorist attack struck.

그 사람들이 마지막으로 파리에 갔던 건, 그 끔찍한 테러공격이 발생한 2005년이었다.

6 Now, to put that number into perspective, World War I killed 15 million.

어휘/어구

· **put ~ into perspective**

무엇을 이해하기 쉽게 풀어 설명한다는 말입니다. perspective는 '시점' '관점'의 의미로 쓰이는 단어이므로, 듣는 사람이 이해하기 좋은 시점 혹은 관점으로 묘사, 설명한다는 말이지요.

㉮ They made $40 million this year alone. To put that into perspective, that is more than they had earned in the previous 10 years combined.

올해만 4천만 불을 벌었다. 이 수치가 어느 정도인지 가늠하기 좋게 설명하자면, 그 금액은, 이전 10년 동안 번 돈을 모두 합친 것 보다도 많은 금액이다.

7 As of now in November 2020, 55 million people have gotten infected with Covid-19, and 1.3 million of them have succumbed.

어휘/어구

· **succumb to**

무언가에 굴복하거나 무릎을 꿇는다는 말입니다. 항복의 의미로도 쓰고, to 이하에 나오는 단어가 질병, 부상 등이라면 그것 때문에 결국 목숨을 잃는다는 의미로 많이 사용됩니다.

예 She was rushed to a hospital nearby, but succumbed to her injuries in the end.

인근 병원으로 급히 후송되었으나 부상으로 결국 숨을 거두고 말았다.

8 1.3 million 'pales' in comparison to 17 million - to pick even the least possible number

어휘/어구

· **pale in comparison to**

pale은 형용사로 얼굴색 등이 창백하다는 뜻이지요. 이걸 동사로 쓰면 무엇과 비교해 보면 보잘것없어 보인다, 보잘것없어 보일 만큼 작거나 약하다는 뜻입니다.

예 Covid-19 has killed almost a million people around the world, but that number still pales in comparison to the number of people killed by the Black Death.

코로나19로 숨진 사람의 수는 백만에 달한다. 하지만 그 수는 흑사병으로 죽은 사람들의 수에 비하면 많은 것이 아니다.

9 So the question I'd like to ask at this point is, what was it that made this particular pandemic survive so long making our lives miserable and killing so many people in the meantime?

구문

· **what was it that made ~~**

소위 'it ~ that' 강조용법을 활용한 구문인데 유용합니다. What made you give up? 이라고 말하면 무엇이 너로 하여금 포기하게 만들었니? 혹은 좀더 자연스럽게, 뭐 때문에 그만 뒀니? 라는 말이 되지요. 그런데 이 말을 이렇게 바꿀 수 있습니다. '그만둔 이유가 도대체 뭐니?' 즉, 그만두게 된 그 이유에 좀더 방점을 둔 질문이 됩니다. What was it that made you give up? 이라고 쓰면, 그런 뉘앙스를 강조할 수 있습니다. .

예 What was it that attracted you to the new Netflix series the Sea of Tranquility?

새 넷플릭스 시리즈 '고요의 바다'가 너에게 그렇게 매력적으로 다가온 그 이유가 뭐니?

10 Early this year, when Daegu city turned into a big epicenter of Covid-19 infections, physicians were left at a loss not knowing what to do with the disease.

어휘/어구

· **epicenter**

진앙지. 본래 지진의 진앙지를 뜻하는 단어이지만 큰 사태의 '원흉'이나

'발원지'를 지칭하는 비유적 표현으로 많이 쓰이게 되었습니다.

예 In early 2020, Italy's death toll from the virus crossed the 7,500 mark and New York turned out to be the epicenter of the U.S. outbreak with over 30,000 cases.

2020년 초, 이탈리아이 코로나 사망자 수는 7천500명을 넘어섰고, 뉴욕은 3만 명이 넘는 확진자가 발생하며 미국의 코로나 사태의 진앙지가 되었습니다.

· **at a loss not knowing what to do**

뭘 할지 몰라 당황한 상태에 있다는 말입니다. 특히 at a loss는 매우 당황한 상황을 묘사하고 for words 하고 잘 어울립니다.

예 They were left at a loss not knowing whether to cry.

울어야 할지 말아야 할지 모른 채 매우 당황한 상태였다.

예 She was left at a loss for words when she saw him kissing the woman.

여자는 남자가 어떤 여성과 키스하는 장면을 보고 할 말을 잃어버렸습니다.

11 Most of them said they didn't have a clue as to what the virus was and how to kill it.

어휘/어구

· **have a clue as to**

~에 대해 뭔가를 알고 있다는 뜻으로, 보통은 부정어로 많이 쓰입니다.

예 I don't have a clue as to where he was last night.

그 사람이 어제 밤에 어디 있었는지 난 전혀 모른다. (전혀 감도 안 온다)

12 Yes, the novel coronavirus was like no other.

어휘/어구

· **be like no other**

다른 어떤 것과도 다르다. 즉, 이런 건 처음이라는 말입니다. 상황이나 물건 사람에 두루 쓰입니다.

예 The 2021 presidential election was like no other: a sharp rise in turnout, a steep fall in the number of candidates and the tiny difference in the final tally.

2021년 대선은 이전과는 확연히 달랐다. 투표율도 급격히 올랐고, 후보 수도 급감했으며, 최종 득표수 차이도 매우 적었다.

13 That was one big reason why it's still alive and well almost a year after its first appearance.

어휘/어구

· be alive and well

문자 그대로 번역하면 '살아있고 괜찮다'는 말이지만, 비유적으로 어떤 고난, 역경, 사고 등이 있었음에도 아직 '건재한' 상태를 이르는 표현입니다.

㈎ Fewer immigrants are becoming rich in the U.S. But the American Dream is still alive and well. Asians are twice as likely to make it into the top 10% of all income earners as their white counterparts.

미국에서 부자가 되는 이민자의 수는 줄고 있습니다. 하지만 '아메리칸 드림'은 아직 건재합니다. 아시아계 미국인은 백인보다 소득 상위 10%에 들 확률이 두 배나 높습니다.

14 If it had been just about the ease with which the virus spread, one might ask why we don't have a vaccine ready yet.

구문

· the ease with which

애초에 with ease라는 말은 easily 와 비슷하게 별 어려움 없이 무얼 해낸다고 할 때 쓰는 말입니다. (He passed the test with ease) 그런데 '그 사람들은 '쉽게' 그 시험에 통과했다'는 말의 모양을 좀 변형시켜보면, the ease with which he passed the test 라고 바꿀 수 있는데, '그가 시험을 통과한 쉬움' 정도가 되겠지요. 즉, the most surprising part was the ease with which he passed the test라는 문장을 봅시다. '가장 놀라웠던 것은, 그 사람이 그 시험을 통과한 쉬움의 정도'였다. 즉, 그렇게 쉽게 시험을 통과했다는 것이 가장 놀라웠다는 것입니다. 아래 예문들을 참고하세요.

예 The report revealed the ease with which the children were manipulated.

1) the report revealed (보고서가 밝혔다)

2) the children were manipulated with ease (아이들은 쉽게 속았다)

- 이 둘을 합치면, '보고서는 아이들이 얼마나 쉽게 속는지를 잘 보여주었다'는 말이 됩니다.

---

15 After all, those two coronaviruses that have come before Covid-19 should've prodded the medical community to develop vaccines against those two.

어휘/어구

· **prod**

명사로는 손가락이나 길고 뾰족한 막대기 같은 것을 지칭합니다. 동사로 쓰면 뭔가로 쿡쿡 찌르면서 어떻게 할 것을 재촉하거나 종용한다는 뜻입니다. 어떤 상황 때문에 어떤 주체/당사자가 무얼 하게 되었다는 식의 구문에 자주 적용됩니다.

예 The sudden surge in the number of kidnappings prodded the police to launch a major crackdown on child kidnappers.

납치 사건이 갑작스럽게 증가하자 경찰은 아동납치범들에 대한 대대적인 단속에 나섰다.

16 If that had been the case, coming up with one for this new, yet similar coronavirus would not have been such a tall order.

어휘/어구

· **a tall order**

어려운 일, 이루기 어려운 주문 등을 지칭하는 어구입니다.

예 Finding the perfect kindergarten for my 4-year-old child with autism spectrum disorder proved to be a tall order.

자폐스펙트럼 장애를 갖고 있는 네 살짜리 아이에게 딱 맞는 유치원을 찾는 일은

(찾아보니) 어려운 일이었다.

17 You don't want to put even a tiny fraction of the recipients at risk of suffering nasty side effects.

어휘/어구

· 조언의 want

want는 긍정 혹은 부정문에 써서 '어떻게 하는게 좋다/좋지 않다'는 식의 '조언'의 느낌을 담을 수 있는 단어입니다.

예 You don't want to be late for his class. He is very strict about punctuality.

그 사람 수업엔 늦지 않는게 좋을 거야. 시간 지키는 것에 관해 무척 엄격하시거든.

· put ~ at risk

무언가를 위험에 빠뜨린다는 말. 혹은 무엇 때문에 무엇이 위험해진다는 상황을 표현하는 데 쓰는 말입니다.

예 You're putting your own life at risk by paying a visit to such a dangerous place at such late hours.

그렇게 늦은 시간에 그런 위험한 곳에 가면 자칫 목숨이 위험할 수도 있어.

18 The U.S., the undisputed leader in medicine, wasn't about to start working on vaccines for an epidemic that's infecting people half a world away.

어휘/어구

· **undisputed**

dispute이라는 말은 '동사'로 썼을 때 보통 무엇이 '아니다' 라고 주장하는 것입니다. He disputed her claim that he had hit her first. 남자는 '남자가 여자를 먼저 때렸다'는 여자의 주장이 사실이 아니라고 반박했다.

그래서 undisputed 라고 하면 '도저히 아니라고 할 수 없고, 모두가 인정한다'는 말입니다. the undisputed leader라고 하면 이견이 없이 모두가 인정하는 선두주자라는 말이 됩니다.

· **half a world away**

무척 먼 곳, 특히 먼 나라나 먼 대륙 등을 지칭할 때 쓰는 말입니다. 문자 그대로 해석하면 세계의 반 만큼 떨어져 있다는 말이지요.

예 Today you can talk to someone half away world away on your mobile phone.

요즘은 지구 반대편에 있는 사람과도 핸드폰을 통해 이야기할 수 있다.

19 It was only after Covid-19 started to spread like wildfire across the world that the medical community started giving a serious thought to developing them.

구문

· **it was only after ~ that ~**

어떤 일이 벌어진 일의 시점을 강조할 때 쓰는 구문입니다. 어떤 일이 벌어지고(있고) 나서야 어떤 일이 일어났다는 말입니다.

예 It was only after people started dying that the health authorities began looking into the problem.

사람들이 죽어나가기 시작하고 나서야 보건당국이 조사해 착수했다.

어휘/어구

· **spread like wildfire**

산불이 번지듯 순식간에 번진다는 말로 소문이나 질병, 사태 등에 두루 사용되는 이디엄입니다.

예 A new Covid-19 variant is spreading like wildfire across India.

인도 전역에 걸쳐 코로나의 새 변이가 빠르게 확산되고 있다.

20 Aside from the time problem, pharmaceutical companies don't make a fortune off of vaccines the way they do selling drugs for chronic conditions like diabetes and hypertension.

구문

· the way의 용법

예를 들어, "경찰이 소년범을 다루는데 성인 범죄자를 다루듯 한다"라는 말을 하려고 할 때 '마치 소년범 다루는 식으로'라는 말을 the way를 이용해 할 수 있습니다. Police are treating the juvenile convicts the way they are dealing with adult criminals.

㉠ People don't seem to sympathize with Israel the way they do with Ukraine.

사람들은 우크라이나(의 상황)에 공감하는 것처럼 이스라엘에도 공감하는 것 같지 않다.

어휘/어구

· make a fortune off of

무엇으로부터 (큰) 돈을 번다는 말입니다. 특히 off는 무엇으로부터 뜯어낸다, 긁어낸다는 느낌을 줄 수 있는데, 꼭 부정적인 의미를 갖는 것은 아닙니다.

㉠ A lot of Youtube creators are being accused of trying to make money off of tragedies like the one in Itaewon.

많은 유튜버들이 이태원사태와 같은 비극을 이용해 돈을 벌려 하고 있다는 비난을 받고 있다.

· **hypertension**

고혈압. 대표적인 만성질환이므로 알아두면 좋습니다. 더 쉽게는 high blood pressure라고도 합니다.

21 they have little incentive to work on developing a drug that simply isn't worth it.

어휘/어구

· **be worth it**

무얼 할 만 한 가치가 있거나, 어떤 행위/물건이 그만 한 가치가 있다고 할 때 쓰는 표현법입니다.

예 All the sacrifice wasn't worth it.

그 모든 희생은 그만 한 가치가 없었다. (희생을 했지만 할 필요가 없는 일이었다)

예 I'm not sure if I have to spend 2 years earning that Master's degree. My mom says it isn't worth it.

2년을 들여서 석사 따는 게 의미가 있을지 모르겠어. 엄마는 그만 한 가치는 없다는 생각이야.

22 For that, we need developed economies with the U.S. leading the charge, to chip in to the WHO (World Health Organization) to build a fund.

어휘/어구

· **lead the charge**

앞서서 선도하고 이끈다는 뜻입니다. 특히 charge는 명사로 어떤 목표물을 향해 돌진한다는 뜻을 갖고 있어서, 구체적인 목표나 캠페인, 노력 등을 의미합니다.

예 Samsung is leading the charge in developing batteries that are free of any fire risk.

화재위험이 전혀 없는 배터리 개발에 삼성이 앞장서고 있다.

· **chip in**

돈을 조금씩 갹출해서 어떤 일에 도움이 되도록 한다는 말입니다. 의미만을 놓고 볼 때 contribute과 비슷합니다.

예 They each chipped in $100 to help pay for Son's treatment.

손씨 치료비를 마련하기 위해 사람들은 각각 100불씩 냈다.

23 We get more bang for the buck here.

어휘/어구

· bang for the buck

buck은 돈을 뜻합니다. 돈을 쓰고 그 돈만큼 얻는 효과를 bang이라고 합니다. 그러니까, you don't get the bang for the buck이라고 하면 쓴 돈값만 못한다. 즉 손해라는 말입니다.

㉮ I think we get more bang for the buck by going with the local vendor than the international brand.

그런 세계적인 브랜드를 쓰는 것보다는 지역판매업체와 함께 하는 것이 가성비가 좋다고 생각한다.

2. The freedom of the press

The National Assembly has come up with amendments to be made to the Press Arbitration Law that are widely feared to undermine media freedom and freedom of expression. The amendments came in response to a growing number of news reports that were deemed to border on falsehoods or at least have little to no reliable sources that support their truthfulness.

The news has predictably stirred up an ugly tit-for-tat between proponents and opponents of the coming change. An intriguing twist in all this is, it's the left-leaning, liberal ruling Democratic Party that's leading the effort to 'gag' the press. It's usually liberals who fight for freedom of expression and against authoritarian governments that routinely eavesdrop on and censor their own citizens. So there's something deeply political going on here. The ruling party may be simply trying to go for some of the conservative newspapers that should be a pain in their neck. Here's what I think of all this.

Freedom of expression is a sacrosanct principle that must never be compromised under any circumstances, so any attempt, legal or otherwise, to stifle free expressions of ideas especially from the media must be stopped. Here's the catch, though. We need to agree on what constitutes the 'expression of ideas' that deserve our full protection.

We know what isn't. About a decade ago, a son of a deceased firefighter, a 14-year-old boy, killed himself after he'd been harassed online by a troll who kept leaving comments like 'you killed your dad. You don't deserve a minute of life.' with gruesome photos of burned-up dead bodies.

Now the problem gets a little tricky when you take the matter into the realm of 'media reports'. Last year, a leading newspaper in Korea 'reported', as in factual reporting, that the Moon administration fiddled the number of people infected with Covid-19 to use the data in their favor. Of course what immediately followed was a bombardment of comments full of colorful adjectives criticizing the government. The 'report' was a hoax intended to incite people. The paper later made an apology, and that was the end of the story.

Lies, especially when they cause predictable, immense harm to individuals or the common good, are to be stopped with any means necessary. But we stop short of doing that when the liar is a media outlet, because you go down the path of dictators the moment you start gagging the media, the last bulwark of democracy. That said, I don't think all it takes the liar to be absolved of his sin can be an 'apology'. Singling out and bringing the liar to justice, if not the whole paper, is the least we could do to make sure to check their 'unbridled tongue'.

해설

1 The National Assembly has come up with amendments to be made to the Press Arbitration Law that are widely feared to undermine media freedom and freedom of expression.

어휘/어구

· **the National Assembly**

우리나라 국회를 지칭하는 단어입니다. 미국 "의회" Congress (the Capitol Hill)이라고 하고 영국 등의 의원내각제를 실시하는 국가들은 주로 Parliament라고 씁니다.

2 The amendments came in response to a growing number of news reports that were deemed to border on falsehoods or at least have little to no reliable sources that support their truthfulness.

어휘/어구

· **be deemed to / as**

deem은 타동사로 무엇을 무엇으로 여기거나 무엇을 무엇이라 생각한다는 뜻입니다.

예 He is deemed as the de facto leader of the group.

그 사람은 그 단체의 사실상의 지도자로 여겨지고 있다.

예 She is deemed to be deeply involved in the scandal.

여성은 그 스캔들에 깊이 관여하고 있는 것으로 여겨진다.

· to border on

border는 명사로 '국경'이나 '경계선'이라는 뜻으로 쓰이는데 동사가 되면 자동사로 on과 함께 쓰여, 개념상 무엇과 매우 비슷해, 그것과 '맞닿아'있다는 말이 됩니다.

예 What you just said borders on treason.

당신이 지금 방금 말한 것은 '모반'에 가까운 것입니다.

예 The change to the law borders on infringement of the right to free speech.

그 법 개정안은 표현의 자유에 대한 침해와도 같은 것입니다.

3 The news has predictably stirred up an ugly tit-for-tat between proponents and opponents of the coming change.

어휘/어구

· stir up

보통 controversy나 debate, fight등의 사태를 '촉발'시킨다는 말로 쓰입니다.

예 His statement has stirred up a controversy in the National Assembly over the role of the First Lady.

그 증언으로 국회에서는 영부인의 역할에 대한 논란이 촉발되었다.

· a tit-for-tat

문자 그대로는 '한 방 때리고 한 방 맞기'라는 뜻으로, 언어적, 물리적 공격을 주고받는 상황을 지칭하는 용어입니다.

예 In a diplomatic tit-for-tat, the US ordered Russia to shutter its San Francisco consulate and close offices in Washington.

외교적 보복의 일환으로 미국은 러시아에게 샌프란시스코 영사관 문을 닫고 워싱턴 사무실을 비워 달라고 요청했다.

4 An intriguing twist in all this is, it's the left-leaning, liberal ruling Democratic Party that's leading the effort to 'gag' the press.

어휘/어구

· **intriguing**

매우 흥미롭다는 말로 interesting보다 강하며, 강력히 호기심을 자극하며 눈길을 끈다는 뜻입니다.

예 How so many people got duped into sending the money to the scammer in a single day still remains an intriguing mystery.

어떻게 해서 그렇게 많은 사람이 하루 안에 속아서 그 돈을 사기꾼에게 보내게 되었는지는 아직도 흥미를 자극하는 미스터리로 남아있습니다.

· **left-leaning**

문자 그대로는 '좌로 흐르는'이라는 말로, 진보, 좌파를 뜻하는 형용사입니다. 물론 right-leaning도 가능하고 leftist vs rightist 또는 liberal vs conservative도 비슷한 의미를 갖습니다.

예 Left-leaning journalists and editors are leaving prestigious media outlets as those newsrooms continue to become less ideologically and politically diverse.

주요 언론사들이 점차 사상적으로나 정치적으로 획일화되어감에 따라 많은 진보성향 언론인들과 편집자들이 그런 언론사들을 떠나고 있다.

· **gag**

동사로는 '입을 틀어막는다' '재갈을 물린다'는 뜻이고, 명사로도 쓰입니다.

예 Killing journalists is the most egregious attempt to gag the media.

기자들을 죽이는 것이야 말로 언론에 재갈을 물리려는 시도 중 최악이다.

예 In late 2009, Israel issued a gag order against the Israeli media reporting on facts surrounding the prime minister.

2009년 말, 이스라엘 정부는 총리를 둘러싼 사실들을 보도한 이스라엘 언론에 공식 함구령을 내렸다.

5 It's usually liberals who fight for freedom of expression and against authoritarian governments that routinely eavesdrop on and censor their own citizens.

어휘/어구

· **eavesdrop**

몰래 엿듣는다는 말입니다. 일상적인 상황에서도 쓰이고, 정부가 국민을 상대로 도감청을 일삼는다고 하는 등의 심각한 상황을 묘사할 때도 비유적으로 쓰입니다. on과 함께 쓰는 경우가 대부분입니다.

예 Mexico and Australia are among other countries known to use Israeli technologies and firms to eavesdrop on their citizens.

멕시코와 호주를 비롯한 여러 나라들은 이스라엘의 기술과 기업들을 이용해 자국의 시민들에 대해 도청을 하는 것으로 알려져 있습니다.

· **censor**

특히 정부나 당국이 국민을 상대로 '검열'을 한다는 뜻입니다. 과거 독재정권이나 권위주의적 정권들이 행했던 일들을 생각하면 이해하기 쉽습니다. 그런 '검열행위'는 censorship이라고 합니다.

㊞ Only about half the population used to be against government censorship of news in the 1980s.

1980년대에는 인구의 절반만이 정부의 뉴스검열에 반대했다.

6 The ruling party may be simply trying to go for some of the conservative newspapers that should be a pain in their neck.

어휘/어구

· **the ruling party**

여당입니다. 야당은 the opposition party라고 합니다. 물론, 야당이 여럿일 경우에는 복수로 씁니다. 또, 여당이 단일정당으로 다수를 이루지 못할 경우 '연합정부'를 구성하기도 하는데, 이 때 이들을 '여권'이라고 부르며 영어로는 the ruling camp 라고 부르기도 합니다. 마찬가지로 범야권을 이르는 말로 the opposition camp라는 말도 씁니다.

· **go for**

맥락에 따라 다양한 의미로 쓰입니다. 본문에서는 '타겟'으로 삼아 잡거나 제거하거나 공격하는 행위를 한다는 뜻으로 쓰였습니다.

예 We need people in this country to really go for the perpetrators, and anybody who knows anything should report it to the police.

우리는 그 짓을 저지른 자들을 반드시 잡아들여야 합니다. 또 무엇이라도 도움이 될 만한 사실을 알고 있는 사람들은 반드시 경찰에 신고해야 합니다.

· **a pain in the neck**

목에 박힌 가시라는 말로, 매우 신경이 쓰이거나 보기 싫은 대상을 지칭할 때 널리 쓰이는 이디엄입니다.

예 A lazy employee is usually a pain in the neck for the boss.

게으른 직원은 보통 사장에게는 눈엣가시입니다.

7 Freedom of expression is a sacrosanct principle that must never be compromised under any circumstances, so any attempt, legal or otherwise, to stifle free expressions of ideas especially from the media must be stopped.

어휘 / 어구

· **sacrosanct**

신성불가침, 즉 매우 성스러운 것으로 감히 쉽게 범접할 수 없거나 그래서는 안 된다는 뜻을 전할 때 씁니다. (sacred)

예 I can take work home with me during weekdays, but I will never sacrifice my weekends. They' re sacrosanct to me.

난 평일이라면 집에까지 일을 갖고 가서 일할 수도 있어요. 하지만 주말은 안 돼요. 주말은 내게 절대 침범할 수 없는, 타협할 수 없는 시간이에요.

· **stifle**

동사로 목을 죄거나 숨이 막히게 한다는 뜻입니다. 문자 그대로 목을 조른다고 할 때도 쓰지만 특히 innovation, competition, creativity 등, '활발하고 왕성해야 하는 것' 역시 stifle합니다.

예 We should never allow large IT companies merge because that' s going to stifle innovation.

우린 IT 대기업들이 합병하게 둬선 안 됩니다. 그렇게 되면 혁신을 저해하기 때문입니다.

8 Here' s the catch, though.

어휘/어구

· **catch**

catch는 명사로 '걸리는 문제로, 일반적으로는 잘 눈에 띄지 않거나 숨겨져 있어서, '겉으로 드러나진 않지만 문제가 될 수 있는 것'을 뜻합니다. 또, 주로 쓰이는 모양도 Here's the catch나 What's the catch?등으로 제한됩니다.

예 You take home $8,000 every week for working 4 hours a day? Why not take it right away? What' s the catch?

아니, 하루 4시간 일하고 한 달에 8천 달러를 받는다고? 그런데 왜 안 해? 뭐 내가 모르는 무슨 문제라도 있는 거야?

9 We need to agree on what constitutes the 'expression of ideas' that deserve our full protection.

어휘/어구

· **constitute**

타동사로 '무엇을 구성한다'는 말인데, 그렇게만 설명해서는 쓰임새를 알 수가 없습니다. 이 단어는 '구성요소/요건'이라는 개념을 항상 갖고 있습니다. 가령, '저작권 위반'이라는 개념이 있는데, 어떤 사람이 한 행동이 그 저작권 위반에 해당하기 위한 요건들을 충족시켰다고 가정합니다. 그 때 His actions constitute violation of copyright. 이라고 쓸 수 있습니다. 즉, 저작권 위반이 되려면 충족시켜야 되는 요건들을 그 사람의 행동이 모두 "담고"있다는 것입니다. 이 문장을 좀더 쉽게 번역하면 "그 사람의 행동은 저작권 위반에 해당합니다" 정도가 됩니다. 이 때 단순히 '해당한다'는 단어로 constitute을 국한시키지 말고, 어떤 행위에 부합하는 요건들을 갖추고 있다는 뜻으로 쓰인다는 점에 유의하시기 바랍니다.

예 When such behaviors cause a fatality, it may constitute manslaughter under the federal law.

그런 행동이 사망을 야기할 때, 그것은 연방법상 살인에 해당할 수 있습니다.

10 About a decade ago, a son of a deceased firefighter, a 14-year-old boy, killed himself after he'd been harassed online by a troll who kept leaving comments like 'you killed your dad.

어휘/어구

· **deceased**

dead 사망한 상태를 이르는 형용사로, dead보다는 좀더 격식을 갖춘 단어입니다.

예 We lay a wreath in the cemetery in memory of the deceased.

우리는 망자를 기억하며 묘지에 헌화했다.

11 Now the problem gets a little tricky when you take the matter into the realm of 'media reports'.

어휘/어구

· **realm**

보통 '영역'이라고 한국어로 번역하는데 단순히 area나 field의 뜻이 아니고 좀 더 구체적인 맥락이 있어야 쓸 수 있습니다. 물리적 영역보다는 학문분야나 관심사, 지식의 영역 등에 주로 씁니다. 그러다 보니 in/beyond/within the realm of 등의 형태로 많이 씁니다.

예 Asteroid mining seems likely to stay in the realm of science fiction for the time being.

(앞으로는 어떨지 모르지만) 일단 현재로선, 소행성에서 광물을 채굴하는 일은 공상과학영화(영역)에나 속하는 일로 남아있게 될 것 같다.

12 the Moon administration fiddled with the number of people infected with Covid-19 to use the data in their favor.

어휘/어구

· **fiddle**

손 등으로 뭔가를 만지작 만지작 한다는 뜻입니다. 그런데 이 때 만지작거리는 이유는 크게 '그냥 심심해서'이거나 '조작'을 목적으로 하는 경우가 많습니다. 전자의 경우는 with와 함께 쓰고 후자의 경우는 with를 안 쓰는 '타동사'로 씁니다.

예 He was fiddling with the face mask he was wearing while waiting for his turn.

남자는 차례를 기다리면서 쓰고 있었던 마스크를 계속 만지작거렸다.

예 They have fiddled the facts and the scientific evidence so as to convict these people.

그들은 이 사람들에 대해 유죄판결을 얻어내기 위해 사실과 과학적 증거를 조작했다.

13 Of course what immediately followed was a bombardment of comments full of colorful adjectives criticizing the government.

구문

· what followed was

문자 그대로는 “그 다음에 따라 나온 것은” 정도가 되지만, 이 구문의 핵심은, “어떤 일이 일어나고 그 일에 대한 직간접적인 결과로 일어난 일이 바로 이것이었다!” 라는 것입니다.

예 He was found to have lied about the whole thing. What immediately followed was a public outcry calling for an official apology.

그 사람이 모든 일에 관해 거짓말을 했다는 것이 밝혀졌다. 그 직후 국민들은 공식 사과를 요구하며 분노의 목소리를 냈다.

· **a bombardment of**

bombard는 타동사로 어떤 지역/대상에 '폭격'을 한다는 말입니다. 그런 단어가 비유적으로도 쓰여서, '비난 세례'나 '잇따른 공격, 전화항의' 등의 의미를 전하게 되었습니다.

예 The CEO received a bombardment of criticisms and outrage over his decision to sell off the company's handset business.

CEO는 회사의 핸드폰 단말기 부문을 매각하기로 한 결정에 관해 엄청난 비난세례를 받았다.

14 The 'report' was a hoax intended to incite people.

어휘/어구

· **hoax**

장난으로 혹은 사악한 의도를 갖고 사람들을 속여서, 거짓을 사실로 믿게 만들려는 시도를 뜻합니다.

예 An anonymous man called 119 and said there was a bomb hidden underneath a bench at a park, which turned out to be a hoax.

익명으로 한 남자가 119에 전화해 한 공원 벤치 아래에 폭탄이 설치되어 있다고 제보했다. 하지만 알고 보니 거짓 제보였다.

· **incite**

폭력이나 인종차별, 편견 등을 말이나 글 등으로 통해 사람들 사이에서 '조장'한다는 뜻의 단어입니다. 따라서 목적어도 violence, hatred, crime 등의 단어들이 주로 쓰입니다. 사람을 목적으로 써서 to부정사 혹은 명사로 연결하면 사람들을 선동해서 어떤 행동을 하게 만든다는 말이 됩니다.

예 What he is doing is incite people to hatred.

그 사람이 하고 있는 일은 사람들이 증오를 갖게 선동하고 있는 것이다.

예 His action only serves to incite violence among bigots.

그 사람이 하는 행동은 편협한 사람들의 폭력을 조장할 뿐이다.

15 But we stop short of doing that when the liar is a media outlet, because you go down the path of dictators the moment you start gagging the media, the last bulwark of democracy.

어휘/어구

· **stop short of**

~까지는 하지 않는다는 말로, 문자 그대로는 of 이하의 행동 바로 앞에서 멈춘다는 말입니다.

예 She stopped short of slapping him in the face, but she clearly was pretty upset.

빰을 때리기까지는 하지 않았지만 분명히 무척 화가 나 있었다.

· media outlet

outlet은 여러 맥락에서 쓰이는 단어로, 특정 브랜드 상품을 전문적으로 판매하는 직판점이나 전문 매장을 뜻합니다. 그런데 이것이 media와 붙게 되면 '언론사'가 되어, 신문사나 방송사를 뜻하게 됩니다.

· bulwark

방어 역할을 하는 벽, 보호수단, 보루 정도의 뜻입니다. 비유적으로 많이 쓰여서 bulwark of democracy 가 가장 흔히 쓰이는 형태입니다. 민주주의를 지키는 최후의 보루 정도로 번역할 수 있습니다.

㉮ Russian troops encircled the last bulwark of Ukraine's resistance yesterday.

러시아군이 어제 우크라이나 저항의 최후의 보루를 포위했다.

16 That said, I don't think all it takes the liar to be absolved of his sin can be an 'apology'.

구문

· all it takes is ~

~만 있으면 끝이다. ~만 하면 된다는 말입니다. all로 시작한다는 점에 유의해야 합니다.

㉮ All I know is he is a liar.

다른 건 몰라도, 내가 아는 것 그 사람이 거짓말쟁이라는 것이다.

㉮ All it takes to become a translator is to go to Hannites.

통번역사가 되기 위해 해야 할 일은 다른 거 없다. 해나이츠에 가면 된다.

어휘/어구

· **that said** **(Part II의 3. Regulation in space에도 등장)**

그 얘기를 했으니 말인데…라는 뜻으로, 앞서 나온 얘기를 했으니 그것과 상반된 부분을 언급하겠다는 말입니다. That being said, 라고도 하고 With that being said,라고도 하며, that said는 being이나 with가 생략된 형태입니다. Having said that, 이라고도 할 수 있습니다. 앞서 나온 말은 that said이하에 나올 말들과 상반되거나 다른 측면들입니다.

㉮ Tom is a terrible cook. That being said, he makes a mean ramyeon.

톰은 요리 완전 못해. 그렇긴 해도 라면 하나는 잘 끓이지.

· **absolve someone of something**

누가 누구의 잘못이나 죄를 '사해' 준다는 말입니다. 혹은 의무나 책무를 없는 것으로 해준다는 뜻이 되기도 합니다. 따라서 of 이하에는 잘못이나 의무, 책임 등에 해당하는 단어가 어울리겠지요. 물론 수동태 형태로도 자주 보입니다. 단순히 봐준다는 말보다 훨씬 격식이 있는 단어로, 일상 대화에서는 등장하기 힘든 어휘입니다.

예 God absolved you of all your sins.

신이 당신의 모든 죄를 사해 주셨습니다.

17 Singling out and bringing the liar to justice, if not the whole paper, is the least we could do to make sure to keep a muzzle on their 'unbridled tongue'.

어휘/어구

· **single out**

여러 사람 혹은 사물 중에 하나만 집어낸다는 말로 특별히 부정적인 의도만을 위한 것은 아닙니다.

예 It would be next to impossible to single out one player and give him the honor.

선수를 딱 한 사람만 집어내서 그런 영예를 안겨주는 것은 거의 불가능하다.

예 You can't single me out and put all the blame on me when there's so many others involved in the incident.

그 사건에 연루된 사람이 그렇게 많은데 나만 콕 집어서 나에게 책임을 지울 순 없는 일이에요.

3. Internet trolls and on-line bullies: the nasty half-brothers

Internet trolls and on-line bullies. They're not the same, but they come from the same lineage. They're like cockroaches; it's extremely hard to kill them off, but there are things we can do to keep the damage to the minimum and cull enough of them living amongst ourselves so that the lives of many ordinary, kind-hearted folks out there find it easier to navigate the on-line world without having to fear encountering those disgusting creatures.

First things first. How do you tell Internet trolls from on-line bullies? Trolls' sole goal in posting offensive comments is to get a rise out of people seeing them. Think of a 'flasher' in the real world. They both live off reactions from their innocent victims. These creatures don't have any relationship with the recipients of their irksome behaviors. But the damage done to the unfortunate victims extends far beyond being offended. Cyber-bullies target people they know though the victims may never find out who the perpetrator was. So on-line bullies don't stop at harassing their intended victims once. You can think of some celebrities choosing to track down and taking to court their on-line bullies after months or even years of non-stop harassment. Not many have the wherewithal and time to pursue a bully or a troll. Something must be done.

When you see a recurrent problem and want to stop it from ever surfacing again, all you need to do is trace the problem back to its source and strike it. Trolling keeps wreaking havoc on so many innocent victims because the trolls know that there is little the victims will and can do about their nasty behaviors. You must make sure trolls are never allowed to get away with them and let them know they won't.

You can't punish an offender unless you can catch him. News outlets and on-line forums must never allow comments unless they're put up under your real name. You're not going to be able to remain anonymous now that your identity is out in the open. Once caught, just some random badmouthing teenagers can be, say, put in a juvenile detention center for a day or two. If the offenders are found to be some hardcore online bullies, they've got to be thrown in jail for a long time.

Some liberal-leaning freedom fighters may cry 'censorship'. Well, when the big brother was in total control of the media, people fought for freedom. It's not the big brother that's doing the censoring this time. It's us the victims who are in control. Besides, trolling kills people now. They're not the freedom fighters who wanted their voice so much that they would die for it.

All we need to do is set up some straightforward, easy-to-understand rules and enforce them without exception.

해설

1 They're not the same, but they come from the same lineage.

어휘/어구

· lineage

가계나 혈통, 피로 면면히 내려오는 흐름을 뜻합니다. ancestry와 비슷한 말입니다.

㉮ I come from a long lineage of military service in my family.

우리 집안은 대대로 군인출신이다.

2 there are things we can do to keep the damage to the minimum and cull enough of them living amongst ourselves

구문

· there are things we can do to ~

어떻게 하기 위해(목표) 우리가 할 수 있는 일이 있다. 전형적인 영어의 set phrase중 하나입니다. 보통 이 말을 하고 나서 할 수 있는 일, 해야 할 일을 나열하므로 한 덩어리로 입에 '착' 붙여야 합니다.

예 There are things you can do to boost your odds of winning the lottery.

복권 당첨확률을 높이기 위해 할 수 있는 일들이 있다. (내가 알려주는 대로만 하면 당신도 복권 당첨확률을 높일 수 있다.)

어휘/어구

· **cull**

특정 동물 등의 수를 제한하기 위해 그 그룹에서 개별 개체들을 '솎아' 내는 것을 말합니다.

예 Musk has alluded to the need to cull some of the company's staff in the past.

머스크는 과거, 회사 직원 일부를 해고할 필요가 있다는 것을 시사한 적이 있다.

3 First things first.

구문

'자 우선 중요한 것부터'라는 말로, '먼저', '무엇보다'에 해당하는 말처럼 이해하고 쓰면 됩니다.

예 First things first. You need to make an apology for the swearing.

자, 우선 제일 중요한 것부터 합시다. 비속어를 사용한 것에 대해 사과부터 하세요.

4 How do you tell Internet trolls from on-line bullies?

어휘/어구

· **tell ~ from ~**

둘을 구분해낸다는 말입니다. 종종 가짜와 진짜를 구분하거나, 비슷해서 언뜻 차이를 모르는 상황에서 자주 쓸 수 있는 말입니다.

예 I can teach you how to tell knock-offs from the real thing.

가품과 진품을 구별하는 법을 가르쳐 드릴 수 있어요.

5 Trolls' sole goal in posting offensive comments is to get a rise out of people seeing them.

어휘/어구

· **get a rise out of**

누구를 놀려서 화를 내게 만든다는 말로 악플러들의 행위를 지칭할 때 딱 맞는 표현입니다.

예 Stop responding to that guy. He is just trying to get a rise out of you.

대꾸하지 마. 저 녀석은 그냥 너 짜증나게 하려는 거야.

6 Think of a flasher in the real world.

어휘/어구

· flasher

flash는 동사로 뭔가를 비춘다는 말입니다. 거기서 시작해서 뭔가를 휙 보여주는 걸 말합니다. 그리고 거기서 파생이 되어 '바바리맨'을 flasher라고 부릅니다. 자신의 알몸을 사람들에게 'flash'하는 변태성욕자들이지요.

예 He flashed his ID at the security guards.

보안 요원들에게 ID를 보여주었다.

7 They both live off reactions from their innocent victims

어휘/어구

· live off

뭔가를 먹거나, 돈 혹은 다른 뭔가로부터 '자양분'을 얻어 목숨을 부지하거나 살아간다는 말입니다. of를 뒤에 붙이기도 합니다.

예 It looks like he' s been living off junk foods all these years.

딱 보니 몇 년 동안 정크푸드만 먹고 산 것 같아

예 I' ve been living off of my savings from my previous job until I find a new one.

난 새 직장 찾을 때까지 전에 직장 다니면서 모아둔 돈으로 연명해왔어.

8 These creatures don't have any relationship with the recipients of their irksome behaviors.

어휘/어구

· **irksome**

행동 등이 매우 밉상인 경우 쓰는 형용사입니다. 못된 짓이나 사람들의 인상을 찡그리게 할 만 한 행동을 떠올리면 됩니다. irk은 타동사로 사람들이 짜증나게, 화나게 만든다는 말입니다.

예 Han said that his father's instrument choice was made largely to irk his wife, who disliked the guitar's sound.

한씨는 아버지가 기타를 선택한 이유는, 어머니가 특히 기타소리를 싫어하기 때문에, 어머니를 짜증나게 하고 싶었기 때문이었다고 말했습니다.

예 Such condescending comments may seem pretty irksome to many young folks.

그런 깔보는 듯한 말들은 젊은 사람들 보기에는 무척 짜증날 수 있다.

9 So on-line bullies don't stop at harassing their intended victims once.

어휘/어구

· **stop at**

문자 그대로는 '어디에서 멈춘다'는 말입니다. 그래서 어떤 행동을 할 때 어느 선에서 멈춘다는 말로, 보통 부정어와 함께 써서 ~하는 정도로 그만두지 않는다는 말이 됩니다.

예 She didn' t stop at calling him names; she physically attacked him.

여자는 남자에게 욕설을 내뱉는데 그치지 않고 물리적으로 공격까지 했다.

10 You can think of some celebrities choosing to track down and taking to court their on-line bullies after months or even years of non-stop harassment.

어휘/어구

· **track down**

추적해서 찾아낸다는 말입니다. 경찰이 용의자를 찾아내는 과정에 딱 맞는 말입니다.

예 Wedding guest books are a tradition so long held that it's hard to track down exactly when or why the tradition began.

결혼식에 방명록 쓰는 관습은 너무나 오래 되어서 정확히 언제, 왜 시작되었는지를 알아내기가 힘들다.

· **take(bring) somebody to court**

누군가를 법정에 데리고 간다는 말이므로 쉽게 말해 '고소'한다는 말입니다.

예 She took him to court over the comments he had left in her Facebook page.

여자는 남자가 여자의 페이스북 페이지에 남긴 댓글에 대해 남자를 고소했다.

11 Not many have the wherewithal and time to pursue a bully or a troll.

어휘/어구

· **wherewithal**

돈이나 기술 등 어떤 일을 하는 데 들어가는 것. 필요한 대가, 비용 등의 뜻입니다. 주로 '돈'을 의미합니다.

예 They lacked the wherewithal to pay for the repairs.

수리할 돈이 없었다.

· **pursue**

조사나 처벌 등을 위해서 용의자나 악인을 잡기 위해 쫓는 것을 의미합니다.

예 Once the police decides to pursue the suspect, they will need to head west across the canal.

일단 경찰이 용의자를 잡기로 결정하면 운하 건너편 서쪽으로 향해야 한다.

12 When you see a recurrent problem and want to stop it from ever surfacing again, all you need to do is trace the problem back to its source and strike it.

어휘/어구

· recurrent

recur (reoccur)의 형용사 형태로, 여러 번에 걸쳐 재발하거나 다시 발생하는 일을 지칭할 때 씁니다.

예 Pyromania refers to a personality disorder charactered by a recurrent failure to resist impulses to set fires.

방화벽이란 불을 지르고자 하는 충동을 여러 차례에 걸쳐 제어하지 못하는 인격장애를 말한다.

· trace something back to

무엇이 본래 어디서 나온 것인지 추적해 찾는다는 말입니다. 수동태로도 많이 씁니다.

예 The rumor was traced back to the teacher.

추적해 봤더니 그 소문은 그 선생님에게서 나온 것이었다.

예 Police traced the gun back to Steven, who they say purchased the firearm and at least two others in early March.

경찰은 해당 총기가 스티븐씨 것이었다는 것을 알아냈다. 스티븐은 그 총기를 비롯해 최소한 추가로 두 정을 3월 초 구매했다고 한다.

13 Trolling keeps wreaking havoc on so many innocent victims because the trolls know that there is little the victims will and can do about their nasty behaviors.

어휘/어구

· **wreak havoc on**

큰 피해를 준다는 말로, 피해의 정도가 엄청날 때 쓰는 말입니다.

예 The tsunami wreaked havoc on the eastern region.

쓰나미가 동부지역에 막대한 피해를 주었다.

14 You must make sure trolls are never allowed to get away with them and let them know they won't.

어휘/어구

· **get away with something**

어떤 잘못 등을 저지르고 처벌을 받지 않고 그냥 '지나간다'는 말입니다. 처벌을 받을 만한 짓을 저지르고도 교묘히 빠져나가거나 법에 허점 등이 있어 처벌을 받지 않고 그냥 넘어가는 상황에서 두루 쓰이는 표현입니다.

예 She cheated in the exam and got away with it.

그 시험에서 부정행위를 하고도 처벌받지 않았다.

15 You're not going to be able to remain anonymous now that your identity is out in the open.

어휘/어구

· **out in the open**

완전히 만천하에 공개되어 있는 상황을 말합니다.

예 You don't want to keep it to yourself. You'd better bring it out in the open and talk about it with your friends.

그거 너 혼자 끙끙 앓을 문제가 아냐. 내놓고 (툭 까놓고) 친구들이랑 얘기해 보는 게 좋을 것 같아.

16 Once caught, just some random badmouthing teenagers can be, say, put in a juvenile detention center for a day or two.

구문

· **once caught(분사나 전치사구), 주어 + 동사**

일단 ~하게 되면, 무엇(누구)은 어떻게 된다. once 와 caught 사이에는 문장의 주어와 be동사가 생략된 것입니다. once (just some random badmouthing teenagers are) caught, 이런 모양이었던 것이지요.

예 Once buried underground, the apple core gets broken down by microbes in weeks.

일단 땅속에 묻히게 되면 그 사과 꼭지는 미생물에 의해 수주 안에 분해된다.

· **badmouth**

동사로 안 좋은 말을 하거나 악담을 늘어놓는다는 뜻입니다.

예 I' m pretty sure those students are badmouthing me right now.

딱 보니 저 학생들 나 험담 하고 있네.

17 Well, when the big brother was in total control of the media, people fought for freedom.

어휘/어구

· **the big brother (the Big Brother)**

조지 오웰(George Orwell)의 소설 1984에서 비롯된 용어로, 사회를 철저하게 감시하는 독재자, 정권, 정부를 비유적으로 이르는 말이 되었습니다.

예 The big brother is everywhere secretly watching you.

당신을 감시하는 정부는 어디에나 있어서, 당신의 일거수일투족을 주시하고 있다.

4. Contact-tracing apps

One of the best ways to contain a further spread of a viral infection is to make sure you know where an infected person got the virus from. Unless you know where a newly infected person has been before being tested positive and keep him in quarantine, there's going to be unknown carriers walking around randomly infecting people they come in contact with. That highlights the need for a mobile phone app that keeps track of your every move in case you test positive. Not everyone is happy with the idea, however, because of privacy concerns. For me, that's a trivial concern given the potential risks you're going to be running when you don't have one on your mobile.

I would be willing to have that app installed on my smart phone if (1) everyone else does, (2) it is a time-tested, proven way of stopping an epidemic in its tracks and (3) I can choose to get it removed once the pandemic is gone.

Contact-tracing is an integral part of the effort to contain a viral spread, and the authorities so far have been concerned about those infected individuals who contracted the disease from God knows who. If everyone has a tracing app on their phone, that's going to go a long way toward effectively controlling the spread of the disease. However, since the last time mankind was faced with this level of contagion was 80 years ago, we never know if the app would work as we would like it to. Government officials must try to win us over by demonstrating its effectiveness. As with any surveillance technology, people are wary of a technology with which the Big Brother keeps watch on its people for the sole purpose of censorship. I would want the app completely gone the moment we are declared Covid19 free. Privacy can wait in times of a crisis like this one. If the disease gets you, you'll be given 'eternal' privacy in the coffin. I would rather give up some of it and add a few more decades to my life than keep it intact and rest in peace with it forever.

해설

1 One of the best ways to contain a further spread of a viral infection is to make sure you know where an infected person got the virus from.

어휘/어구

· **contain**

사방을 막거나 차단해서 '봉쇄'한다는 말입니다. 외교에서는 특정 국가를 '봉쇄'한다고 할 때도 쓰이고, 코로나 기간에 국경폐쇄 등의 조치를 지칭할 때도 널리 쓰입니다.

예 It will take a national effort to contain the virus or at least to limit its effects.

그 바이러스를 차단/봉쇄하거나 최소한 그 여파를 줄이려면 전국적인 노력이 필요하다.

2 Unless you know where a newly infected person has been before being tested positive and keep him in quarantine, there's going to be unknown carriers walking around randomly

infecting people they come in contact with.

어휘/어구

· **test positive**

특정 바이러스 등에 대한 검사를 진행하고 나서 결과가 양성으로 나온다는 말입니다. 이 때 test는 자동사/타동사 모두 가능합니다.

예 He tested positive for Covid-19 또는 He was tested positive for Covid-19. 이 때, 단순히 '검사했는데 양성 나왔다'고 말하려면 자동사로 test positive라고 쓰지만 누군가에 의해 강제 혹은 의무적으로 검사를 받게 되어 양성이 나왔다고 말하려면 수동태의 형태로 쓰는 것입니다.

· **come in contact with something/somebody**

무엇 혹은 동물이나 사람과 '접촉'을 했다는 말입니다. 바이러스나 박테리아로 인한 감염병과 관련해서 많이 쓰이고, 어떤 부류의 사람들과 어울린다는 맥락에서도 두루 쓰입니다.

예 He was found to have come in contact with Chinese industrial spies.

남자가 산업스파이들과 접촉이 있었다는 점이 드러났다.

3 That highlights the need for a mobile phone app that keeps track of your every move in case you test positive

어휘/어구

· in case

가정된 상황을 표현할 때 유용합니다. 우리 말로, '만약 어떻다면'이라고 말할 것을 '혹시 ~한 경우에'라고도 표현하지요? 영어도 마찬가지입니다.

예 In case you come home early, please walk the dog for me.

혹시 집에 일찍 오면 나 대신 개 산책 좀 시켜줘

4 Not everyone is in on the idea, however, because of privacy concerns.

어휘/어구

· be in on + 생각, 제안, 추세 등

어떤 의견이나 제안에 대해 동조하거나 동의한다는 의미를 전할 때 씁니다. 또 어떤 계획이나 캠페인 등에 '합류'해서 참여한다는 의미로도 많이 씁니다.

5 For me, that's a trivial concern given the potential risks you're going to be running when you don't have one on your mobile.

어휘/어구

· **run the risk** **(of something/of doing something)**

어떻게 될 수도 있는 위험을 무릅쓰고 뭘 한다는 말입니다.

예 I'm hitting the sack now. I don't want to run the risk of being late for work on the first day on the job.

난 지금 자러 간다. 출근 첫 날부터 지각하는 위험을 무릅쓸 생각 없어.

6 I would be willing to have that app installed on my smart phone

구문

· **have something installed on my phone**

내 핸드폰에 무엇을 설치한다..고 했을 때, install something on my phone이 아니라 have something installed on이라고 합니다. 내가 설치한다고 말하는 것이 아니라 앱이 내 폰에 설치되게 한다고 말해야 하는 것입니다. 실제 설치 자체는 내가 하는 것이 아니고 기계가 하는 것이며, 또 내가 인스톨한다의 개념보다는 그 어플이 폰에 있게 해서 내 폰이 항상 그 어플을 갖고 있게 한다는 것이 초점이기 때문입니다.

예 I have a few meals delivered during the week.

일주일에 몇 번은 배달시켜 먹는다.

7 it is a time-tested, proven way of stopping an epidemic in its tracks

어휘/어구

· **time-tested**

오랜 시간에 걸친 적용/사용을 통해 이미 그 효과나 타당성 등이 입증되어 있는 상태라는 말입니다.

㉠ Hear are a few time-tested ways to improve your learning.

학습효과를 개선할 수 있는 확실히 입증된 방법이 몇 가지 있습니다.

· **stop something in one's tracks**

뭔가를 바로 그 자리에서 멈추게 한다는 뜻으로 전염병이나, 안 좋은 것이 더 이상 나빠지거나 악화되지 않도록 당장 끝낸다는 맥락에서 많이 쓰입니다. 이 때 stop은 자동사/타동사 모두 가능합니다. 갑자기 멈춘다는 말도 되고 갑자기 무엇을 멈추게 한다고도 쓰인다는 말입니다.

㉠ How do we catch cancer early to stop it in its tracks?

어떻게 하면 암을 조기 발견해서 치료할 수 있을까요?

8 Contact-tracing is an integral part of the effort to contain a viral spread,

어휘/어구

· **integral**

전체의 일부로서 없어서는 안 되는 필수 불가결한 것이라는 뜻을 전하는 형용사로, part과 매우 잘 어울립니다.

예 Play-based learning is an integral part of a child's early years.

놀면서 배우는 것은 유년기의 필수적인 요소이다.

9 the authorities so far have been concerned about those infected individuals who contracted the disease from God knows who

어휘/어구

· **God knows who**

직역하면 '누구인지 신만이 아는 사람'이라는 뜻으로, 결국 아무도 모른다는 점을 강조하는 '명사'로 쓰입니다. who는 where, when 등으로도 바뀌어 쓰입니다.

예 I'm getting messages and phone calls from God knows who and where lately.

최근 누군지도 어디서 오는 지도 모를 문자와 전화가 계속 오고 있다.

예 These ancient structures have been here since God knows when.

이 고대 구조물들은 무척 오래됐다. (언제부터 여기 있었는지도 모를 정도로 오래 된 구조물들이다.)

10 If everyone has a tracing app on their phone, that's going to go a long way towards effectively controlling the spread of the disease.

어휘/어구

· **go a long way to(toward)**

크게 도움이 된다는 말입니다. 문자 그대로는 to 이하에 나오는 목적지(목표)에 많이 다가가게 해준다는 말이지요. 관련해서 come a long way라는 말도 같이 알아 둡시다. 먼 길을 왔다는 말로 그간 많은 발전, 진보를 이루었다거나 병세를 회복하고 많이 기운을 차렸다는 뜻으로 쓰입니다.

예 Treatment of acute pain will go a long way toward helping you regain your good health as quickly as possible.

극심한 통증을 완화시키면 최대한 빨리 건강을 회복하시는 데 큰 도움이 될 겁니다.

예 HIV testing and treatment options have come a long way since the start of the AIDS epidemic four decades ago.

40년 전 AIDS전염병이 처음 시작된 이후 그간 HIV 검사와 치료방법에 있어 많은 발전이 있었다.

11 we never know if the app would work as we would like it to.

구문

· **work as we would like it to**

그게 우리가 바라는 대로 작동한다는 말로, 영어에서 유용하게 쓰입니다. 많은 훈련을 해야 내 것으로 만들 수 있습니다. we would like it to work 이라고 하면 "우린 그것이 작동을 하면 좋겠다"는 말인데, '우리가 원하는 방식대로 작동하길 원한다"고 말하려 한다면 We would like it to work the way we would like it to.라고 할 수 있겠지요. 조금 변형을 줘보면 It didn't work the way we wanted it to. 라고도 말할 수 있습니다. 그게 우리가 원하는 대로 잘 작동하지 않았다는 말이지요. 본문에서는 the way 대신에 as를 썼습니다.

예 She is a terrible dancer. And she knows her body does not always work the way she would like (it to), but that has never stopped her.

여자는 뚝딱이다. 본인도 본인 몸이 원하는 대로 잘 움직이지 않는다는 것을 잘 알고 있다. 그럼에도 불구하고 절대 포기하지 않았다.

12 As with any surveillance technology, people are wary of a technology with which the Big Brother keeps watch on its people for the sole purpose of censorship.

어휘/어구

· **as with**

~의 경우에 있어서 그런 것처럼. as (is the case) with의 모양으로 이해하면 됩니다. as in은 어디에서 그런 것처럼…이라는 뜻입니다.

예 Yet as with machine learning more generally, deep neural networks are not without limitations.

하지만, 좀더 광범위하게는 머신러닝이라는 개념 자체가 그렇듯, 뉴럴네트워크도 한계가 없는 것은 아니다.

· **be wary of**

주의/조심한다는 말입니다.

예 Be wary of strangers who offer you a ride.

모르는 사람이 차 태워주겠다고 하면 조심하세요.

13 I would want the app completely gone the moment we are declared Covid19 free.

어휘/어구

· **declare**

일반적으로 '선언하다'라고 알고 있는 단어입니다. 그래서 He declared that

+ 절의 형식으로 많이 쓰지요. 그런데 이 단어는 좀 특이한 용법도 가지고 있어서 declare 목적어 + 형용사의 형태도 있습니다. The court declared him innocent on the charge of murder. 법원은 남자의 살인혐의에 대해 무죄를 선언했다. 그래서 이 구문의 수동태 모양도 종종 보입니다.

예 More than 20 animals and one plant were declared extinct by the Fish and Wildlife Service last week.

지난 주, 어류 야생동식물청은 20여 종의 동물과 식물 1개종의 멸종을 선언했다.

14 Privacy can wait in times of a crisis like this one.

어휘/어구

· wait

우선순위에 있어서 급한 게 아니라는 의도를 전합니다. can과 대부분의 경우 같이 씁니다

예 Friendship can wait but career doesn't. You can't risk your whole future for your friendship.

우정은 잠깐 뒤로 미룰 수 있지만 커리어는 그렇지 않아. 친구를 지키겠다고 미래를 모조리 위험에 빠뜨릴 순 없잖아.

15 I would rather give up some of it and add a few more decades to my life than keep it intact and rest in peace with it forever.

어휘/어구

· **intact**

전혀 손상되지 않은 멀쩡한 상태를 말합니다.

예 The whole villages got burned down to ashes, but his house remains intact.

마을 전체가 잿더미가 되었지만 그 사람 집은 멀쩡하다.

5. Are leggings pants?

A mother of four sons started a big controversy when she wrote a letter to a college newspaper imploring the female students there to stop wearing leggings. Her reasoning was simple: leggings made it hard for men to control themselves. You may be surprised if you're told that this happened here in South Korea in the 21st century. Get this: this was 2 years ago in the U.K. The fuss that letter set off immediately afterwards is worth a whole page in any national newspaper because to even think that you can tell someone to stop wearing a particular garment in this day and age is preposterous. But since this can give us some pretty interesting food for thought, let's ask this perhaps silly question: are leggings pants? Or, is it okay to wear leggings in public?

One of post-modernism's defining features is rejection of any one set of ideas deemed to be universally true independent of the time and space. Leggings may look like a piece of innerwear they used to put on underneath their pants in winter to those old ladies and gentlemen. They are not now or won't be in the near future.

As recently as 60 ~ 70 years ago right here in Korea, girls weren't supposed to wear miniskirts. They were believed to be meant for prostitutes. If anyone still gets mad at the garment of choice for many young women today, their sanity will be called into question. The way you dress up in public has long been a subject of heated debates, but if the past is any guide, you know whose side to take because you know who the winners will be. How one looks to the eyes of many is none of your business. So you can gossip all you want about the girl in leggings you saw in the afternoon at a dinner with your pals, but you have no right to even put it up for debate because that, again, is none of your business.

I have to admit though, that if someone I care about is about to show up in leggings before a stubborn, conservative and old bigot who would probably hate it when he sees a girl in leggings and whose view of her may affect her future career, I would advise against wearing them. Not because I think it's inappropriate but because it's going to end up hurting her in any way. I would talk her out of wearing them the same way I would tell her not to mess with a bad-tempered Pit Bull Terrier who happens to hate being approached by a girl.

We know there are still the kind of folks out there who say, girls' wearing leggings makes it hard for some guys to 'control' themselves. They need some serious psychological counseling and treatment because that level of 'libido' and willpower, or lack thereof, is found only among their canine buddies.

해설

1 A mother of four sons started a big controversy when she wrote a letter to a college newspaper imploring the female students there to stop wearing leggings.

어휘/어구

· implore

간절한 마음으로 누군가에게 무엇을 해달라고 요청/간청한다는 말입니다. “implore 사람 to 원형”의 형태가 가장 일반적이고, beg 보다 좀더 격식을 갖춘 말입니다.

예 Health authorities are imploring the anti-vaxxers to get vaccinated for the greater good.

보건당국은 백신반대주의자들에게 대의를 위해서라도 백신접종을 받으라고 적극 권유하고 있습니다.

2 The fuss that letter set off immediately afterwards is worth a whole page in any national newspaper

어휘/어구

· **fuss**

보통 작은 규모의 '난장판'의 의미로, 어수선해진 상황을 지칭합니다. 상황에 따라서는 'controversy'의 의미로 쓰이기도 합니다. make/create a fuss의 모양으로 많이 씁니다.

예 The elephant created a fuss by entering the kitchen of the house.

코끼리가 그 집 주방으로 들어가 한바탕 소동이 벌어졌다.

3 because to even think that you can tell someone to stop wearing a particular garment in this day and age is preposterous.

어휘/어구

· **in this day and age**

요즘 같은 시대에, 오늘날 등의 뜻으로 흔히 쓰는 표현입니다.

예 Spending several dollars for a cup of coffee is not unusual in this day and age, but no one would do that 30 years ago.

요즘엔 커피 한 잔에 몇 달러씩 쓰는 것이 대수로울 일이 없지만 30년 전이라면 누구도 그런 돈을 커피 한 잔에 쓰진 않을 것이다.

· **garment**

특정한 목적의 옷이나 의복을 말하는데, 매우 격식을 차린 표현으로, 더 광범위하게 쓰이는 말은 a piece of clothing 쯤이 되겠습니다. garment은 셀 수 있는 명사이므로 a garment이라고 말하지만 clothing은 셀 수 없는 명사이므로 a clothing이라고 하지 않고 a piece of clothing이나 an article of clothing이라고 합니다.

예 She took off the garment and changed into jeans and sneakers before leaving the house.

옷을 벗고, 청바지로 갈아입고 운동화를 신은 다음 집을 나섰다.

· **preposterous**

말도 안 되고 터무니 없는 생각이나 주장을 이를 때 쓰는 말입니다.

예 South Korea on Thursday urged Japan to retract its "unjust and preposterous claims" to the disputed Dokdo islets.

한국은 목요일 일본에 독도에 대한 "부당하고 말도 안 되는" 소유권 주장을 철회할 것을 촉구했다.

4 But since this can give us some pretty interesting food for thought, let's ask this perhaps silly question

어휘/어구

· **food for thought**

생각할 거리. 생각을 해볼 가치가 있는 주제

예 This book gives you "food for thought" about ways to use food to aid digestion and decrease inflammation.

이 책은, 음식을 이용해 소화를 돕고 염증을 줄일 수 있는 방법에 관한 유용한 '생각해볼 만 한 주제들'을 소개한다.

5 One of post-modernism's defining features is rejection of any one set of ideas deemed to be universally true independent of the time and space.

어휘/어구

· **defining features**

feature는 특정 사물이나 사람들이 가진 '특성'입니다. 그런데 이런 특성들 중에, 특히 해당 사물이나 사람들을 '정의'내릴 수 있을 정도의 핵심적인 특성들을 defining features라고 합니다. 가령 '호흡'은 살아있는 생명체의 defining feature입니다.

예 One of the defining features of Type 2 diabetes is insulin resistance.

제2형 당료의 가장 중요한 특징 중 하나는 인슐린 저항성이다.

· **independent of**

of 이하에 나오는 것과 상관없이, 그것과는 별도로의 뜻입니다. be동사와 함께 쓰일 수도 있고, 앞에 어떤 말이 마무리 되고, 덧붙여서 "~과는 별도로"라는 뜻의 의미덩어리를 이끌 수 있습니다.

예 Learn to be at peace with yourself, independent of what you have or what other people think about you.

여러분이 무엇을 갖고 있건, 다른 사람들이 여러분에 대해 어떤 생각을 하고 있건, 그런 것들과는 별개로, 여러분 스스로를 받아들이는 법을 익히십시오.

6 If anyone still gets mad at the garment of choice for many young women today, their sanity will be called into question.

어휘/어구

· **the garment of choice**

~ of choice 라는 말은 많은 사람들이 선택해서, 매우 인기가 있거나 일반화된 것이라는 뜻입니다.

예 This particular brand called Martin is the guitar of choice for most pop musicians.

'마틴'이라는 이 브랜드야말로, 대부분의 팝아티스트들이 선택하는 인기있는 기타입니다.

· **call one's sanity into question**

sanity 는 '제정신'이라는 말로, call one's sanity into question이라고 하면 문자 그대로는 "누군가의 제정신이 의문에 부쳐진다"는 말입니다. 즉 '정신 나간 것이 아닌가'하는 말을 듣게 될 것이라는 말입니다. 말도 안 되는 소리를 할 경우 이런 표현이 쓰일 수 있습니다. 당연히 수동태 모양으로도 자주 쓰입니다.

예 If you ever utter that thought of yours, your sanity will be called into question.

자네의 그 생각을 입 밖에 내기라도 하면, 사람들은 자네가 제정신이 아니라고 생각할걸세

---

7 but if the past is any guide, you know whose side to take because you know who the winners will be.

어휘/어구

· **if the past is any guide**

문자 그대로의 의미는 "과거가 지침이 된다면"의 뜻으로, "과거 경험을 비추어 볼 때,"라는 뜻으로 쓰입니다. the past 대신 history나 my experience등의 단어로 대체하기도 합니다.

예 If history is any guide, the standoff between the U.S. and China won't last long.

역사적 사례들을 살펴보면, 미국과 중국의 현 교착생태는 오래가지 않을 것이다.

8 How one looks to the eyes of many is none of your business.

어휘/어구

· to the eyes of

~의 눈에는 무엇이 어떻다고 말할 때 씁니다. 한국인의 눈에는 그 옷이 별로 안 예쁘다. 혹은 우리 눈에는 그 사람의 잘못이 명백하다. 이런 상황들을 떠올리면 좋습니다.

㉾To the eyes of Koreans, you'll always be a foreigner.

한국인들 눈에 너는 항상 외국인으로 보일 거야.

9 So you can gossip all you want about the girl in leggings you saw in the afternoon at a dinner with your pals,

어휘/어구

· gossip all you want

수다 떨고 싶은 만큼 떨어라. gossip 자리의 동사는 어떤 것으로도 바꿔 쓸 수 있습니다. eat all you want (먹고 싶은 만큼 먹어라) 혹은 play all you want (놀고

싶은 만큼 놀아라)

㉥ You can complain all you want, but when you're done you're still left with the question, "what are you going to do about it?"

불평하고 싶으면 실컷 해도 괜찮아. 그런데, 불평을 늘어놓는 걸 다 하고 나도 결국은 '그럼 어떻게 해야 하지?' 하는 마음이 들 거야. (불평해봐야 소용없다는 말. 불평을 해도 문제는 해결되지 않는다는 말)

10 but you have no right to even put it up for debate because that, again, is none of your business.

어휘/어구

· put something up for debate

put up은 기본적으로 무엇을 올려놓는다는 말입니다. 경매에 물건을 내놓는다고 할 때도, 중고 물건을 팔려고 내놓는다고 할 때도 씁니다. 본문에서처럼 어떤 문제를 논의의 주제로 내놓는다고 할 때도 쓸 수 있습니다.

㉥ The lecturers present their work with slides, videos etc. and put it up for discussion.

강연자들은 각자의 연구를 슬라이드나 비디오 등과 함께 제시하고, 그것을 두고 토론을 하게 됩니다.

11 that if someone I care about is about to show up in leggings before a stubborn, conservative and old bigot who would probably hate it when he sees a girl in leggings and whose view of her may affect her future career,

구문

· **hate(like/love) it when 주어 동사**

누가 무엇을 하면 싫어한다/좋아한다는 뜻의 구문입니다.

예 Some people hate it when they see someone wearing the same shirt, pants or even hat as theirs.

어떤 사람들은 자기가 입은 셔츠나 바지나 모자와 똑같은 걸 입고 있는 사람들을 보면 엄청 싫어한다.

예 I hate it when people talk loudly on the bus.

난 사람들이 버스에 시끄럽게 떠드는 게 싫어

12 I would advise against wearing them

어휘/어구

· **advise against**

누군가에게 무얼 하지 말라고 조언한다는 말입니다. advise는 동사로 쓸 때 목적어와 to 동사를 쓰는 경우가 많은데 이 용법 역시 알아두어야 하겠습니다.

예 I talked to the doctor about getting that tattoo removed, but given its location, he advised against it.

타투 지우는 문제로 의사와 상담을 했는데, 위치가 위치여서 하지 않는 게 좋겠다고 하더라고.

13 I would talk her out of wearing them the same way I would tell her not to mess with a bad-tempered Pit Bull Terrier

구문

· the same way

~와 마찬가지로 (같은 이치로). 비교/비유를 통해 전하려는 의도를 강조할 때 쓸 수 있는 표현입니다. 또 특정 두 가지 방식이 같다는 것을 단순히 보여주려 할 때도 쓸 수 있습니다. 예문들로 보는 편이 이해하기 좋겠습니다.

예 I treat my body the same way I would treat a brand new car. You have to treat it well so it can run for a long time.

난 내 몸 관리하는 것을 새 차 관리하는 것처럼 한다. 오래 쓰려면 잘 관리를 해야 한다는 말이다.

예 If a man looks at the world when he is 50 the same way he looked at it when he was 20 and it hasn't changed, then he has wasted 30 years of his life. - Muhammad Ali

50세가 되어 세상을 바라보는 방식이 20세에 바라보던 것과 같다면 그 사람은 30년을 낭비한 것이다. - 모하메드 알리

14 that level of 'libido' and willpower, or lack thereof, is found only among their canine buddies.

어휘/어구

· **libido**

"성욕'을 지칭하는 전문용어입니다.

예 Loss of libido comes with age.

성욕감퇴는 나이가 들어가면서 생기는 현상이다.

· **or lack thereof**

혹은 그것이 없음(그것의 부족)

'어떤 것 혹은 그것이 없다는 것'이라는 말로 thereof는 바로 앞에 나온 단어를 받아주는 것입니다. 가령 it was his sense of humor, or lack thereof, that ruined the show라는 말에서, or lack thereof를 뺀 문장을 번역하면, "쇼를 망친 건 그 사람의 유머감각"이었다는 말이 됩니다. 그런데 or lack thereof를 중간에 넣으면 "쇼를 망친 건 그 사람의 유머감각…아니 좀 더 정확히 말하면

유머감각이 없었다는 점이다."라는 말이 됩니다. 즉, 어떤 것 자체가 문제가 된 것이 아니라 그것이 '없는 것'이 문제였다는 것이지요. 예문으로 보면 더 잘 이해가 됩니다.

예 His confidence, or lack thereof, was the reason he failed the test.

그 사람의 자신감…아니 좀 더 정확히 말하자면 자신감이 없었던 것이 시험에서 떨어진 이유였다.

예 What impact does sleep, or lack thereof, have on our daily lives?

수면이, 혹은 수면 부족이, 우리의 일상에 어떤 영향을 줄까?

6. A nation of prodigies

There was a TV show called 'Finding prodigies' that ended late last year. The show goes out and finds gifted children in such various fields as music, language and math, among others. I often found the show amusing because, after all, gift, especially when it's in a small child, is always exciting to look at. But then at the back of my mind I kept asking myself this question: is being gifted something to celebrate? Or is being 'not gifted' a curse? Of course, the show or its ilk that came before that was probably not suggesting that a not-so-bright kid with no particular skill is worth an ounce of sympathy. But the implication is still there that a very high IQ or simply a brilliant mind in general is something you'd be happy to have. After all, a highly intelligent child would be more likely to be accepted to an elite university than his dumber peers at school, which in turn will help him land a well-paying job. Which, other things being equal, puts you in a better position to call your life a happy one than your poorer neighbor.

All right. Fair enough. But even if that's really the case, I just think there's so many education programs that call themselves 'for whiz kids'. I mean, aren't whiz kids supposed to be rare? Are those institutions saying they're able to turn your average child into a genius? That doesn't make sense. A genius, by definition, is born. All you need to do to get him to do things he is capable of doing is just sit and watch. What is it that has given rise to this obsession with 'giftedness' or at least being the best?

I believe that our blind pursuit of excellence stems from the tragic history of war, survival and cut-throat competition. Our moms and dads naively counted on the 'work hard and be successful' mantra. Now you know better. Your talented kid is the only way to bring back alive that dead dream of yours to make it big in this world. That's what it is.

The winner takes it all. So goes a slogan espoused by our founding fathers in the aftermath of the Korean War. Then, this puny war-ravaged piece of land with nothing left but a bunch of starving people, so desperately wanted a fresh lease on life. The whole nation worked tirelessly to 'make it'. In the process of rapid economic development, getting ahead of others was always thought to be the top priority because that guarantees you the riches that you and your parents aspired to get their hands on their whole lives.

Things have changed, and we're now the world's 10th biggest economy in the world, so the privileged life of extravagance you wanted in the old days is within reach for most ordinary folks now. But the spirit has lived on to this day: that guy or gal on the top in any one field rises to fame and takes home the booty that comes with it. And in modern times, the easiest and fastest path to the top is taken by the few geniuses. And voila! Your kid might be that gifted kid. You've got to make sure not to let the gift rust. Somehow, that has slowly been built into the national psyche thanks in large part to the media spotlight shined on the few true prodigies.

This frenzy must go. I don't think signing up your child into an institution built for true geniuses will automatically make him one. Call me a hopeless pessimist. I just believe in the genetic factors. I do believe that good upbringing should give one a big leg-up in managing life's many challenges. But to me, genetics is such a powerful determinant in life that exerting so much time and money into a long shot is a huge waste. Or more to the point, we must ditch the outdated thinking about what 'success' in life means. It means different things to different people. But what it is not is clear. It is not becoming rich and famous by rising to the top.

해설

1 But then at the back of my mind I kept asking myself this question

어휘/어구

· **at the back of one's mind**

은연중에, 의식하지 못하는 중에, 은근히, 내심… 등의 뜻입니다. 특히 계속 어떤 생각이 남아있다는 뉘앙스의 표현입니다.

예 It's been at the back of my mind to pick up the shoes I'd left at the repair shop, but I haven't gotten around to it yet.

오늘 맡긴 구두 찾아와야지 계속 생각은 하고 있었는데 아직 못 갔다.

2 Of course, the show or its ilk that came before that was probably not suggesting that a not-so-bright kid with no particular skill is worth an ounce of sympathy

어휘/어구

· **or one's ilk**

혹은 그런 부류의 다른 것들이라는 말입니다. 트럼프 또는 그런 부류의 사람들이라는 말을 하고 싶다면 Trump or his ilk라고 하면 됩니다.

예 Don't read stories in Goryo Ilbo or its ilk. Try to read stories based on facts from more 'neutral' newspapers.

고려일보나 그런 부류의 신문에서 난 기사는 읽지 않는 것이 좋아. 좀 더 중립적인 신문에 난 '사실'에 기반한 기사들을 읽으려고 해봐.

3 than his dumber peer at school, which in turn will help him land a well-paying job.

어휘/어구

· **his dumber peers**

두 그룹의 사람들/사물을 대비시켜 부르는 말입니다. 가령, 장애인과 비장애인을 같은 이야기 안에서 언급할 필요가 있거나, 장애인에 관한 말을 하다가 비장애인들을 언급하려고 할 때 이렇게 씁니다. disabled people (장애인) and their healthier peers. 이때, peer는 neighbor 정도로 바꿔쓸 수도 있습니다. 이것은 counterpart라는 명사로 바꿔쓰기도 하는데 맥락은 조금 다릅니다. President Biden and his Korean counterpart이라고 하면 바이든 대통령과, 바이든 대통령의 자리에 있는 한국에 있는 사람(counterpart), 즉 2022년 11월 현재 윤석열 대통령을 지칭하게 됩니다.

예 Sub-Saharan countries were in a worse budgetary situation, with fewer resources available to deal with the crisis than their richer neighbors.

사하라사막 이남 지역 국가들은 부국들에 비해 위기에 대응할 만한 자원이 부족했기 때문에 재정적으로 훨씬 상황이 안 좋았다.

4 Which, other things being equal, puts you in a better position to call your life a happy one than your poorer neighbor.

어휘/어구

· other things being equal

다른 조건이 같다고 했을 때. 앞에 with를 같이 써주기도 합니다. other 대신에 all을 쓰기도 합니다.

예 With other things being equal, higher resilience is found in countries with higher income per capita.

다른 조건이 같다면, 일 인당 소득이 높은 국가일수록 회복력이 더 높다.

5 But even if that's really the case, I just think there's so many education programs that call themselves 'for whiz kids'.

어휘/어구

· whiz kids

어린 천재. 신동을 이르는 말입니다. 글 제목에 나온 prodigy도 같은 말입니다. prodigy에 비해 whiz kid가 좀 더 일상적으로 쓰는 단어입니다.

예 A math whiz-kid who grew into a full-fledged math genius, he played jazz piano and studied math at Princeton.

수학 신동으로, 나중에 수학의 천재가 된 그는 재즈 피아니스트이자 프린스턴에서 수학을 전공한 수재다.

6 All you need to do to get him to do things he is capable of doing is just sit and watch.

구문

· all you need to do ~~ is 동사

~ 하려면 ~만 하면 된다. 비슷한 모양으로 all 대신 what을 쓰기도 합니다.

예 What I need to do right now is go get something to eat.

나 지금 당장 뭐 좀 먹으러 가야겠어

예 All you have to do to get the job done on time is tell him to help you.

그 일 제시간에 끝내고 싶으면 그냥 걔한테 도와달라고만 하면 돼.

7 What is it that has given rise to this obsession with 'giftedness' or at least being the best?

구문

· what is it that ~

what gave rise to~의 형태에서 우리가 중고교에서 배운 it ~ that 강조 용법이 합쳐진 형태라고 보면 좋습니다. '무엇이 이런 집착을 낳았는가'라는 질문을 '이런 집착을 낳은 것이 대체 무엇인가'라고도 말할 수 있지요. 그 요인에 초점을 맞추기 위해 변형을 시킨 것이고, 매우 유용한 표현입니다.

예 What is it that annoys you so much about him?

대체 그 녀석의 어떤 부분 때문에 그렇게 그 녀석을 싫어하는 거야?

(대체 그 녀석의 어떤 부분이 너를 짜증나게 하는 거야?)

어휘/어구

· give rise to

직역하면 '무엇이 생겨나게 한다'는 뜻인데 실질적으로는 어떤 상황이나 현상이 일어나도록 기여한 원인이나 이유, 요인 등을 표현할 때 쓰는 말입니다. 비교적 formal한 표현으로, 신문기사에 자주 등장할 만한 것입니다.

예 We are going to take a look at how climate change gave rise to a monster mosquito season.

어떻게 해서 기후변화가 끔찍한 모기 시즌을 가져오게 됐는지 살펴보겠습니다.

8 I believe that our blind pursuit of excellence stems from the tragic history of war, survival and cut-throat competition.

어휘/어구

· **stem from**

인과관계에 따른 '원인'을 강조하고자 할 때 쓰는 말입니다. 어떤 일이 무엇/누구로부터 연유했다, 기인했다는 구조의 문장에서 쓰입니다.

예 People's mistrust of science stems from a lack of understanding of science.

사람들이 과학을 불신하는 이유는 과학을 잘 이해하지 못하기 때문이다.

· **cut-throat**

competition과 가장 잘 어울립니다. 사느냐 죽느냐의 문제를 두고 다투어야 하는 맹렬하고 치열한 상황을 표현하는 형용사입니다.

예 Instead of getting exposed to the cut-throat competition in the market, launch yourself in a field where there are no real competitors.

시장의 치열한 경쟁에 스스로를 노출시키기보다는, 실질적인 경쟁자가 없는 분야에 발을 들여놔 보세요.

9 Our moms and dads naively counted on the 'work hard and be successful' mantra.

어휘/어구

· **mantra**

사람들이 자신의 기본적인 신념이나 믿음을 표현하기 위해 자주 입에 담는 말, 신조, 신념 등을 말합니다. 본래는 기도나 명상을 하면서 사람들이 외는 '주문'이나 '기도문'의 뜻으로 출발했습니다.

예 "Innovate or die" seems to be the common mantra in business today.

오늘날 기업들에게는 '혁신 아니면 사멸'이라는 말이 공통된 믿음인 듯하다.

10 Your talented kid is the only way to bring back alive that dead dream of yours to make it big in this world.

어휘/어구

· **bring something/someone back alive**

사람을 다시 살린다고 말할 때 쓰거나, 신념, 믿음 꿈 등을 다시 살린다는 의미로 비유적으로 쓰기도 합니다.

예 The sci-fi TV series brought back alive the old science soul in me.

그 공상과학 TV 드라마를 보면서 내 안에 잠자고 있던 과학에 대한 관심이 되살아났다.

· **make it big**

크게 성공한다는 말입니다. 매우 일반적으로 쓸 수 있습니다.

예 By the time he was 19, he had made it big in the music business.

19세가 되던 때 이미 음악업계에선 큰 성공을 거두었다.

11 The winner takes it all. So goes a slogan espoused by our founding fathers in the aftermath of the Korean War.

구문

· **So goes**

앞서 어떤 말을 하고 난 다음에 쓰는 말로, 그 말이 어떤 '이론'이라거나 '슬로건'이라는 점을 강조합니다. 가령, "He had been hiding in the crime scene until the victim showed up. Or at least so goes the theory"라고 하면 '그는 희생자가 모습을 드러낼 때까지 범죄 현장에 숨어있었다. 최소한 그게 이론이다 (최소한 현재 이론은 그렇다)'는 말이 됩니다. so는 '그렇다'는 의미로 쓰입니다.

예 Engineering students are nerds. Or so goes the folklore on campus.

공대생은 지루하고 따분한 천재 과다. 최소한 학내에서는 사람들이 다 그렇게 생각한다.

어휘/어구

· **espouse**

생각, 주의, 주장 등을 (대부분) 공개적으로 지지/옹호한다는 말입니다.

예 He secretly wants to marry his ex-girlfriend but vocally espouses his bachelor lifestyle.

속으로는 전 여친하고 결혼하고 싶어 하지만 겉으로는 혼자 사는 삶을 적극 지지한다.

· **in the aftermath of**

어떤 일/사건이 벌어지고 나서 그 여파로. 어떤 일이 벌어지고 시간적으로 그 이후에 어떤 일이 또 일어났다는 말이지만, 애초에 벌어진 일이 최소한 간접적인 원인이 되었다는 느낌을 갖고 있습니다.

예 A lot of reconstruction took place in Iraq in the aftermath of the war.

전쟁 이후 이라크에서는 대규모 재건사업이 이루어졌습니다.

12 Then, this puny war-ravaged piece of land with nothing left but a bunch of starving people so desperately wanted a fresh lease on life.

어휘/어구

· puny

매우 작을 뿐 아니라, 대수롭지 않고 보잘것없다는 뜻입니다.

예 There is no way this puny little brat could beat me.

이 조그만 녀석이 날 이길 순 없어.

· ravage

동사로 써서 완전히 황폐하게 만든다는 말입니다. devastate과 비슷합니다. war하고 어울려서 war-ravaged라고 하면 전쟁으로 폐허가 되었다는 뜻으로 두 단어가 합쳐져 별도의 단어가 되었습니다.

예 A country that has been ravaged by war for many years will not be able to find a solution overnight.

오랜 전쟁으로 폐허가 된 나라는 하루아침에 해결책을 찾을 수 없을 것이다.

· a fresh/new lease on life

문자 그대로는 새로 얻은 생명, 수명 연장의 뜻이나, 좀 더 비유적으로는 삶의 기회를 잃은 상황에서 얻게 되는 활력이나 기회를 뜻합니다.

예 After recovering from a stage-4 cancer, Catherine had a new lease on life and made plans for the future.

4기 암을 극복한 캐서린은 삶에 대한 새로운 희망을 갖게 되어 미래를 위한 계획을 세웠다.

13 that guarantees you the riches that you and your parents aspired to get their hands on their whole lives.

어휘/어구

· **get one's hands on something**

무언가 특히 갖고 싶거나 귀한 것을 손에 넣는다고 할 때 쓰는 말입니다.

예 Kim Jong-il finally got his hands on nuclear weapons in the late 1990s.

1990년대 후반 김정일은 마침내 핵무기를 손에 넣었다.

14 so the privileged life of extravagance you wanted in the old days is within reach for most ordinary folks now.

어휘/어구

· **extravagance**

낭비성이 짙은 사치를 말합니다. 형용사 extravagant도 많이 쓰입니다. 단어 자체가 좀 비판적인 느낌을 지닙니다.

예 A course of 'pork cutlets' went for $10, an extravagant sum in the 1980s when a movie ticket was no more than $2.

돈까스는 10달러 정도였다. 1980년대 치고는 말도 안 되게 사악한 가격이었다. 당시 영화 티켓이 2달러도 안 되었으니 말이다.

· be within reach

손에 닿을 거리에 있다는 말로, 잘만 하면 목표물을 얻거나 목표를 성취할 수 있다는 말을 할 때 씁니다. 반대말로 beyond reach를 쓸 수 있습니다.

예 Thanks to this holistic approach, it seems that this once unattainable goal of eliminating cervical cancer may be within reach.

이 총체적인 접근법 덕분에 한때는 성취할 수 없는 목표로 여겨졌던 자궁경부암 박멸이 곧 가능할 듯합니다.

15 that guy or gal on the top in any one field rises to fame and takes home the booty that comes with it.

어휘/어구

· booty

본래 전쟁에서 얻는 전리품이나 노획물(loot)의 뜻이나 좀 더 광범위하게, 어떤 성취의 대가로 따라오는 보상 등을 지칭하기도 합니다.

예 Whoever gets to haul that sunken ship back to land first will take home the booty.

가라앉은 배를 제일 먼저 육지로 끌어오는 자가 전리품을 취하게 될 것이다.

16 And voila! Your kid might be that gifted kid.

어휘/어구

· voila

프랑스어인데 영어로 들어온 외래어입니다. '자 보라!' 라는 뜻이지만 실제로는 '짜잔!' 정도의 감탄사입니다.

예 Voila! You have now got a brand-new guitar.

짠! 너 이제 완전 새 기타가 생긴거야!

17 You've got to make sure not to let the gift rust.

어휘/어구

· let(leave) something to rust

rust는 녹이 슨다는 말인데 let이나 leave와 함께 쓰면, 좋고 귀한 것인데 활용하지 않고 내버려 두어서 결국 낭비가 된다는 뜻입니다. 좋은 도구나 장비, 능력 등에 쓸 수 있습니다.

예 An incredible collection of 250 vintage cars which were left to rust in a farmer's barns has been put up for auction.

250대에 달하는 멋진 빈티지 차량들이 한 농부의 헛간에 오랜 기간 방치되었다가 이번에 경매에 나왔습니다.

18 Somehow, that has slowly been built into the national psyche thanks in large part to the media spotlight shined on the few true prodigies.

어휘/어구

· **psyche**

정신, 정신세계, 마음. mind라고 써도 될 상황에서 좀 더 거창하게 말하고 싶을 때 쓸 수 있습니다. 항상 가능한 것은 아니고 대표적으로 특정 무리의 전반적인 정신상태, 마음 등을 묶어 부를 때 주로 쓰입니다.

예 The collective psyche of South Koreans has been strained in months after the tragic accident in Itaewon.

이태원에서 발생한 끔찍한 비극적 사고 이후 몇 달간 대한민국 국민들은 정신적으로 무척 힘들었습니다.

예 The human psyche is the mind or soul. It is the center of an individual's emotions, thought and behavior.

인간의 정신은 마음과 영혼입니다. 인간의 정신은 개개인이 가진 감정과 사고, 행동의 중심입니다.

19 Call me a hopeless pessimist. I just believe in the genetic factors.

어휘/어구

· **Call me ~~.**

나를 ~라 불러도 좋다. 그래도 어쩔 수 없다는 말입니다.

예 Call me a brute, but I killed the dogs because I couldn't stand seeing them howling in pain with no hope of surviving.

날 야만적인 짐승이라고 불러도 좋아. 하지만 내가 그 개들을 죽인 건, 개들이 살아남을 가능성도 없는데 고통으로 울부짖는 것을 그냥 보고만 있을 순 없었어.

20 I do believe that good upbringing should give one a big leg-up in managing life's many challenges.

어휘/어구

· **upbringing**

한 사람의 전반적인 '양육환경' 혹은 자라온 환경을 말합니다. 특히 '유전적 요인'과 대비되는 개념으로써의 환경을 말할 때 적절한 표현입니다.

예 When it comes to resisting temptation, a child's cultural upbringing matters.

유혹을 이겨내는 문제에 있어서는 아동이 거치게 된 문화적 양육환경이 중요하다.

· give somebody a leg-up

둘이서 담장을 넘을 때 한 사람이 두 손을 깍지 끼고 손바닥을 앞으로 내밀어 다른 사람이 넘어가기 쉽게 해주는 상황을 생각하면 됩니다. 어떤 사람이 무엇을 할 때 수월하게 할 수 있도록 도움을 준다는 뜻의 이디엄입니다.

예 This job training will give them a leg-up in getting better-paying jobs.

이 직업훈련이 보수가 더 높은 직장을 구하는 데 도움이 될 것이다.

21 genetics is such a powerful determinant in life that exerting so much time and money into a long shot is a huge waste.

어휘/어구

· determinant

결정인자. 무엇을 결정하는 데 중요한 역할을 하는 요인을 말합니다.

예 Social determinants of health are the conditions in the environments where people are born, live, learn, work and age that affect a wide range of health.

건강의 사회적 결정요인이란 사람들이 태어나고 살고 배우고 일하고 나이가 들어가는 여건들로, 다양한 건강의 측면에 영향을 주는 것들을 말한다.

· **a long shot**

애초에 경마에서 이길 가능성이 없는 말을 이르는 표현이었습니다. 지금은 성공 가능성이 높지 않은 시도 혹은 그런 사람, 계획 등을 지칭하는 표현입니다.

㈜ Her candidacy was a long shot from the beginning, and her landslide defeat was no surprise.

애초에 그분은 후보로서 당선 가능성이 없는 사람이었습니다. 선거에서 대패한 것은 놀랄 만 한 일도 아니었죠.

22 Or more to the point, we must ditch the outdated thinking about what 'success' in life means.

어휘/어구

· **more to the point**

'더 중요한 것은' 정도로 번역되는 말로, 지금 말하고 있는 주제에서 더 핵심적인 부분을 짚어보겠다는 의도의 말입니다.

㈜ Who is that guy? Or, more to the point, what is he doing?

저 사람 누구야? 아니, 그게 중요한 게 아니지, 저 사람 뭐 하고 있는 거야?

23 It means different things to different people.

구문

- **it means different things to different people**

  그것이 의미하는 바는 받아들이는 사람에 따라 다르다.

  different를 두 번 써서, 각각 다르다는 말을 전할 때 씁니다. 쓸 만한 상황이 무척 많은 유용한 표현입니다.

  예 Different countries have different rates of suicide depending on their level of economic development.

  나라마다, 경제발전 수준에 따라, 자살률이 다르다.

  예 Different students have different tastes.

  학생들마다 기호가 다르다.

7. An all-volunteer military

One of my nephews was conscripted into the army a few days ago. My work schedule didn't allow me to spare some time to go see him off in person, so I offered him a few words of comfort on the phone. His mother sent me and my wife a video clip of him walking off to join his fellow army comrades who were about to start their 20 months of service. I had a hard time holding back tears while looking at the sad look on his face. My own son has less than a year left before joining the army.

I served 26 months in the army myself years ago. And now that my own son is about to go fulfil his duty as a Korean man, I find myself hoping that this country switches from the current 'draft' system into an all-volunteer military so that my son is at least given a choice. I know that's a pipe dream, though. We are still technically at war; we need a big, strong military to keep the peace. Even if an eventual reunification is right at hand, moving away from the draft is not going to happen overnight. But still, you can't point a finger at me for trying to think up an arrangement that does not force our young men to sacrifice arguably the most fun part of their lives and does not jeopardize the hard-won peace at the same time.

So the two key considerations here are peace and choice. If we are to adopt a new arrangement, it should not affect, in any way, shape or form, the current security posture, and it should allow each man to decide whether to go and serve the nation. One way to satisfy both requirements is to build an all-volunteer military. "Volunteer" is a tricky word, however. When you say a 'volunteer' military it's not like you're recruiting soldiers who would volunteer to serve for nothing. You've got to pay an income that can attract enough people to maintain at least the current size of the military. So the biggest stumbling block on the way to a full-fledged, all-volunteer military is money. Not many countries around the world can afford 500,000 full-time, regular troops.

Here's my two cents. We offer every volunteering soldier a monthly income that's 1.5 times what you'd take home if you work for the minimum wage every day for 8 hours a day. The current minimum wage is set at a little less than 9,000 won an hour. So multiply that by 8 (the average number of hours worked per day) and by 22 - that's the average number of business days per month - and you come up with something like 1.6 million won. One and a half times that amounts to 2.4 million won. Now, for a 20-year-old high school graduate, 2.4 million won a month isn't such a bad deal. Once you're in, you serve for, say, 3 years and choose to stay longer or retire to get back into the society. Where does all that money come from?

Taxes we collect from every single citizen. What I would call a 'national defense tax' would be more than enough to cover the expenses needed to maintain a strong, all-volunteer force. Every single citizen should be forced to chip in. Men ages from 19 to 21 who opt not to serve their duty in the military contribute, say, 10 times what's levied on every other citizen. If you can choose not to sacrifice your precious 18 months of youth doing what you want, isn't that a small price to pay? Some may ask why a flat rate isn't applied to every single citizen. I get that. It sounds fairer to collect the exact same amount from every citizen. Let's not get to that here. I am just trying to offer a fresh new input as a father whose heart bleeds for his son waiting to get dragged away to serve his duty.

I already hear voices of concern saying that the military is going to be filled with poor kids who just couldn't afford the national defense tax and that the rich will just cough up that cash to buy back those 18 months. I bet that's not going to be too far from reality once the new system starts kicking in. But should we care? Isn't the society, and life for that matter, already 'rigged' in basically the same way? Kids born with a silver spoon in their mouth get out-of-school lessons from the best private tutor money can buy, which is almost always a game changer for anyone aspiring to win admission to elite universities. Besides, you earn what you deserve when you 'choose' to go to the military. Is it just me who thinks this is a great deal? Too bad, though, that all this remains, and will remain for some time, wishful thinking.

해설

1 One of my nephews was conscripted into the army a few days ago.

어휘/어구

· **conscript**

동사로는 군 복무를 위해 '징집'한다는 말이고, 명사로는 징집된 자, 병사를 말합니다.

예 Russian men are drawing lots to decide who in their district will be conscripted to serve in the military.

러시아 남성들은 자신이 살고 있는 지역에서 징집되어 군 복무를 하게 될 사람을 정하기 위해 제비뽑기를 하고 있다.

2 My work schedule didn't allow me to spare some time to go see him off in person

어휘/어구

· **see off someone**

떠나는 사람을 '배웅'해준다는 말입니다.

예 I got up early to see him off to work.

일 나가는 사람 배웅하려고 일찍 일어났다.

3 His mother sent me and my wife a video clip of him walking off to join his fellow army comrades

어휘/어구

· **comrade**

동료를 칭하는 말이지만 특히나 군대에서 서로 등을 맡길 수 있는 '전우'를 칭하기 위해 주로 씁니다. 북한과 같은 공산국가에서 서로를 '동무'로 부르는데 이 '동무'가 영어로는 comrade입니다.

예 You' re not supposed to betray your comrades who would die for you.

너를 위해 죽을 수도 있는 동료들을 배신하면 안되지.

4 I had a hard time holding back tears while looking at the sad look on his face.

어휘/어구

· **hold back tears**

눈물을 참는다는 말인데, 문자 그대로는 나오는 눈물을 다시 불러들인다는 말입니다.

예 When I see the fathers sending off their sons to the military, my throat tightens up, and I have to hold back tears.

아버지들이 아들을 군대에 보내는 걸 보면 목이 메고, 눈물을 참게 된다.

5 My own son has less than a year left before joining the army.

구문

· **have time left before**

뭘 할 때까지, 어떤 일이 있기까지 시간이 얼마가 남았다고 할 때 쓰는 말입니다. have time to go before로도 많이 씁니다.

예 We have only a month left before the World Cup Soccer Games.

= We have only a month to go before the World Cup Soccer Games.

월드컵까지 한 달 밖에 안 남았다.

6 I find myself hoping that this country switches from the current ‘draft’ system into an all-volunteer military

어휘/어구

· **the draft** (system)

징병제를 뜻합니다. 우리나라나 태국, 이스라엘과 같은 많지 않은 국가가 채택하고 있지요. an all-volunteer military라고 하면 모든 군인을 자원하는 사람들로 구성한 군대를 이르는 말로, 모병제를 설명할 때 유용한 표현입니다

7 I know that's a pipe dream, though.

어휘/어구

· **pipe dream**

본래 마약 등에 취한 상태에서 보게 되는 환상이나 환영을 말하는 표현이었는데, 실현될 가능성이 없는 허무맹랑한 꿈을 뜻하는 의미도 갖게 되었습니다.

예 You think you're going to have that promotion this month? Well I like your enthusiasm, but let's face it. That's a pipe dream.

이번 달에 승진할 것 같다고? 글쎄, 너의 열정은 마음에 들지만 현실을 보라고. 그건 말도 안 되는 얘기야.

8 We are still technically at war

어휘/어구

· **technically**

'기술적으로'라는 뜻이지만 실제로는 주로, '엄밀히 따지면' '원래대로 엄격히 적용하면'이라는 용법으로 쓰입니다.

예 The hunter that killed a bear with a spear in the region is not technically in the wrong.

그 지역에서 창으로 곰을 죽인 그 사냥꾼은 엄밀히 따지면 잘못한 것이 없다.

9 Even if an eventual reunification is right at hand, moving away from the draft is not going to happen overnight.

어휘/어구

· **be at hand**

문자 그대로는 가까이 있다는 말이고, 실질적으로는 바로 손에 혹은 손이 닿는 곳에 있어서, 언제라도 가져다 쓸 수 있다는 뜻입니다.

예 Everything you need is right at hand. Just call me if you need anything.

필요한 모든 것이 다 갖춰져 있습니다. 뭐 필요하면 저에게 전화만 하세요.

10 But still, you can't point a finger at me for trying to think up an arrangement

어휘/어구

· **point a finger at**

누구에게 손가락질한다는 말로, 어떤 일 때문에 비난을 한다는 뜻으로 자주 쓰입니다.

예 He shouldn't be pointing a finger at anyone except the guy in the mirror.

그 사람은 거울에 비친 자신을 빼곤 그 누구에게도 손가락질해서는 안 된다.

· **think up**

어떤 아이디어나 해결책 등을 고민해서 고안해 내거나 생각해낸다는 뜻입니다.

예 We have to think up a plan to raise money for our project.

우리 프로젝트를 위한 돈을 구할 계획을 마련해야 해.

11 and does not jeopardize the hard-won peace at the same time.

어휘/어구

· **jeopardize**

위험에 빠뜨린다는 뜻입니다. put ~ in danger / put ~ at risk와 비슷한 용법입니다. 명사 형태인 jeopardy 도 많이 쓰입니다.

㉮ This not only could jeopardize your job, it could ruin your professional reputation.

이렇게 하면 당신 일자리를 잃을 수 있을 뿐 아니라 당신의 커리어에 오점이 남을 수도 있어.

12 If we are to adopt a new arrangement, it should not affect, in any way, shape or form, the current security posture,

어휘/어구

· **in any way, shape or form**

직역하면 '그 어떤 방식, 모양, 형태로도'라는 말이지만 사실상 in any way만으로도 의미를 전할 수 있는 것을 특히 더욱 강조하기 위해 늘여 말한 것입니다. 우리말로 같은 뜻은 아니지만 '수단과 방법을 가리지 않고'라는 말이 있지요. 사실 수단이나 방법은 비슷한 말이지만 저렇게 표현이 굳어진 것과 같은 이치입니다.

예 We will never release your information to anyone in any way, shape or form.

우리는 귀하의 정보를 누구에게도, 어떤 식으로도 공개하지 않을 것입니다.

· **posture**

문자 그대로는 '자세'나 '태세' 정도를 말합니다. security와 함께 쓰여 '안보태세' 정도로 번역할 수 있으며 security posture은 안보 분야에서 자주 등장하는 표현입니다.

예 Given the rapid change, we must upgrade our security posture to meet the challenges of today and tomorrow.

빠른 변화를 고려해 볼 때, 우리는 오늘과 내일의 도전과제들을 헤쳐 나가기 위해 우리의 안보태세를 한 단계 격상시킬 필요가 있다.

13 So the biggest stumbling block on the way to a full-fledged, all-volunteer military is money.

어휘/어구

· **stumbling block**

stumble은 무언가에 걸려 넘어진다는 말입니다. block은 덩어리, 벽돌 같은 것이므로 넘어지게 만드는 덩어리 즉, 목적지로 가는 길에 놓여있는 장애물이나 난관이라는 뜻이 됩니다.

예 Lack of communication is a major stumbling block on the path to lasting peace on the Korean peninsula.

소통의 부재야말로 한반도의 영구적 평화로 가는 길에 놓인 큰 장애물이다.

· **full-fledged**

fledge는 조류의 새끼에 깃털이 나기 시작한다는 뜻의 동사입니다. 그래서 full-fledged라고 하면 깃털이 다 자란, 성체가 된 상태를 말하는데, 비유적으로는 '완연하게 성장'했거나 어느 정도 완숙한 단계에 이르렀다는 뜻입니다.

㉴ East Timor has become a full-fledged democracy now.

동티모르는 이제 완전한 민주국가가 되었다.

14 Here's my two cents.

어휘/어구

· **two cents**

2센트. 대수롭지 않은 시시한 것을 이르는 말인데 my와 함께 써서 '나의 보잘것없는 의견'이라는 뜻이 됩니다. 스스로의 아이디어를 낮춰 부르는 말로, 'my humble opinion' 정도의 뜻이 되겠습니다.

15 We offer every volunteering soldier a monthly income that's 1.5 times what you'd take home

구문

· **1.5 times what you'd take home**

집에 가져가는 것(버는 돈)의 1.5배. 무엇의 몇 배에 달하는 무엇이라는 뜻을 전하는 유용한 구문입니다. 예문으로 살펴봅시다.

예 He lost a sum of money that's three times what he had made in the previous half year.

그 직전 6개월간 번 돈의 세 배를 잃었다.

예 They offered him a reward that's four times his monthly income.

그들은 그 사람의 월 소득의 네 배에 달하는 보상금을 제시했다.

16 So multiply that by 8

구문

multiply는 '곱하기를 한다'는 동사이므로, multiply that (그것에 곱해라) by 8 (8을) 이라는 뜻이 됩니다.

17 Once you're in, you serve for, say, 3 years and choose to stay longer

어휘/어구

· **say**

중간에 허사(filler)처럼 넣어서 '가령' 정도의 의미로 씁니다. 우리 말에서 비슷한 예를 들어보면, '하루에, 그러니까 뭐.. 음… 다섯 시간을 일한다고 치면, 하루에 10만 원을 벌게 됩니다.'에서 '그러니까 뭐.. 음.' 정도에 해당하는 말입니다. 글로 쓸 때는 단어 양쪽에 콤마를 찍어줘서 이런 허사 역할을 한다는 것을 보여줍니다.

예 If you work, say, five hours a day, you'd be able to earn 100,000 won a day.

하루에, 그러니까 뭐.. 음.. 다섯 시간을 일하면 10만 원을 벌 수 있습니다.

18 Every single citizen should be forced to chip in.

어휘/어구

· **chip in**

Part III의 1번 글에도 등장했습니다. 십시일반으로 조금씩 돈을 낸다는 뜻이지요.

19 Men ages from 19 to 21 who opt not to serve their duty in the military contribute, say, 10 times what's levied on every other citizen.

어휘/어구

· opt to

~하기로 하다(choose to) opt는 option의 동사입니다. 즉, 내 의지로 무얼 하기로 한다는 말입니다. opt to 동사로 쓰기도 하고 opt for 명사로 쓰기도 합니다.

예 He opted not to retire early because his kids were still going to school.

남자는, 아이들이 아직 학교를 다니고 있어서, 일찍 퇴직하지 않기로 했다.

20 Some may ask why a flat rate isn't applied to every single citizen.

어휘/어구

· flat rate

동일한 요율/금액. 사람, 상황에 따라 다른 금액을 적용하는 것이 아니라 모두에게 동일한 금액을 책정한다는 말입니다.

예 For example, let's say you're a freelance graphic designer and charge a flat rate of $500 for a logo design.

가령, 당신이 프리랜서 그래픽디자이너이고, 로고 디자인 하나당 5백 달러라는 고정 요율을 적용한다고 칩시다.

21 I am just trying to offer a fresh new input as a father whose heart bleeds for his son waiting to get dragged away to serve his duty.

어휘/어구

· one's heart bleeds

가슴이 찢어지도록 슬프고 마음이 아프다는 말입니다. 때로 오히려 그 정반대인데 비꼬듯 말할 때도 쓰입니다.

예 My heart bleeds for those little children suffering from all sorts of violence.

온갖 종류의 폭력에 시달리고 있는 저 작은 아이들을 보면 마음이 너무 아프다.

예 A: I have to work Saturdays starting next week.

B: Oh you poor thing! My heart bleeds for you.

A: 나 다음 주부터 토요일도 일해야 해.

B: 어휴 불쌍한 놈. 진짜 내 맘이 아프다. (하나도 안 아프다는 뜻)

22 the rich will just cough up that cash to buy back those 18 months.

어휘/어구

· **cough up**

문자 그대로는 기침을 해서 토해낸다는 뜻으로, 병에 걸려 객혈(喀血)을 한다는 의미로도 쓰입니다. 그런데 비유적으로는 특히 내기 싫거나 내키지 않지만 분담금이나 돈 등을 낸다는 뜻으로 많이 쓰입니다.

예 Google agreed to cough up $15 billion to remain the default search engine on Apple's ecosystem.

구글은 앞으로도 애플 제품군에서 기본 검색엔진으로 채택되도록 해주는 대가로 150억 달러를 지불하기로 합의했다.

23 I bet that's not going to be too far from reality once the new system starts kicking in.

어휘/어구

· **kick in**

기본적으로는 약효 등이 효과를 발휘하기 시작한다는 뜻입니다. 비유적으로는 새로운 정책이나 제도 등이 발효된다는 뜻으로도 많이 사용됩니다.

예 As soon as the drug started kicking in, I started getting healthy. I gained 10 pounds in two weeks.

약효가 발효되기 시작하자마자 나는 건강해지기 시작했다. 불과 2주만에 살도 10파운드나 쪘다.

24 Isn't the society, and life for that matter, already 'rigged' in basically the same way?

어휘/어구

· **rigged**

rig은 동사로 시스템 등을 '조작'한다는 말입니다. 가령 vote rigging 은 투표 조작입니다.

예 His claim that the election was rigged has been debunked by numerous Republican state elections officials.

선거가 조작되었다는 그의 주장은 수많은 공화당 선거 관리들에 의해 사실이 아님이 밝혀졌다.

25 Kids born with a silver spoon in their mouth get out-of-school lessons from the best private tutor money can buy, which

is almost always a game changer for anyone aspiring to win admission to elite universities.

어휘/어구

· **born with a silver spoon in one's mouth**

은수저를 물고 태어나다. 부잣집에 태어났다. 태어나면서부터 부모 잘 만나 유복하게 사는 사람을 이르는 표현입니다.

· **game changer**

요즘은 우리말로도 게임 체인저라고 일부 신문에서 쓰는 걸 봅니다. '판도를 뒤집을 만큼 큰 도움이나 제도, 변화' 등을 일컫는 말입니다.

예 IoT (Internet of Things) has proved to be a game-changer for the transportation industry with its widescale applicability in the domain.

IoT는 운송 분야에 광범위하게 적용될 수 있었기 때문에 결국 운송산업을 완전히 탈바꿈시키는데 결정적인 역할을 하게 되었다.

26 Too bad, though, that all this remains, and will remain for some time, wishful thinking.

어휘/어구

· **too bad**

참 안타깝다는 말을 하고자 할 때 it's too bad that 절의 형태로 쓰는데 이때 it's를 빼는 경우가 많습니다.

· **wishful thinking**

희망 사항. 즉 그렇게 되었으면 좋겠지만 실제로 그렇게 될 가능성은 없는 생각을 일컫는 말입니다. 불가산 명사로, a 없이 씁니다.

㉮ I knew that winning the multi-million-dollar lottery was wishful thinking, but I still liked to dream it could come true.

나도 내가 그 수십억 원짜리 복권에 당첨된다는 것은 희망 사항에 불과하다는 것쯤은 알고 있었다. 하지만 그래도 그런 꿈이 실현될 수도 있다는 상상을 하는 게 좋았다.

8. Sending my little kiddie off to the military

I knew the time would certainly come when my own son will leave us to serve the nation in uniform. Yes, we are, technically, a nation at war. Every capable man in this country is obligated to join the military and serve 19 months, give or take several weeks depending on a number of factors. I myself served 26 months and a week almost 30 years ago, so I thought I was ready to see off my kid feeling proud and happy.

Well, it was far from what I thought it would be like to say good-bye to my son who was apparently trying as best as he could to hold back tears. With Covid-19 still in full swing, we weren't even allowed to get out of the car and give him a big hard hug. They called it a 'drive-through'. What a terrible choice of words! It's not like we're picking up a whopper on our way to a resort or anything. Anyways, the drive back home felt like a long journey into a bottomless pit of despair. My wife was crying her eyes out the whole time.

As I write this, my son is in his 3rd month in the army. I thanked God the military he's serving isn't like the one I did 30 years ago which felt like and practically was a maximum-security penitentiary.

(Not that I'd been in one. I kind of knew what it would be like from all the American dramas, my favorite among them being a TV series called "Oz") He is given access to his smart phone by around 5 p.m. every weekday. He is allowed to watch movies and dramas on the phone. And get this! They're having fried chickens and pizzas delivered to the barracks and have a barbecue party like every month! They do have training drills and stand guard for a few hours or longer every day. But this is far from what I was in: the gulag minus the whipping.

Still, it's the forceful nature of the service that makes it so tough to spend time there. You're not allowed to take a day off outside the perimeter or anything. You're granted a leave of absence of a week or two once every quarter or so, but the darn virus has changed everything. The conscripted boys have been stuck in there for over a year now. Only recently, as the government decided to lift some of the most stringent rules, have some of the army barracks let their soldiers go on leaves.

So all in all, I see the worst is over for both me and my wife and my son. And we might be allowed to go visit him in the coming month and see him for a few hours. That should be huge comfort for us parents. I'm not sure if it should be for him, though, because when we asked him who he missed the most, he answered in a heartbeat, "Thock-bbong". That's our pet dog's name.

해설

1 I knew the time would certainly come when my own son will leave us to serve the nation in uniform.

어휘/어구

· **in uniform**

문자 그대로는 '유니폼을 입고'라는 뜻이 되지만, 실제로는 '군인'을 지칭할 때 씁니다.

㉨ Thanks to our men and women in uniform who fought for peace, the economy has been able to keep growing.

나라의 평화를 위해 싸운 우리 군인 여러분들 덕분에 경제가 계속 성장할 수 있었다.

2 Every capable man in this country is obligated to join the military and serve 19 months, give or take a few weeks

어휘/어구

· **obligate**

타동사로 누군가에게 의무를 지운다는 말입니다. obligation은 지켜야 할 의무가 됩니다. 그래서 수동태 형태로 쓰이는 경우가 많습니다.

예 Sometimes people are obligated to do things they don't want to do.

이따금씩 사람들은 하기 싫은 일을 해야 할 때가 있습니다.

· **anywhere from ~ to ~**

숫자의 대략적 범위를 표현할 때 유용합니다. somewhere between ~ and ~의 형태도 비슷한 의미를 전할 수 있습니다.

예 You're going to receive anywhere from $2,000 to $3,000 a week depending on how many hours you put in.

하루 몇 시간씩 일하느냐에 따라 주당 2,000에서 3,000달러 정도를 받게 될 겁니다.

· **give or take**

역시 수치 등이 정확하지 않을 때 주어진 수치에서 얼마간 더 많아지거나 더 적어지거나 할 수 있다는 말입니다. 뒤에 그 변동의 폭을 말할 수도, 말하지 않을 수도 있습니다.

예 It's going to take about 3 years, give or take a few months.

3년 정도가 걸릴 겁니다. 거기서 2~3개월은 더 걸리거나 덜 걸릴 수 있습니다.

예 We have lost $4 million, give or take.

4백만 불 정도를 잃었습니다. 거기서 조금 더 빠지거나 더 넘을 순 있고요.

3 Well, it was far from what I thought it would be like to say good bye to my son who was apparently trying as best as he could to hold back tears.

어휘/어구

· **as best as he could**

할 수 있는 한 최대한. 앞에 동사와 함께 써서 '최선을 다해 ~를 한다'는 말이 됩니다. 뒤에 as를 빼서 as best he could라고도 합니다.

예 He tried to steer the car as best as he could while avoiding obstacles.

장애물들을 피하면서 최대한 잘 운전을 하려고 노력했다.

4 With Covid-19 still in full swing, we weren't even allowed to get out of the car and give him a big hard hug.

어휘/어구

· **in full swing**

전쟁, 전염병 혹은 특정 상황이나 활동이 최고조에 달해 있는 상태를 이르는 말입니다.

예 The party was in full swing when I arrived; everyone was drinking and dancing.

내가 도착했을 때 파티는 최고조에 달해 있었다. 모두가 술을 마시고 춤을 추고 있었다.

5 Anyways, the drive back home felt like a long journey into a bottomless pit of despair.

어휘/어구

· **the drive back home**

집에 차를 몰고 오는 길. drive는 '운전'이지만 상황에 따라서는 운전하면서 움직이는 그 시간을 말하기도 합니다.

예 It's a ten-minute drive to the restaurant.

식당까지 차로 10분 걸려.

· **pit**

크고 깊은 구덩이입니다. 광물 채취를 위해 뚫어놓은 구멍을 뜻하기도 합니다. 본문에선 bottomless pit of despair라고 했으니 끝이 없는 절망의 나락 정도로 이해하면 됩니다.

예 No one hangs out by the pit. Once you slips and falls into it, there's no way you're ever going to come out of there.

아무도 그 구덩이 근처엔 가지 않는다. 혹시 발을 헛디뎌 빠지기라도 하면 절대 빠져나올 수 없다.

6 My wife was crying her eyes out the whole time.

어휘/어구

· **cry one's eyes out**

눈이 빠지게 울었다는 말입니다. 너무 많이 울어서 눈이 빠질 정도였다는 것이지요.

7 which felt like and practically was a maximum-security penitentiary.

어휘/어구

· **penitentiary**

교도소(prison)를 뜻합니다. 교도소 이름에 많이 붙입니다. Eastern State Penitentiary 이렇게 말이지요. 그냥 줄여서 pen이라고도 씁니다.

8 They' re having fried chickens and pizzas delivered to the barracks

구문

· **have ~ delivered to ~**

뭘 배달시킨다는 말입니다. 흔히 have를 먼저 쓰지 않고 deliver를 써서 어색해지는 경우가 있습니다. I had my lunch delivered 난 점심을 배달음식을 먹었다는 말인데, I delivered my lunch라고 하면 안 된다는 것이죠.

어휘/어구

· **barracks**

군인이 머무는 부대를 말합니다. 보통 최신식의 건물의 느낌 보다는 크기만 크지 볼품이 없는 곳을 지칭합니다. barracks는 모양이 복수이지만 단수명사입니다. barrack은 다른 단어입니다.

예 The life in the army barracks seemed rather nice, so I decided to become a noncom.

부대 생활이 만족스러워서 부사관이 되기로 마음먹었다. (a noncom or a non-commissioned officer. 하사, 중사, 상사 등의 부사관을 뜻하는 말입니다.)

9 They do have training drills and stand guard for a few hours or longer every day.

어휘/어구

· stand guard

경계를 한 상태를 유지한다는 뜻입니다. 혹시 모를 사태나 위험에 대비하고 있는 상황을 떠올리면 됩니다. '가드를 올리고 있는다'는 말이죠.

예 Unless the Lord builds the house, its builders labor in vain; unless the Lord protects the city, its watchmen stand guard in vain. (Psalm 127:1)

여호와께서 집을 세우지 아니하시면 세우는 자의 수고가 헛되며 여호와께서 성을 지키지 아니하시면 파수꾼의 깨어 있음이 헛되도다 (시편 127편 1절)

10 But this is far from what I was in: the gulag minus the whipping.

어휘/어구

· gulag

본래 구소련의 정치범 노동수용소를 이르는 말이었는데 지금은 아주 엄격한 수용소를 지칭하는데 광범위하게 쓰입니다. 북한의 아오지 탄광을 생각하시면 됩니다.

예 He ended up getting caught by the intelligence agency and sentenced to forced labor in Aouji gulag.

결국 정보국에 잡혀 아오지 수용소에서 강제노역을 하게 되었다.

· **the gulag minus the whipping**

minus라는 단어의 용법입니다. 뭐와 똑같은데 뭐만 없는 것이다. 이런 말입니다.

예 In the distant past, high school students used to say that their school was a 'prison minus the bars'.

먼 과거에 고등학교 학생들은 학교가 철창 없는 감옥이라고 말하곤 했다.

11 You're not allowed to take a day off outside the perimeter or anything.

어휘/어구

· **perimeter**

주위의 경계선을 말합니다. 그래서 outside나 inside와 잘 어울립니다.

예 There was no sign of him inside the perimeter. He definitely got out.

구역 내에는 흔적이 없었다. 분명히 빠져나간 것이다.

12 You're granted a leave of absence of a week or two once every quarter or so

어휘/어구

· **a leave of absence**

휴가, 결석, 결근 등을 의미합니다. 공식적으로 허가를 받고 쉬는 기간을 의미합니다. 학교, 직장, 군대에서 휴가를 받을 수 있습니다.

예 He requested a leave of absence of two weeks without revealing to his employer the reason for the request.

남자는, 회사에 이유를 설명하지 않고, 2주간의 휴가를 요청했다.

13 Only recently, as the government decided to lift some of the most stringent rules, have some of the army barracks let their soldiers go on leaves.

구문

· **only recently,** ~ 주어/동사 위치 바뀜

only를 앞에 가져오는 경우 뒷부분에서 주어 동사의 위치를 바꿉니다. only를 앞에 쓰면서 특히 시점 관계나 장소 등을 강조하는 구문입니다.

예 Only yesterday did he start eating.

남자는 어제가 되어서야 뭔가 먹기 시작했다.

예 Only in the late 1990s did the medical community come up with a name for the condition.

1990년대 후반이 되어서야 의학계에서는 그 질병에 이름을 붙이게 되었다.

어휘/어구

· stringent

규정이나 규칙, 법 등에 매우 엄하고 까다롭다는 말입니다.

예 In the event of a federal bailout, the government is also likely to apply more stringent regulations to the companies.

연방정부가 구제금융을 실행하게 될 경우, 정부는 해당 기업들에게 좀 더 엄격한 규제를 적용할 가능성이 높다.

---

14 when we asked him who he missed the most, he answered in a heartbeat, "Thock-bbong".

어휘/어구

· in a heartbeat

생각해 볼 것도 없이 바로. heartbeat은 심장이 한 번 뛰는 시간입니다. 어떤 제안을 받았을 때 바로 거절하거나 받아들인다고 할 때 어울립니다. 물론, 질문에 대한 대답을 바로 했다고 할 때도 쓸 만한 표현입니다.

예 I accepted the job offer in a heartbeat.

그 일자리 제안을 바로 받아들였다.

9. Does poverty cause obesity?

Study after study suggest that you eat less and move more to lose weight and become healthier. So there's little wonder that even in the throes of a pandemic, gyms are as crowded as ever, and people are obsessively counting the calories they take in. Even governments are mandating that fast food restaurants post calorie counts on their menu boards.

A newer set of dietary do's and don'ts tell us something quite counterintuitive: you don't get to lose weight and keep it off simply by eating less and exercising more. The idea goes something like this. As any serious dieter may have already found out, the 'losing weight' part is a whole lot easier than keeping it off. And the only way you can keep those pounds from ever coming back home is to keep watching the number of calories you eat and burn, which is a pretty daunting task. Your odds of staying fit long term are not much better than your chance of working your way out of poverty in many, if not most developed countries.

Fair enough. That warning wakes us up to the fact that sometimes 'perseverance' is the key to greatness, not some quick and easy tips.

Of late I hear some people say it's poverty that's at the heart of the obesity problem because in the end, obesity and the adverse health consequences it brings come from eating foods that are high in calories and low in nutritional value. So it all comes down to poverty, the reasoning goes.

I do see the point in singling out poverty as a big factor behind the epidemic of obesity. But you don't get us anywhere by pointing to a deep-rooted social problem that you can't solve. It'd be better to go for something that you can help change.

It's been proven time and again that highly processed foods help cause obesity, and those who can't afford healthy meals have no choice but to go for the calorie-laden pizzas, ham and hamburgers. Besides, poor communities don't have nearly as many stores that sell healthy stuff as their richer neighborhoods. So poverty does play a role in obesity.

Still it's also true that poverty is a factor deciding whether you're going to have a college diploma. Now this matters even more than obesity because higher education offers you a convenient way out of poverty, which in turn may help you stay leaner than you otherwise would be. But we don't blame poverty per se for the low level of education among certain groups of people. The point is, saying poverty makes you fat is not much different than stating time ages you. You can't eradicate poverty by saying poverty causes obesity the same way you can't stop time by saying time is what makes you old.

Just to be clear here, I'm not saying that stating the obvious is a fool's errand. That sometimes brings an issue to people's attention. I'm just saying we shouldn't stop there. Lecturing people on how being good Samaritans makes the society a better place to live in won't mean anything if the lecturer is, say, a real estate juggernaut who becomes a president and never stops spewing racist slurs and telling lies.

So we should instead be talking about how poor and obese people can get in shape. You can offer them, say, a meal coupon or a gym membership if they meet certain criteria of healthy habits like walking more than 10,000 steps every day for a couple of months. After all, you'd be better off getting out jogging than sitting on the couch vilifying the inexorable passage of time.

해설

1 Study after study suggest that you eat less and move more to lose weight and become healthier.

어휘/어구

· **study after study**

잇따른 연구(들). 단순히 많은 연구들이라는 뜻이 아니라 "한 번 하고, 또 한 번 하고 또 한 번 해도…"라는 뜻입니다. 물론 다른 명사들도 가능합니다.

예 Poll after poll show that your approval ratings are heading to the gutter.

여론조사를 할 때마다 당신 지지율이 바닥으로 치닫고 있소.

2 So there's little wonder that even in the throes of a pandemic, gyms are as crowded as ever, and people are obsessively counting the calories they take in.

어휘/어구

· **in the throes of**

한참 어떤 일이 진행되고 있음을 지칭하는 말입니다.

㊒ Scores of Jordanians have been killed in the throes of the war in Iraq.

이라크 전쟁에서 수많은 요르단인들이 죽임을 당했다.

3 A newer set of dietary do's and do-not's tell us something quite counterintuitive

어휘/어구

· **do's and don'ts**

해야 할 것과 하지 말아야 할 것 등을 규정하는 규제 등을 일컫는 말입니다. 단순히 regulations이라기보다는 경우에 따라 추천하는 것, 추천하지 않는 것 등을 이를 때도 쓰는 말입니다.

㊒ If you're planning to visit a foreign country, you must know the do's and don'ts there.

외국을 방문할 계획이 있다는 해당 국가에서 지켜야 할 일과 조심해야 할 일을 숙지하고 있어야 한다.

· **counterintuitive**

언뜻 생각하면 이해가 안 된다는 말입니다. 가령, 특정 식단의 함유 칼로리가 일반식에 비해 높은데, 그 식단을 유지하면 살이 빠진다고 한다면, 그런

작용은 counterintuitive할 것입니다. 일반적인 상식에 부합하지 않아 보인다는 말입니다.

예 It may sound counterintuitive, but there's a special kind of joy in failure.

언뜻 이해가 되지 않을 수도 있지만, 실패를 하면 반가운 마음이 들 때가 있다.

4 you don't get to lose weight and keep it off simply by eating less and exercising more.

어휘/어구

· lose weight and keep it off

딱히 어휘라기보다는 다이어트를 할 때 자주 쓰거나 들을 수밖에 없는 말입니다. 살을 빼고, 그 뺀 살이 다시 붙지 않고 유지한다는 말입니다. 요요 없는 살 빼기를 의미하지요.

예 This is how to lose weight and keep it off for good. Fixate on your metabolic health numbers, not the number on the scale.

요요 없이 살 빼는 방법을 말씀드리죠. 저울에 표시된 수치에 집착하지 말고, 신진대사율을 보세요.

5 And the only way you can keep those pounds from ever coming back home is to keep watching the number of calories you eat and burn, which is a pretty daunting task.

어휘/어구

· **daunting**

daunt는 타동사로 겁을 먹게 한다는 말입니다. daunting은 겁을 먹게 할 만큼 거대하거나 극복하기 어려워 보이는 과업이나 난관 등을 설명할 때 쓰는 형용사입니다.

예 He was undaunted by his second failed attempt to get into the school.

그 학교에 들어가려고 두 번째 시도를 했지만 실패했다. 그래도 좌절하지 않았다.

예 The war is over, but daunting challenges lie ahead on the path to lasting peace.

전쟁은 끝났지만 영구적인 평화로 가는 길에는 가공할 만한 장애물이 아직 남아 있다.

6 Your odds of staying fit long term are not much better than your chance of working your way out of poverty in many, if not most developed countries.

어휘/어구

· **the** (one's) **odds of ~**

가능성/확률을 말할 때 chance와 함께 가장 광범위하게 쓸 수 있는 말입니다.

예 They believe that surgery may increase his odds of survival greatly.

사람들은 수술을 하면 그 사람의 생존 확률을 크게 올릴 수 있다고 믿는다.

· **many, if not most developed countries**

대부분은 아니지만 많은 선진국들. many와 most의 관계에 집중해서 보면 표현의 의도를 이해하기 쉽습니다. 100은 아니라도 80은. 즉, 뒤에는 좀 더 강도가 센 단어를 써서 ~정도까지는 아니라도 ~정도는… 이라는 의도를 전할 수 있습니다.

예 Tens, if not hundreds, of thousands of protesters

수십만까지는 아니더라도 수만은 되는 시위대

예 It's certainly difficult, if not outright impossible, to get the job done in a single month.

한 달 안에 그 일을 끝내는 것은 완전히 불가능하진 않아도 무척 힘든 일이야.

7 That warning wakes us up to the fact that sometimes 'perseverance' is the key to greatness

어휘/어구

· wake up someone to 명사

누군가가 어떤 사실이나 소식 등을 갑자기 깨닫게 해준다는 뜻입니다. 어떤 경험 덕분에 그 전에는 인지하지 못했던 사실 등을 깨닫게 되었다고 할 때 쓸 수 있습니다.

예 The near death experience woke him up to the reality of the current climate crisis the planet is faced with.

그렇게 죽을 뻔한 경험을 하고 나서 그는 지구가 마주하고 있는 현재의 기후 위기의 현실을 직시하게 되었다.

· perseverance

동사 형태는 persevere입니다. 끝까지 견디고 인내하고 참는 것을 말합니다. 굴하지 않고 무언가를 이루려는 태도를 말할 때 자주 씁니다. 비교적 formal한 표현입니다.

예 Here are some tips as to how to persevere when career success comes slow.

커리어에서 기대만큼 성공이 빨리 다가오지 않을 때 인내할 수 있는 방법들 몇 가지를 말씀드리죠.

8 So it all comes down to poverty, the reasoning goes.

어휘/어구

· **come down to**

결국에 중요한 것은 무엇이다. 결국은 다 ~의 문제다.

예 People talk about character and innate traits, but I think it all comes down to money.

사람들은 성격이나 타고난 기질을 이야기하지만, 난 결국은 돈 문제라고 봐.

· **the reasoning goes**

Part III의 6번 글 11번 해설에 나온 구문과 동일합니다.

9 I do see the point in singling out poverty as a big factor behind the epidemic of obesity.

어휘/어구

· **see the point in ~ / see no point in ~**

어떤 행위를 하는 의미의 이유를 이해한다/못한다는 말입니다.

예 I do see the point in wearing a face mask; it helps keep the virus at bay.

마스크를 쓰는 이유는 알겠어요. 바이러스에 노출되지 않도록 해 주니까요.

예 I see no point in working hard when there's so many kids born to rich parents who're doing just fine.

열심히 살아야 할 필요가 있을까 싶어요. 아니 부잣집에 태어난 애들은 그냥 잘 살잖아요.

10 But you don't get us anywhere by pointing to a deep-rooted social problem that you can't solve.

어휘/어구

· not get us anywhere

어떻게 하는 것은 하등 도움이 되지 않는다. 어떻게 하는 행위나 말이 우리를 어디에도 데려갈 수 없다. 즉 그렇게 한다고 해서 변화되는 것도 도움이 되는 것도 없다는 말입니다.

예 I know you're mad and all, but the current confrontation is not going to get us anywhere.

당신이 화난 거 다 이해해요. 그래도 지금처럼 대치만 하고 있으면 상황은 나아지지 않아요.

11 It's been proven time and again that highly processed foods help cause obesity

어휘/어구

· **time and again**

여러 차례, 몇 번이고 되풀이해서.

예 We' ve seen time and again that the Korean national soccer team does better when matched up against tough enemies.

우리는, 한국 국가대표 축구팀이 어려운 팀을 만날 때 더 좋은 성적을 낸다는 점을 여러 차례 목격했다.

12 those who can't afford healthy meals have no choice but to go for the calorie-laden pizzas, ham and hamburgers

어휘/어구

· **calorie-laden**

laden은 다른 명사와 함께 붙어 명사-laden의 모양으로도 쓰이고, be동사와 함께 be laden with의 형태로도 많이 쓰입니다. 보통은 불쾌하고 안 좋은 것들이 잔뜩, 덕지덕지 들어있다는 뜻입니다.

예 The government has come up with a cash handout package to help debt-laden small businesses and low-income earners.

정부는 부채에 허덕이는 영세업체들과 저소득층을 위한 현금 지원책을 내놨다.

13 Besides, poor communities don't have nearly as many stores that sell healthy stuff as their richer neighborhoods.

어휘/어구

· not nearly as 형용사 as

보통은 ~만큼 ~한다는 식의 표현을 할 때 as 형용사 as를 쓰는데 부정어 not과 함께 nearly를 같이 쓰게 되면, "~에는 근처도 못 간다" 혹은 "~와는 비교도 안 될 만큼 ~하다"는 뜻으로 쓰입니다. 다양한 상황에 쓸 수 있는 유용한 표현입니다.

예 He is not nearly as good a player as he was a couple of years ago.

2년 전과 비교하면 지금 훨씬 못한다. (2년 전이 훨씬 나았다)

예 He is not nearly as organized as she is.

남자가 여자보다 정리를 매우 못한다.

(계획이 없이 산다 혹은 자기 자리 정리를 잘 못 한다)

14 Now this matters even more than obesity because higher education offers you a convenient way out of poverty, which in turn may help you stay leaner than you otherwise would be.

어휘/어구

· **which, in turn,**

관계사 which와 in turn을 함께 써서 연속된 인과관계를 표현합니다. A가 B를 유발하고, 그리고 B가 C를 유발하게 될 때 B와 C 사이에 써서 관계성을 강조합니다. 가령, "the business failure left him deep in debt, which in turn, meant an end to his relationship with his fiancée"라는 문장을 봅시다. A는 사업 실패이고 B는 부채를 지게 된 것. C는 약혼녀와의 관계가 끝난 것입니다. 사업 실패(A) 가 부채를 지게 했고(B), 또 그것이 (B), 관계의 종식을(C) 가져온 것입니다.

예 Lower interest rates release more money into the economy, which in turn, revives domestic spending.

금리가 낮아지면 경제에 통화가 더 공급됩니다. 그렇게 되면 내수가 진작되고요.

· **otherwise**

접속사로 문장 앞에서 '그렇지 않으면'의 용법으로도 쓰이지만 이 경우는 다릅니다. '그렇지 않았더라면 ~했을'이라는 뜻인데 문장 내에서 이해해야 이해가 확실히 됩니다. 가령, 어떤 아이가 어릴 때 키 크는 약을 먹었고 현재 180cm가 되었다고 칩시다. 누군가가 그 약의 효능에 의구심을 품는 상황입니다. How do you know if he is taller now than he otherwise would be? “아니, 약을 안 먹었더라면 (안 먹었을 경우) (otherwise) 키보다 지금이 더 큰 것이라고 어떻게 확신할 수 있어?”라는 말이 됩니다. 즉 otherwise는 “약을 안 먹었더라면”의 뜻이 되지요.

예 The number of international migrants for 2020 was lower, by around 2 million, than it otherwise would have been due to COVID-19.

2020년 국제 이민자의 수는 코로나 때문에, 코로나가 아니었더라면 기록되었을 수보다 2백만 정도 낮았다.

15 The point is, saying poverty makes you fat is not much different than stating time ages you.

어휘/어구

· **the point is**

그러니까 요점은, 내가 하려는 말은, 중요한 것은

예 The point is, you're a hopeless addict who will never overcome his addiction without some radical treatments.

그러니까 내가 하려는 말은, 넌 뭔가 강도 높은 치료 없이는 절대 중독 문제를 해결할 수 없는 심각한 중독환자라는 거야.

16 You can't eradicate poverty by saying poverty causes obesity the same way you can't stop time by saying time is what makes you old.

어휘/어구

· **the same way**

~ 하는 것과 마찬가지로 ~도 ~이다

예 You can't just start waking up at 5 a.m. the same way you can't just walk into a gym and lift 400 pounds on the first day.

어느 날 갑자기 운동 시작해서 400파운드를 들 수 없는 것과 마찬가지로, 어느 날 갑자기 새벽 5시에 일어날 순 없는 거야.

17 Just to be clear here, I'm not saying that stating the obvious is a fool's errand.

어휘/어구

· **a fool's errand**

헛된 일. 해봐야 소용없는 일입니다. 단어 자체가 뜻하는 말은 '바보의

심부름'이지요. 해봐야 마땅한 결과를 낼 수 없는 쓸데없는 짓이라는 말이 됩니다.

예 It's a fool's errand to avoid your feelings because they'll come back no matter what you do.

자신의 감정을 자꾸 피하려고 해봐야 소용없어. 결국은 무엇을 해도 그 감정은 다시 찾아올 테니까.

18 Lecturing people on how being good Samaritans makes the society a better place to live in won't mean anything if the lecturer is, say, a real estate juggernaut who becomes a president and never stops spewing racist slurs and telling lies.

어휘/어구

· good Samaritans

선한 사마리아인. 성서의 누가복음에 등장하는 '선한 사마리아인'의 이야기에 등장합니다. 강도를 만나 도움이 필요한 사람이 길가에 쓰러져 있는데 사회 지도층에 있는 사람들은 도와주지 않고 지나가지만, 천대받았던 사마리아인이 그냥 지나치지 않고 도왔으며, 우리가 그렇게 해야 한다는 이야기입니다. 영어에서는 '선한 마음씨를 지닌, 남을 돕는 자'라는 의미로 이디엄으로 굳어진 표현입니다.

예 A group of good Samaritans saved dozens of people and disappeared during the Itaewon disaster.

이태원 사태 때, 의인 몇 명이 나타나 수십 명을 구하고 홀연히 사라졌다.

· **juggernaut**

문자 그대로는 대형 버스나 트럭을 지칭하지만, 현재는 주로 덩치가 엄청나게 큰 조직이나 특정 업계의 거물급 인사를 지칭합니다.

예 We' re going to take a close look at how TikTok became an e-commerce juggernaut in China.

오늘 우리는 틱톡이 어떻게 해서 중국에서 전자상거래 대기업이 되었는지 살펴보겠습니다.

· **slur**

술에 취해서 불분명한 발음으로 하는 말(명사)을 뜻하기도 하고, 그렇게 말을 한다는 뜻의 동사로도 쓰입니다. 또 거기서 파생되어, 매우 안 좋은 말들이나 욕설, 비방의 언어 등을 지칭할 때도 광범위하게 씁니다.

예 Sexist slurs are still commonly found in the comment sections that show below on-line news reports.

성적으로 우롱하는 언사들이 아직도, 인터넷 뉴스 기사 아래에 있는 댓글란에 흔히 보인다.

19 After all, you'd be better off getting out jogging than sitting on the couch vilifying the inexorable passage of time.

어휘/어구

· **vilify**

맹렬하게 비난한다는 말입니다. 비난을 넘어서 비방 수준에 이르는 혹독한 비난 세례에 해당합니다.

예 The administration has vilified the accusations as nothing more than outright lies aimed to make it look bad.

정부는 그 비난성 발언들이 정부를 부정적으로 비치게 하려는 의도로 날조된 거짓에 불과하다면서 강력히 비난했다.

· **inexorable**

불가항력적이어서 어쩔 수 없다는 말입니다. 자연의 힘을 인간이 거스를 수 없는 상황을 떠올리면 됩니다. 시간 역시 되돌리거나 늦출 수 없지요.

예 Nothing could stop the inexorable decline of the Roman Empire.

아무것도, 그 숙명적이었던 로마제국의 멸망을 막을 수 없었다.

10. Hasty and Cowardly

"Staying any longer was not an option." That was what Mr. Biden said in a televised address to the nation after he brought back the American troops from Afghanistan. The decision to end the 20-year presence of U.S. troops in the country was immediately met with harsh criticism because it was so abrupt that the Afghan government was swiftly taken down by the Taliban, the very entity the US troops went in to remove from power in the first place. Militant Islamists called the withdrawal a victory.

I would've done the same thing if I had been in Mr. Biden's shoes. But I'm not him and thus think I can blame him all I want for what's happened in the aftermath of the withdrawal.

I kind of get it when they call Afghanistan the tomb of superpowers. The old Soviet Union had to go back home after a humiliating defeat in the 1980s. It was probably the arrogance of the previous US administrations that made them think they should be any different. So I basically believe the mission was 'dead on arrival'; it was going to be a failed attempt to drive out the Taliban and help the country build a healthy democracy from the very beginning.

The US says their goal was to bring justice to Osama bin Laden, the mastermind of so many terrorist attacks against the U.S., not reconstructing the war-ravaged country. Fair enough. You can't blame a country for failing to do what it did not set out to do.

Here's another way to look at it though. Let's say you just brought a girl who was about to drown in a lake back to life by giving her an emergency CPR. She seems to be fine. She is out of the woods. Then you find a pack of hungry wolves nearby about to gobble up the girl for dinner. You then walk away thinking to yourself that you didn't sign up for that, that you were only going to keep her from drowning. That's what the US has just done. They're leaving so many helpless folks alone to fend for themselves. The US and its allies had the power and resources to prepare a much more orderly pullout. This wasn't the right way to go.

Another thing that's disturbing about the whole episode is, it looks like Mr. Biden was so obsessed with the timing of the withdrawal that a more well-thought-out, orderly pullout wasn't given a serious consideration. September 11th, 2021 was the 20th anniversary of the horrible terrorist attacks against the U.S. It seems that he didn't want to miss the perfect 'timing' to put an end to the unending struggle to bring order to a war-ravaged country.

In fairness, the US must've been fed up with the corrupt Afghan officials who have only been looking out for Number One and the zombie-like nature of the Taliban. Afghan officials have been busy stashing away the cash aids given to them to rebuild the country, and the Taliban have made cockroaches look like fragile creatures. The US probably didn't want to waste time and energy on a lost cause. Yes, even in the eyes of the most generous philanthropists, that country may have looked like a land of hopelessness.

Still, I believe that is all the more reason the Biden administration should have worked harder to make sure so many innocent Afghans were not left rotting in the hands of the brutes.

해설

1 The decision to end the 20-year presence of U.S. troops in the country was immediately met with harsh criticism

어휘/어구

· **be met with**

어떤 반응, 대응, 비난, 칭찬, 대가 등을 마주치게(받게) 된다는 말입니다.

예 Use of nukes against any of our territory will be met with a stern retaliation that could result in the end of their regime.

우리 영토에 대해 핵을 사용하게 되면 강력한 응징을 당하게 될 것이며 그 결과로, 적국의 정권은 몰락을 맞이하게 될 것이다.

2 it was so abrupt that the Afghan government was swiftly taken down by the Taliban, the very entity the US troops went in to remove from power in the first place

어휘/어구

· **take down**

정권/왕 등을 권좌에서 끌어낸다고 할 때나, 유해 웹사이트나 혹은 그런 글을 인터넷에서 '내린다'고 할 때 쓰는 말입니다.

예 The video was immediately taken down after the victims asked them to.

희생자들이 요청하자 곧 해당 비디오는 사이트에서 삭제됐다.

· **entity**

독립적인 하나의 '객체'입니다. 이 단어와 묶을 한국어 단어는 하나도 없습니다. 그 객체는 기업이 될 수도, 한 개인이 될 수도, 정부가 될 수도 있습니다. 민간단체인지 공공기관인지를 구분할 때는 a public/private entity라고 말할 수 있습니다. 지방자치정부는 a local autonomous government 혹은 a local autonomous entity라고 말할 수 있습니다.

예 Meta (formerly known as Facebook) is not a public service but a private entity designed to turn a profit.

메타(페이스북)는 수익창출을 목적으로 하는 민간기업이지 공공서비스가 아니다.

3 I can blame him all I want for what's happened in the aftermath of the withdrawal.

어휘/어구

· **blame all I want**

Part III의 5번 글, 해설 9)번에서 나왔던 표현입니다.

· **in the aftermath of**

Part III의 6번글, 해설 11)번에 나왔던 표현입니다.

4 I basically believe the mission was 'dead on arrival'

어휘/어구

· **dead on arrival**

도착 시 이미 사망한. 앰뷸런스에 환자를 싣고 응급실에 도착했으나 환자가 이미 숨졌다는 데서 파생되어, 시작하기도 전에 이미 실패한 상태이거나, 물건 등을 배달했는데 열어보니 이미 파손되어 있는 상황을 이르는 이디엄으로 쓰입니다.

예 What if the item I have delivered to me seems to be dead on arrival?

집으로 배달시킨 물건에 하자가 있어서 작동이 안 되면 어떻게 합니까.

5 The US says their goal was to bring justice to Osama bin Laden, the mastermind of so many terrorist attacks against the U.S.

어휘/어구

· **mastermind**

배후에서 뛰어난 책략 등을 이용해 조종하는 우두머리에 해당하는 사람을 지칭합니다.

예 Ms Choi turned out to be the mastermind behind some of the nonsense policy decisions.

최 씨가 일부 엉터리 정책의 배후에 있던 사람임이 드러났다.

6 Let's say you just brought a girl who was about to drown in a lake back to life by giving her an emergency CPR.

어휘/어구

· **bring someone/something back to life**

무엇/누군가를 다시 살려낸다는 말입니다. 문자 그대로는 누구를 다시 '삶'으로 데려온다.

예 It's practically impossible to bring the moribund economy back to life within the year.

빈사 상태인 경제를 올해 안에 다시 살리는 것은 사실상 불가능한 일이다.

· **CPR** Cardio-Pulmonary Resuscitation

심폐소생술. 문자 그대로 번역한 모습입니다. cardio는 '심장', pulmonary는 '폐', resuscitate은 다시 살려낸다(소생(蘇生))는 뜻입니다.

7 She is out of the woods.

어휘/어구

· **out of the woods**

한고비는 넘겼다는 말로 사람의 건강 상태나 기업, 경제 등의 상태를 은유적으로 나타낼 때도 씁니다.

㉨ That doesn't mean that the industry is out of the woods.

그렇다고 해서 그 산업의 위기가 지났다는 것은 아니다.

8 Then you find a pack of hungry wolves nearby about to gobble up the girl for dinner.

어휘/어구

· **a pack of**

한 '무리'들을 말합니다. 담배 한 갑에도 쓰고, 사람들에다가도 쓰고, 동물 무리에도 쓸 수 있습니다. 사람에다가 쓰면 좀 낮춰 부르는 말로 들립니다.

wolves의 경우 늑대 "떼" 정도에 해당하는 말이니까요.

예 A pack of journalists were waiting outside the presidential office.

한 무리의 기자들이 대통령 사무실 밖에서 기다리고 있다.

· **gobble up**

먹을 것을 게걸스럽게 먹어 치운다는 말입니다. 은유적으로 에너지 등을 목적어로 취할 수도 있습니다.

예 Old home appliances gobble up electricity. Buying new, more energy-efficient ones is worth it.

오래된 가전기기는 전기를 많이 잡아먹는다. 에너지 효율이 좋은 새 가전을 사는 게 더 낫다.

9 You then walk away thinking to yourself that you didn't sign up for that

어휘/어구

· **walk away**

문자 그대로는 '그냥 가버린다' 정도가 되겠습니다. 관심이 없거나 무시, 분노 등의 표시로 앞에 있는 사람 혹은 해당 사안에서 손을 뗀다는 느낌을 전달합니다.

예 You can't just walk away from someone who's leaning on you.

당신에게 기대고 있는 사람을 그냥 무시해버리면 안 되죠.

· **sign up for**

본래 어떤 프로그램 등에 본인 이름을 올려 등록한다는 말로 광범위하게 쓰입니다. 이 경우에는 '본인이 애초에 하기로 한 일'이 아니다 혹은 내가 원해서 이런 상황에 처하게 된 것이 아니라는 뜻을 전하는 데 쓰였고 역시 중요한 용법입니다.

예 You've got to help out those guys even if you didn't sign up for that.

원래 저 사람들 도와주러 온 것이 아니라도 저 정돈 도와줘야지.

10 They're leaving so many helpless folks alone to fend for themselves.

어휘/어구

· **fend for oneself**

스스로 알아서 하다, 스스로의 힘으로 해내다, 위험한 상황에서 스스로 대처한다는 뜻입니다.

예 The kids had to fend for themselves while their parents were away.

부모님이 어디 가신 동안 아이들은 자기들끼리 알아서 다 해결해야 했다.

11 This wasn't the right way to go.

어휘/어구

· (the right or wrong) **way to go**

직역하면 '가야 할 올바른/잘못된 길'인데, 실제로는 여러 갈래의 길 중에 선택한 길로서 그 길이 잘못된 길이다 혹은 옳은 길이라는 뜻입니다. 즉, 잘한 선택 혹은 잘못한 선택이라고 말할 때 씁니다.

예 You shouldn't ignore his advice. That's the wrong way to go.

그 사람 조언을 무시하면 안 돼. 그건 잘못된 선택이야.

12 a more well-thought-out, orderly pullout wasn't given a serious consideration.

어휘/어구

· **well-thought-out**

면밀히 검토하고 고민했다는 말로, 계획이나 방법, 제도 등을 설명하는 형용사로 종종 쓰입니다.

예 If you wish to become an ultrarunner, first follow a well-thought-out plan to get in the best marathon shape possible.

울트라마라톤 러너가 되고 싶다면 먼저, 마라톤에 가장 잘 어울리는 체형을 만들기 위한 잘 짜인 스케줄을 따르도록 해보세요.

13 In fairness, the US must' ve been fed up with the corrupt Afghan officials who have only been looking out for Number One and the zombie-like nature of the Taliban.

어휘/어구

· in fairness

문자 그대로는 '공평하게 말하면' 정도가 됩니다. 실제로는, 앞에서 긍정적인 이야기를 하다가, 좀 상반된 얘기를 꺼낼 때 쓰는 말입니다. '물론 ~는 어떻지' 정도의 뉘앙스입니다. "걔는 항상 본인 밖에 생각 안 해. 요구하는 건 많고 거기다 화도 잘 내. 물론 뭐 열심히 하는 건 인정해" 여기서 '물론'에 해당합니다. 즉, 이다음에는 또 반전이 등장하죠. "그런데 아무리 봐도 우리랑 같이 일할 사람은 아냐" 정도의 말이 나온다는 것입니다.

예 In fairness he deserves credit for winning that contract. Still, overall, he is taking home more than what he deserves.

물론 그 계약 따낸 건 잘했어. 하지만 전반적으로 보면 그 사람 하는 일에 비해 너무 많이 받아.

· **look out for Number One**

"자기만 안다, 자기밖에 챙길 줄 모른다, 이기적이다" 정도를 의미하는 이디엄입니다. Number One은 자기 자신을 의미합니다.

예 We don't want a leader who is always looking out for Number One.

우린 자기만 생각하는 지도자를 원치 않아.

14 Afghan officials have been busy stashing away the cash aids given to them to rebuild the country

어휘/어구

· **stash away**

나중에 혹은 다른 데 쓰려고 돈이나 금품 등을 대부분은 몰래 어디에 숨겨놓는다는 말입니다. 비자금을 설명할 때 유용합니다.

예 It looks like someone's been stashing away huge sums of cash.

아무래도 누구 몰래 엄청나게 많은 돈을 빼돌리고 있었던 것 같다.

15 The US probably didn't want to waste time and energy on a lost cause.

어휘/어구

· **a lost cause**

이미 실패한 것 혹은 성공할 가능성이 없어 희망을 버린 것을 말합니다.

예 There is no point in spending money on a lost cause. We should sell off the division.

성공 가능성이 없는 것에 돈을 쓸 이유가 없어요. 그 부서는 팔아 치워야 해요.

16 Still, I believe that is all the more reason the Biden administration should have worked harder to make sure so many innocent Afghans were not left rotting in the hands of the brutes.

어휘/어구

· **all the more reason**

~할 만한 더 큰 이유라는 뜻으로. 어떤 당위성이 있는 일이 왜 필요한지를 설명하면서 큰 이유를 댈 때 쓰는 말입니다.

예 North Korea keeps shooting rockets and escalating tensions. That's all the more reason we need to put more money into the military.

북한은 계속해서 로켓을 쏘고 긴장을 고조시키고 있다. 이것이야말로 우리가 군에 더 많은 투자를 해야 하는 이유다.

· be left rotting

문자 그대로는 'rot' 하도록 내버려 둬진다는 말입니다. 즉, 뭔가 돕거나 행동을 취해서 구하거나 상황을 개선해주지 않고 그냥 죽으라고 내버려 둔다는 느낌의 표현입니다.

예 For too long, food waste in our city has been left rotting in landfill when it could be better turned into organic material to help us

너무 오랫동안 우리 시의 음식 쓰레기가 매립지에서 그냥 썩도록 내버려 뒀다. 그걸 이용해 유기물질을 만들어 우리 삶을 개선하는데 쓸 수 있는데도 말이다.

예 The hospital shut its doors forever in 2004 and since then the site has been left rotting in disrepair.

병원은 2004년에서 완전히 문을 닫았고 그 이후 폐허가 되도록 방치되었다.

· brute

짐승을 뜻합니다. 짐승만도 못한 사람 혹은 감정이나 이성보다는 무작정 밀어붙이는 사람을 지칭하기도 합니다. brutal이 이 단어에서 나왔습니다.

예 How can men be such brutes not to give an old man a seat.

사람들이 어쩌면 그렇게 노인에게 자리 양보조차 못하는 무식쟁이가 될 수 있지?

한글번역

Part I
Short conversations: Idioms and phrases

1 정곡을 찌르다. (상대방 말 한마디에 헐? 이럴 때는!)

남자: 지난 몇 주 동안 죽어라 일만 했어. 더 이상은 못 버틸 것 같아. 일도 제 시간에 못 끝내고 말이야.

여자: 맞아, 나도 그렇게 생각했어. 너 정말 너무 스스로 혹사시키고 있는 거야. 업무 효율이 엄청 떨어지게 될 거야. 나도 다 해봐서 알아.

남자: 나도 알아. 그런데 어쩔 수 없어. 와이프가 지난 달에 일을 그만뒀거든. 이제 집에서 돈 버는 사람은 나뿐이야.

2 꽐라가 되다.

여자: 이봐 로스, 쟤 좀 가서 보고 와. 금방이라도 뻗을 거 같아. 완전 꽐라 된 거 같아.

남자: 아냐, 괜찮아. 좀 이상한 짓을 하고 있는 건 맞는데, 오래 가지 않을 거야. 몇 잔 더 마시면 금방 정신 차려.

여자: 말도 안 돼. 술을 더 마시면 술이 깬다고?

남자: 그래 나도 믿기지가 않아. 그냥 우릴 속이는 걸 수도 있는데, 항상 저래.

3 주량이 어떻게 되세요?

남자: 와, 이 술 진짜 독하네

여자: 맞아. 전에 그거 몇 잔 마셨다가 필름 끊겼잖아. 그거 얼마나 마실 수 있어?

남자: 글쎄. 전에 한 번은 한 병 다 마신 적도 있어. 그 날은 괜찮았는데, 다음 날 숙취가 정말 장난 아니었어.

여자: 당연하지

4 차 한 잔 내다 줄게.

남자: 아, 이 미세먼지 때문에 짜증나 죽겠어. 숨도 못 쉬겠어

여자: 그럴 만도 하지. 기상청에서 오늘 아침에 미세먼지 주의보 발표했어

남자: 주의보 발표하면 뭐해. 뭐 달라지는 것도 없는데. 도시에 미세먼지가 뿌옇게 깔려있다고 결근할 순 없는 일이잖아

여자: 하긴 그래. 어쨌든 가서 뜨거운 차라도 한 잔 내올게. 목이 좀 편해질 거야.

남자: 고마워. 그런데 차 대신 맥주 안될까? 뜨거운 차 마신다고 목이 편해질 것 같진 않은데?

여자: 장난해? 어제 완전 꽐라됐잖아. 오늘은 맥주 안돼

5 그 사람 노래 잘 못 불러.

남자: 도대체 이해할 수가 없어. 리사는 왜 우리랑 점심 먹으러 같이 안 가는 거야? 점심을 먹긴 먹어야 할 거 아냐?

여자: 집에 회사에서 5분 거리래. 집에 가서 점심 먹는다나 봐.

남자: 그래도 회사 동료들이랑 점심 먹으러 절대 안 간다는 게 이상하지 않아?

여자: 그건 그래. 나도 그런 식으로 얘기했는데, 그냥 '엄마가 요리를 엄청 잘 하셔'라는 거야.

남자: 어, 그러면 언제 한 번 우리를 저녁식사에 초대라도 하라고 말해봐야지.

6 이래라 저래라 한다.

여자: 역시 그 말이 맞았어. 부자랑 데이트하는 거 아니라고

남자: 무슨 일인데?

여자: 몇 주 전에 소개팅을 했거든. 남자 완전 좋더라고. 잘생기고, 말하는 거 들으니까 공부 많이 한 엘리트 같고. 차도 BMW더라구. 아니, 뭐 차가 좋아서 맘에 들었다는 건 아니지만. 커피 마시면서 얘기 좀 하다가 헤어졌지. 그러다가 어제 저녁 식사 같이 하자면서 데리고 가더라. 고급스러운 씨푸드 식당이었어. 그런데 해산물 괜찮냐고 미리 물어보지도 않는 거야. 나야 초밥 좋아하긴 하지만, 그래도 먼저 물어봤어야지. 안으로 들어갔는데,

내부가 멋지긴 하더라구. 피클 곁들인, 후추 넣은 훈제 굴 요리 괜찮냐고 물어보는데, 날 쳐다보지도 않더라. 괜찮다고 막 얘기하려고 하는데, 바로 근처에 있던 웨이터를 부르더니 그거 하고, 뭐 몇 개를 더 시키는 거야 글쎄. 저녁 먹는 내내 그런 식으로 막 지 맘대로 하더라구. 친구 말대로 부자랑은 데이트하면 안 되는 거였어.

남자: 음, 우선, 정말 기분 나빴겠다. 그 남자 정말 무례했네. 그런데, 그 남자 태도가 그런 식인게 부자인 거랑은 상관없는 것 같아. 부자건 가난하건 무례할 수 있는 거지.

7 (동생이 집안일 안 해서 화가 나서) **집 어지르는 사람 따로 있고 치우는 사람 따로 있냐? 너도 어른이면 책임감 좀 가져라.**

여자: 더 이상은 못 참아. 집 어지르는 사람 따로 있고 치우는 사람 따로 있니? 너도 어른이면 책임감 좀 가져라.

남자: 진정해 리사. 별것도 아닌 일에 호들갑 떨지 마. 그냥 조그만 방 하나 청소하는 거잖아. 무슨 집안 청소 다 하는 것처럼 그래.

여자: 야, 너 진짜 재수없다. 엄마한테 다 말할 거야.

남자: 아, 안돼! 나 완전 무서워. 제발 그러지 말아줘. 하하! 그래 가서 말해. 어디 누가 혼나나 한 번 보자. 단, 기억해. 난 이 집에서 항상 착한 아들 역할이었어. 엄마가 누나랑 내 말 중에 누구 말을 믿을까?

여자: 으… 너 진짜 싫다.

8 스터디나 같이 하는 일을 마치고 "수고하셨습니다" 라고 하고 싶을 때 뭐라고 해야 하나요?

“자, 다들 수고했어요! 이제 어디 가서 뭐 좀 먹읍시다” 마크가 기분이 좋아져 말했다. 몇 명이 양해를 구하고 근처 술집으로 떠나는데 갑자기 뒤에서 누가 말했다. “가서 피시앤칩스에다가 맥주 마실까요? ‘울프하운드’라고, 여기서 몇 블록 떨어진 데 있어요” 며칠 전에 합류한 바니였다. “한 번 간 적 있는데, 완전 좋았어요. 다들 좋아할 거예요.”

9 (가게에서 두 사람이 쿠키를 사는 상황) 4개씩 두 봉지로 나눠주세요.

여자: 이제 다 큰 네 아들을 둔 엄마로서 말하는데, 아이가 많으면 많을수록 행복해지는 거야.

남자: 맥르윈씨, 정말 멋집니다. 그런데 세상 사는 일이 그렇게 간단하지만은 않지요. 한국에서 4인 가족이면 한 달에 3000달러는 있어야 간신히 먹고 살 수 있는 정도 에요. 경제적으로 쪼들리면 행복은 사치가 되죠.

여자: 글쎄요. 행복이 무엇인지에 대한 생각이 저와는 다르신 것 같네요. 행복하다는 것이 풍요롭게 산다는 것은 아닌 것 같아요. 가난하고도 행복할 수 있어요.

남자: 무척 낭만적인 이야기이긴 한데요. 저는 하루 세 끼도 제대로 해결하지 못하는데 어떻게 행복한 가정이 존재할 수 있는지 모르겠네요.

여자: 알겠어요. 일단 이 얘기는 접어 둡시다. 쿠키를 사러 왔으니까요. 8개

주세요. 두 봉지에 각각 4개씩 담아주세요.

10 (사람들이 많은 곳에서 의견을 물어볼 때) 아무 말없는 걸 보니 아닌 걸로 알겠습니다

남자: 요즘 운동하시나 봐요?

여자: 아뇨 뭐 꼭 그렇진 않아요. 그냥 칼로리 섭취 신경 쓰고, 근거리는 차를 이용하기보다 그냥 걸으려고 노력하는 편이에요.

남자: 말을 참 예쁘게 하시네요. (말을 참 조근조근 잘 하시네요)

여자: 칭찬으로 들을게요.

남자: 칭찬 한 거예요.

여자: 음, 저한테 작업 거시는 거예요?

남자: 뭐라고요? 하하하

여자: 그런 걸로 알게요. 이제 꺼지세요.

11 (식당에서 메뉴 정할 때, 한 사람이 '나는 짬뽕' 이라고 한 상황에서) 나도 짬뽕!

여자: 한은 김치를 정말 좋아해. 지난번에 나보고 한번 먹어보라고 했는데, 그 톡 쏘는 냄새를 정말 못 참겠더라고.

남자: 어, 나도 그래. 그 냄새가 발효과정에서 생기는 것이고, 음식이 상하거나 뭐 그런 건 아니야. 나도 아는데, 그냥 내 입맛에는 안 맞더라고.

여자: 아마 우리 미국인들은 대부분 김치 맛에 익숙해지기 어려울 것

같아. 얼마 전에 신문 기사를 봤는데, 김치에서 나는 톡 쏘는 맛을 없애서 외국인들도 김치를 먹을 수 있게 한다더라고.

남자: 음. 김치 특유의 톡 쏘는 맛을 없애면 그게 김치라고 할 수 있나? 매운 치킨 날개에서 매운 양념을 빼는 거랑 똑같잖아. 매운 치킨 날개에서 매운 양념을 빼면 매운 치킨 양념이 아니잖아.

여자: 하하 그래 그 말도 맞네. 그래도, 김치에서 냄새를 없애면 나는 한 번 먹어볼 것 같아. 김치 맛에 변화를 줘서 다른 종류의 김치를 만드는 게 뭐가 문제야? 아, 우리 아직 주문 안 했지? 난 발트해 청어 샌드위치하고 콜라 먹을래.

남자: 어 나도

12 전철에서 노약자석에 앉은 외국인에게, 이 자리는 노약자를 위한 자리라 노약자가 오면 자리를 양보해 주면 좋겠다고 설명해주고 싶을 때.

남자: 실례합니다. 이 자리는 노약자나 장애인 전용 자리인데요. 그 분들에게 양보해주시면 좋을 것 같아요.

여자: 아, 몰랐어요. 그런데 주변에 노약자나 장애인은 없는데요.

남자: 네, 그래도 혹시 장애인이 올 수 있으니까 비워둬야 해요.

여자: 그럼 장애인이 타면 양보할게요.

남자: 그러면 그 분들이 자리를 빼앗는 것 같아 부담스러워 하게 되죠.

여자: 이해가 안 되는데요. 이 자리는 원래 그 분들이 앉는 자리잖아요. 자기 자리에 앉는 걸 왜 불편하게 생각하죠? 그래도 불편하게 생각하면 그건 그분들 문제지, 제 문제는 아니잖아요.

남자: 그것도 말이 되네요. 하지만, 여기선 다들 이렇게 해요. 로마에 가면 로마법을 따라야죠.

여자: 네, 알겠어요.

13 사과 껍질 좀 얇게 깎아! (먹을 수 있는 부분까지 많이 깎아 버릴 때)

남자: 아, 이것 때문에 미치겠네. 이 사과 껍질 깎는 거 너무 어려워.

여자: 베니, 좀 얇게 깎아. 먹을 게 없겠다. (과육이 너무 많이 깎이잖아)

남자: 나도 알아. 나름대로 노력하고 있어. 그냥 안 깎고 먹으면 안 되나? 안 깎은 사과에 비타민이 훨씬 많이 들어있다던데. 껍질을 버리면, 거기 함유된 영양분도 같이 버리는 거래.

여자: 그러셔 똑똑박사님? 그럼 껍질째 먹어. 아, 이건 기억해둬. 시장에서 파는 사과는 대부분 유기농이 아니라서, 농약 잔여물이 (껍질에) 많이 남아 있다고.

14 누가 나 보다 한 발 앞서서 무엇을 했을 때) 아, 한 발 늦었네.

여자: 얘들아! 들어봐! 그거 알아? 나 새 차 뽑았다!

남자: 어, 내가 벌써 얘들한테 얘기했는데? 차종은 링컨 노틸러스

2019년식이고, 아빠가 사준 거라고도 얘기했어!

여자: 뭐? 니가 먼저 말해버린 거야? 내가 비밀로 하라고 했는데 그런 식으로 떠벌려 버렸다고?

남자: 워워, 진정해 엘레나! 그냥 뭐 대단할 거 없는 '차'일뿐이잖아. 봐봐. 쟤들도 전혀 신경 안 써.

여자: 오호 그러셔? 여러분, 여기 이넘 이거, 2013년부터 치질 있었대! 쿠션 없으면 앉지도 못해!

15 (외국인이 한국에 온 기간을 얘기하며) 저는 한국에 온 지 햇수로는 6년째입니다.

남자: 대단하네. 미국인이 홍어를 먹을 거라고는 생각 못했는데.

여자: 아, 나, 홍어 삭힌 것하고 김치랑 돼지고가 같이 먹는거 좋아해

남자: 한국 온 지는 얼마나 됐는데?

여자: 올해가 6년째야. 그런데 미국 있을 때도 한국음식은 엄청 좋아했지. 어렸을 때 여기 1년 반 동안 산 것도 치면 올해가 8년째지.

남자: 어휴… 나보다 여기 더 오래 살았네. 난 어릴 때 캐나다 살다가 미국 대학에서 기계공학 학위를 땄어. 난 한국인인데 올해가 한국생활 4년차야.

16 나 어제 하루 종일 열나고 아팠잖아. 뭐 잘못 먹었나 봐.

여자: 어제 하루 종일 열나고 아팠어. 뭘 잘못 먹었나 봐.

남자: 확실해? 어제 우리 똑 같은 걸 먹었잖아. 음식 때문일리가 없어.

여자: 아냐 음식 때문일 수도 있어. 어제 점심으로 먹은 생굴, 너는 손도 안댔잖아. 생굴 때문에 장염에 걸린 것 같아.

남자: 잠깐 잠깐. 가만 있어봐. 노로바이러스 때문이라면 설사를 엄청나게 했을 거야. 열도 많이 높진 않았잖아. 반년전에 우리 아이가 장염에 걸렸었어. 열이 너무 나서 기저귀만 남기고 옷을 모두 벗겨 놨지. 그래도 체온이 안 떨어져서 결국 911을 불렀지 뭐야. 의사가 그러더라구. 바이러스 때문이라고. 가서 코로나 검사 한 번 받아 봐.

여자: 에이 아냐. 코로나는 아닐 거야. 그리고 그 긴 면봉 코에 넣는 것도 정말 싫어. 지난 번에 검사 받는데 무슨 면봉이 뇌까지 뚫고 머리 위로 나오는 것 같더라니까. 앞으로 그 검사는 절대 안 받을거야.

Part Ⅱ
Short essays

1 Abortion (낙태)

질문: 세계 곳곳에서 낙태는 불법이다. 어떤 곳에서는, 특정 요건이 충족될 경우에 한해, 낙태를 할 수 있다. 많은 민권운동가들은 낙태와 관련된 기존의 모든 제한조치들이 해제되어야 한다고 주장하며, 태아는 여성 자신의 몸의 일부이기 때문에 그것을 가지고 무엇을 하던 허용해야 한다는 입장이다. 이에 대해 논리적으로 반박하시오.

답변: 나는, 그런 의견에 동의하기도, 설득력 있는 반론을 제시하기도 무척 힘들다고 생각한다. 그렇다고는 해도, 굳이 한 쪽을 택해야 한다면, 매우 특정한 상황 하에서는 여성의 선택할 권리보다는 생명의 존엄을 택할 것 같다.

이 오랜 논쟁의 중심에는, "임신한 여성의 자궁 안에 있는 세포 덩어리가 온 힘을 다해 살릴 만한 가치가 있는 생명체인가, 아니면 해당 여성의 몸 안에 자라고 있는 장기의 일부분일 뿐인가"라는 질문이 놓여있다. 미국의 많은 주에서는 태아가 9개월을 채우지 못하고 세상 밖으로 나오게 될 때, 의학의 도움으로 살아남을 수 있다면, 그 태아는 생명체로 간주된다. 현재 그 시기는 임신 후 20주에서 22주 사이 정도로 알려져 있다. 미국에서는 대략 그 시기까지는 합법적으로 낙태를 할 수 있다.

나는 태아도 생명이라고 생각한다. 태아가 생명이라는 생각에 이의를 제기하는 분이 있다면, 나는 그 분에게 최근 발생한 살인사건을 상기시켜줄 것이다. 30대 여성이 아기를 출산한 뒤, 살해하고 쓰레기통에 유기한 사건이었다. 여성은 살인혐의로 기소되었고, 결국 '임신중절'이 아닌 살아있는 인간을 죽인 살인혐의에 대해 유죄판결을 받았다. 만약 살인이 인간의 목숨을 앗아가는 행위로 규정된다면, 그 불쌍한 어린 아기는 어느 시점에서 '장기'에서 인간으로 변한 것일까. 아기가 강제로 몸 밖으로 밀려난 순간인가? 태어나지 않은 태아는, 여성이 뭘 해도 상관없는 신체의 일부분이라 하고, 태아가 세상에 나온 순간부터 갑자기 생명체라 한다면, 그 기준이 너무나 제멋대로인 것은 아닌지.

낙태라는 것은, 공포감에 치를 떨지 않고는 말로 이루 다 표현도 못 할 끔찍한 시술과정을 거친다. 가령, 30주 된 태아를 낙태하는 것이, 범죄가 아니라 단지 종양을 제거하는 '시술'에 불과한 것으로 여겨져야 한다면, 아기를 죽인 그 여성은 유죄판결을 받으면 안 되는 것이었다. 사실 우리도 한 때는 한 여성의 몸속에 있던 세포 덩어리에 불과하지 않았나.

바로 그 지점이 타협점이라고 생각한다. 낙태할 권리를 부여하는 것은 맞다. 임신 후 5개월이라는 시간 안에만 결정하면 되는 것이다. 그 시점을 넘어선 뒤에는, 자궁 안에서 자라고 있는 것이 생명이 아닌 그 어떤 것이라 치부하지 말자.

2 Stray dogs (유기견)

질문: 지금 한국의 거리를 떠돌고 있는 약 2만마리에 달하는 유기견들을 어떻게 해야 한다고 생각하는가

답변: 2만마리의 유기견 모두를 일단 포획해야 한다. 그 다음에는 최대한 많은 수를 입양 보내고, 나머지는 죽을 때까지 돌봐 줘야 한다. 유기견은 스스로나 가축, 인간 모두에게 위험하다. 따라서 보호센터에 수용되어야 하는데, 보호센터는 턱없이 부족한 형편이다. 수용소를 10여개만 짓는데 해도 막대한 비용이 들 것이다. 하지만, 우린 유기견이 지금처럼 거리를 누비도록 내버려 둘 경우 가축이나 인간에게 가해질 위해를, 그 건설 비용과 견주어 보아야 한다. 게다가 유기견을 보호소에 무기한 수용해야 하는 것도 아니다. TV나 신문에 광고를 내보내, 대부분까지는 아니더라도 상당 수는 입양을 보낼 수 있을 것이다. 보호소에 남아 있는 개들은 중성화 수술을 시키고 고통 없이, 생을 다하고 죽을 수 있도록 돌봐 주면 된다. 이걸로 문제는 해결된 것인가. 그렇지 않다. 견주들이 계속 지금처럼 개를 유기한다면 우리 주변엔 항상 새로 거리로 나오게 된 개들이 떠돌게 될 것이다. 따라서, 모든 애완견은 의무적으로 ID 칩을 삽입하도록 해야 한다. 물론 지금도 ID 칩 삽입은 법으로 규정하고 있다. 하지만 그렇게 하지 않는다 해도 누구 하나 적극적으로 위반 사례를 점검하는 사람은 없는 실정이다. 이 규정을 보다 강력히 집행해야 한다. 이렇게만 하면, 이 네 발 달린 우리의 최고의 친구들이 더 이상 거리를 떠돌 일은 없을 것이다.

3 Regulation in space (우주개발 규제)

질문: 많은 나라들이 우주경쟁에 돌입하고 있습니다. 그런데 우리는 우주공간에서 벌어지는 일들을 중재할 만 한 확실한 규제의 체계가 없는 상황입니다. 우주는 규제를 받아야 한다고 생각하십니까. 그렇다면 왜 그런지, 그렇지 않다면 왜 그렇지 않은지 설명하세요.

답변: 규제를 받게 될 대상이 이해 당사자들 사이에서 분명히 논란거리가 된다면, 규제는 피할 수 없는 일이다. 하지만, '공평성'에만 매달리다가 큰 그림을 놓치는 우를 범하진 말아야 한다.

지구의 수십, 수억만배나 되는 공간을 공평하게 규제한다는 것은 사실상 불가능에 가깝다. 또 사실, 기아 문제와 같이 더 시급한 현안이 가득한 나라에게 우주를 규제한다는 문제는 크게 의미가 없는 일이기도 하다. 애초에 궤도에 인공위성을 올려 놓은 우주국가도 십여 개 밖에 되지 않는다. 나머지 국가들에게 있어 '우주규제'라는 문제는, 스위스에게 해양법이 쓸데없는 사안인 것만큼이나 하찮은 문제다.

그렇긴 하지만, 우주에 위성을 쏘아 올린 10여개의 국가들은 이미 지상에서 벌어지는 일에 대해서도 큰 영향력을 행사하고 있다는 점을 기억해야 합니다. 즉, 이들 국가들 사이에서 우주 공간을 둘러싼 이해관계의 충돌이라도 발생하면, 그 결과는 인류 전체에게 중차대한 문제가 될 수도 있다는 것입니다. 따라서 어떻게 규정을 수립할지 지금부터 논의를 해야 합니다.

일단 로켓을 우주에 보낼 능력을 갖춘 나라들이 먼저 모여 국제기구를 설립한 뒤, 우주 공간에서 발생할 수도 있는 분쟁을 미연에 방지하고, 그런 분쟁이 발생했을 경우 분쟁을 원만하게 해결할 수 있는 규정을 수립해야 합니다.

일단 그렇게 시작부터 하고 나서 해당 기구를 차차 더욱 확대하고 보강해 나가야 할 것입니다.

4 Literary translation (문학 번역)

질문: 훌륭한 문학번역 작품이 더 많이 배출되도록 할 수 있는 방법을 논하시오.

답변: 나는 우리 나라에 두 언어에 대한 조예가 깊고, 동시에 문학에 대한 이해도 역시 높은 훌륭한 번역사들이 충분하다고 생각한다. 우리에게 없는 것은, 문학번역의 본질과 가치에 대한 바른 이해를 바탕으로 한 적절한 보상체계일 뿐이다.

한국에선 매년, 대략 200 명의 한영 통번역 석사가 배출된다. 이들 전문 통번역사들 가운데, 대부분은 아니라 해도 상당수는 훌륭한 한국문학을 영어로 옮기고 그 반대 역시 해낼 수 있다. 하지만 문학번역에 선뜻 나서려 들지는 않는다. 문학번역은, 기계 매뉴얼 번역보다도 요율이 낮기 때문이다. 이유는 명확하다. 내가 하는 일의 가치는 그 일이 창출하는 가치에 따라 결정된다. 또 문학은, 예술가들에게 부를 약속해줄 수 있는 분야가 아니다. 미국의 베스트셀러 소설을 번역한다 치자. 최소한 몇 달에서 1년 이상이 걸릴 수도 있다. 역자는 매출액의 5%에서 10% 정도를 보수로 받는데, 소설은 잘 팔려야 우리나라에선 10만 부를 넘지 못한다. 간단히만 계산해봐도 그 정도로는 먹고살 수가 없다.

그렇다면, 훌륭한 문학작품이 더 많이 번역될 수 있도록 하기 위해 할 수 있는 일은 무엇일까. 뛰어난 재능을 가진 사람들에게 더 많은 보상을 지불하는 것이다. 훌륭한 문학작품은 국력의 중요한 일부분이므로, 문화관광부 산하의 국영기구를 설치하는 것을 생각해볼 수 있다. 이 기구가 훌륭한 문학작품의 역서에 더 많은 보상을 제공하는 것이다. 이렇게 하면 더 많은 능력 있는 번역가들이 문학의 세계에 발을 들여놓게 하는 데 큰 도움이 될 것이다.

5 Gender pay gap (남녀 임금격차)

질문: 대한민국 전역에 걸쳐 존재하는 남녀 성별 간 임금격차가 왜 발생한다고 생각하십니까.

답변: 우리나라에서 남녀의 임금격차가 발생하는 이유는, 전 세계 다른 곳에서 성별간 임금격차가 존재하는 이유와 같다고 생각한다. 여성은 과거, 남성보다 못한 존재로 여겨지곤 했고, 여전히 일부 지역에선 그런 사고가 남아있다. 또 사회, 법, 제도 등은 여성에 대해 형편없는 대우를 하는 것이 쉽도록 만들어져 있다.

남성들이 진심으로 여성들이 더 우둔하다고 생각해서 당연히 남성들보다 덜 받아야 한다고 생각하는 것은 아니다. 사무실에 옆에 앉아있는 아무 남자에게라도 자신이 일반적인 여성보다 더 똑똑해서 사장님에게 더 가치 있다고 생각하는지 물어보라. 제정신이 남성이라면 그냥 말도 안 되는 말이라며 웃어넘길 것이다. (그렇지 않으면 그 사람은 이따금씩 TV에 나와서 흑인들이 차별받는 이유는 다 스스로가 자초한 일이라고 떠들어대는 정신 나간 미치광이와 같은 과일뿐이다)

그렇긴 해도, 근로현장에서 여성들에게 불리하게 작용하는, 오랜 기간 이어져온 구시대적 근무환경은 여전히 그대로다. 즉, 많은 회사들은 여성들에게 여전히 유급 출산휴가를 주지 않고 있다. 다는 아니라도 대부분의 기업 간부들은 여전히 '능력'이라는 것을 남성의 기준으로 판단하는 '남자'들이다. 이런 전근대적인 환경을 바꾸는 데는 시간도 필요하고 영웅적인 노력이 있어야 가능한 일이다.

게다가 여성이 적극적으로 나서고 의견을 적극적으로 개진하지 못하도록 하는 문화적 편견이 아직 그대로 남아 여전히 피해를 끼치고 있다. 이 때문에 여성은 남성 근로자들에 비해 일을 더 못 한다는 잘못된 생각을 낳는 것이다. 이런 편견은 서서히 사라지게 되겠지만 완전히 사라지기 전까지는 남녀간 임금격차는 앞으로도 한 동안 남아있게 될 것이다.

6 Emergency cash aids (긴급 재난지원금)

질문: 정부는 여러 차례에 걸쳐 팬데믹 기간, 자금난에 시달리는 소상공인들에게 긴급자금지원을 해주었다. 일부 의원들은 정부가 귀중한 국민의 혈세를 쓸데없는 일에 낭비하고 있다며 정부의 자금 지원에 비판적인 입장을 취해 왔다. 그 돈을 차라리 소상공인을 재교육시켜 뭔가 생산적인 기술들을 익힐 수 있도록 하는데 쓰는 것이 낫다는 입장이다. 그게 아니면 아예 가게 문을 닫고 고용노동자가 되도록 유도하자는 것이다. 이 견해에 대한 자신의 견해를 쓰시오.

답변: 내가 보기에는 의원들이 지금 중요한 사실을 놓치고 있는 것 같다. 정부의 지원금은 모두는 아니더라도 대부분 팬데믹의 직격탄을 맞아 간신히 생계만 유지하고 있는 영사사업체들에게 주어졌다. 죽어버리면 번창하는 것도 불가능하기 때문에 일단 생명연장을 시켜주고 있는 것이다. '생산적인 기술'도, 그것을 배워야 할 사람이 죽어버리면 아무 소용이 없지 않은가.

팬데믹 때문에 식당을 비롯한 많은 영세상인들의 매출이 전례가 없을 정도로 큰 폭으로 줄었다. 실제로 최근 뉴스를 보니, 서울에서만 하루에 200명 정도의 소상공인이 문을 닫고 있다. 그냥 당장 밖에 나가서, 거리에 '임대' 표지판을 얼마나 많이 내걸렸는지 만 봐도 상황이 얼마나 안 좋은 지 알 수 있다. 고통받고 있는 소상공인들도 언젠가는 좀더 나은 삶을 영위할 방안이 필요할 수 있다. 하지만 일단 지금 이들이 가장 필요로 하는 것은 '현금'이지 한 3년쯤 뒤에 활용해서 돈을 벌 수 있는 멋진 새로운 기술이 아닌 것이다.

물론, 내가 의원들이 지금 하고 있는 말들을 몇 년 전에 들었다면 쌍수를 들고 환영했을 것이다. 하지만 지금은 몇 년 전이 아니지 않은가. 우리는 지금 최소한 영세상인들에게는 최악의 경제위기를 겪고 있다. 사람들을 재교육시키는 일은 지금 당장 해야 하는 급한 일이 아니다.

7 Moral obligation (도덕적 의무)

질문: 미국과 영국 같은 선진국들이 빈국에게 코로나19 백신을 제공할 도덕적 의무가 있다고 보는가. 그 이유는 무엇인가.

답변: 부국은 빈국을 도와야 할 도덕적 의무가 있다. 하지만, 도덕적 의무를 법적 의무와 혼동해선 안 된다. 모든 사람이 선한 사마리아인이 되기를 기대할 수는 없지 않은가. 다른 사람들의 고통에 동참하지 못한다고 손가락질할 순 없다. 하지만 그렇게 손가락질을 해도 되는 상황은 분명 존재한다.

한 밤중이다. 밤새 술을 마시고 집에 가는 길에, 땅바닥에 누워있는, 금방이라도 죽을 것 같은 남자를 발견한다. 이 사람은 꼭 도와줘야 한다. 특히, 핸드폰으로 119를 부르기만 하면 되는 상황이니 말이다. 이런 상황에서 모른 채 하고 돌아선다면, 용서받기 어려울 것이다. (용서해줘야 한다는 설득력 있는 주장을 펼치긴 어려울 것이다) 누구나 양심의 가책을 느낀다는 사실은, 도덕적으로 바른 일을 하는 것이 인간됨의 요건 중 하나라는 증거다.

그렇긴 해도 상황이 항상 그렇게 단순하지만은 않다. 죽기 직전의 상황에 몰린 사람이, 급류가 흐르는 강 위의 다리 아래로 밧줄에 매달려 있는 상황이라면 어떨까. 그 사람의 목숨을 구하려면 내 목숨을 걸어야 한다. 결국 그 사람의 목숨이냐 나의 목숨이냐를 선택해야 한다면 어떨까. 내 목숨을 대가로 치르고서라도 그 사람의 목숨을 구할 만한 가치가 있는 것일까. 내 이해와 타인의 이해 사이의 선택을 해야 하는 상황에선 도덕적 딜레마는 피할 수 없게 된다. 내 마음의 평온을 위해 치러야 할 대가가 너무 크다고 판단되면, 나는 그런 상황을 뒤로 하고 자리를 뜬다 해도 용서받을 수 있다.

다시 부국이 빈국에게 백신을 기부해야 하는 것인지에 대한 논의로 돌아가보자. 기부해야 한다. 왜냐하면, 내 마음의 평온을 위해 치러야 하는 대가가, 이 경우에는, 내 생명이 아니라 수백만 회분의 백신에 불과하기 때문이다.

8 Poverty and redistribution (빈곤과 재분배)

질문: 일부 진보성향 정치인들과 시민운동단체들은 빈곤이란 정부가 부의 재분배에 '실패'했기 때문에 나타나는 현상이라고 주장한다. 이에 대한 본인의 생각을 쓰시오.

답변: 아무리 생각해도 그런 주장을 펼치는 정치인들과 단체들이 그

주장을 철회하게 만들 만한 논리적 반박을 할 수가 없을 듯하다. 나 역시 가난이란 부를 재분배하지 못했기 때문에 나타나는 자연스러운 결과물이라 생각한다. 단, 나는 그것을 '실패'라고는 부르지 못할 것 같다.

아버지는 어렸을 때 가난했다. 스물 다섯 살이 될 때까지도 은행에 단 한 푼도 저축한 돈이 없었다. 아버지의 어머니와 형제자매들이 먹고 살려면 아버지가 돈을 벌어야 했기 때문이다. 이후 34년간 아버지는 쉬지 않고 일하셨고 결국, 대출을 받아 집을 마련하실 수 있었다. 아버지의 어릴 적 친구 중엔 부잣집 아들이 하나 있었다. 그 친구의 아버지도, 또 그 아버지의 아버지도 부자였다. 친구는 유산으로 주유소 두 곳과 수 백마리의 젖소를 키우는 큰 목장을 물려받았다. 친구의 재산은 날이 갈수록 불어났고, 나이 마흔이 된 이후로는 단 한 시간도 일을 한 적이 없었다.

자, 그렇다면 우리는 친구의 주유소와 목장을 팔아 그 돈을 주변에 사는 가난한 주민들에게 공평하게 나눠줘야 할까. 물론 그렇지 않다. 세상이 그렇게 돌아가는 것이 아니라는 것쯤은 애들도 다 아는 일이다. 만약 실제로 그렇게 했다면, 아버지의 복받은 친구의 아버지의 아버지도 애초에 부자가 못 되었을 것이다. 우리가 열심히 일해서 돈을 모으는 이유는, 그 돈이 그 누구의 것도 아닌 바로 내 돈이 될 것이라는 점을 확신하기 때문이다.

그렇긴 해도, 아버지가 어렸을 때는 누군가 도와주었어야 했다. 우리가 사는 세상은 정글의 법칙이 적용되는 아마존 숲속이 아니지 않은가. 우리가 살 고 있는 이 곳은 '나라'이고, 나라는 그것을 운영하는 정부가 엄연히 존재한다. 정부는 세금을 거두고 그 세금을 이용해, 그들이 섬기는 국민들이 단지 운이 좋지 않았다는 이유 때문에 힘든 인생을 살지 않도록 해야 하는 것이다. 따라서, 건전한 사회란, 모든 사람들에게 동일한 기회를 제공하고 동시에 부자가 더 많은 돈을 벌 의지를 꺾지 않도록 하면서 부를 재분배하는 그런 사회다.

그렇다면 가난이란 애초 의도대로 정책들이 효과를 거두지 못했을 때 나타나는 증상이라고 나는 믿는다. 하지만 우리가 그런 현상을 부의 재분배의 '실패'라고 부르는 순간 우리는 자칫 큰 우를 범할 수 있는 상황에 처할 수 있다. 가난이란 정부가 무능해서 생기는 결과일 수도 있다. 또 어떤 경우에는 가난이 다른 누구도 아닌 스스로의 잘못이기도 하다. 따라서 우리는 불운을 타고난 사람이 꼭 필요한 도움을 받을 수 있도록 눈을 크게 뜨고 지켜봐야 한다. 동시에 사람들 마음 속에 의도치 않게 도덕적 해이의 씨앗이 뿌려지지 않도록 경계해야 할 것이다.

9 Anonymity on-line (인터넷 실명제)

질문: 인터넷 뉴스 기사 아래에 있는 댓글칸은 온갖 종류의 욕설과 낭설, 아니면 그냥 아무짝에도 쓸데없는 말들이 많기로 악명높다. 그래서 사람들은 종종 인터넷에 실명으로만 글을 남길 수 있도록 해야 한다는 주장을 펼치곤 한다. 한편 일각에선 인터넷에서 익명성을 없앤다는 생각에 절대 반대한다. 익명성 이야말로 민주주의가 세워진 근간이고 번영할 수

있는 발판이라는 것이 그 이유다. 당신은 어느 의견에 동조하는가.

답변: 나는 모든 언론매체의 댓글난에서 익명성을 모두 없앤다는데 전적으로 동의한다. 나는, 독재 정권을 무너뜨리고 부패한 정치인들을 고발하는 강력한 무기로서의 익명성의 기능은 이미 퇴화한지 오래라고 믿는다.

최순실과 구하라를 죽음으로 내몰았던 정신나간 자들의 행위만 떠올려 본다면, 익명이라는 가면을 쓴 사악한 말 한마디가 살인자의 손에 들린 총에 장전된 총알만큼이나 치명적일 수 있다는 것을 알 수 있을 것이다. 인터넷 기사 말미에 항상 등장하는 댓글칸은, 살해 협박과 크게 다르지 않는, 증오로 가득 찬 생각 없는 발언들로 점철되어 있다. 얼마 전 우연히 본 댓글 중 하나에는 '놈의 목을 따버리고 싶다'고 쓰여 있었다. 이런 악플러들이 이런 짓을 아무렇지도 않게 저지르게 내버려 둬선 절대 안 된다.

물론 익명의 자유의 투사들이, 자신들의 지도자들이 저지른 끔찍한 잔혹행위들을, 신분이 노출될 위험을 감수할 필요 없이 폭로할 수 없었더라면, 외부세계에 소식을 전할 수 없었을 것이다. 하지만, 그것은 온라인상에 글을 쓰는 사람들의 신분을 보호하는 독립적 기구가 필요하다는 점 만을 우리에게 상기시켜줄 뿐이다. 인터넷에서 내가 누구인지 알 수 있는 권한을 권력을 잡고 있는 선출된 관리들의 손에 넘겨줄 수는 없는 일이다. 그런 사람들의 손에 그렇게 막대한 힘을 쥐어 주면, 분명히 그들 중 일부는 무고한 시민들의 생명을 짓밟는 끔찍한 짓을 저지를 수도 있을 것이다.

다시 말하지만 이 질문에 대해 나는 '그렇다'고 답할 것이다. 즉 일석이조의 선택을 하는 것이다. 기본적으로는 익명성을 보장받되, 내가 남긴 글이 사람들에게 피해를 준다면 결국 잡혀 처벌을 받게 되도록 하는 것이다.

10 Machine translators (인공지능 통역사)

질문: 인간 통번역사들이 대략 30년 뒤면 기계에 대체될 것이라고 생각하십니까. 이유는 무엇입니까.

답변: 나는 아무리 상상의 나래를 펼쳐보아도, 내전 이후 자멸 직전에 있는 핵으로 무장한 북한을 어떻게 할 지를 두고 두 국가의 수반이 논의하는데, 소프트웨어가 통역을 해주는 경우는 없을 것 같다. 물론 기계가 통번역사를 포함한 대부분의 일을 대신하게 되는 일은 시간문제라고 생각하지만, 그런 일이 21세기 안에 벌어질 것이라고는 생각하지 않는다.

내 기억이 맞는다면, 서로 다른 언어적 배경을 가진 사람들을 기계가 도와 소통하게 해준다는 얘기를 내가 처음 들어본 것은 1990년대 중반 인 것 같다. 그런 흥미로운 생각이, 당대 최고의 천재들에게는 뭔가 대단한 자극이 되었을 지 모르지만, 나에게는 앞으로 보고싶은 공상과학영화의 주제 정도로밖에는 느껴지지 않았다. 30년이 지난 지금은 실제로 AI 비서가 있어서 우리의 명령을 듣고 명령에 따라 일상적인 일을 처리해주곤

한다. 하지만 아직까지는 그 이상의 과업은 수행하지 못한다. 국제회의를 조직하는 사람이 제정신이라면 기계통역을 사용하진 않을 것이다. 당장 걸려 있는 문제가, 최빈국의 빈곤 퇴치와 같은 고상한 문제가 아니라, 대량의 핵무기를 보유하고 있는 깡패국가가 전 세계를 상대로 벌일 수도 있는 전쟁이라면 어떻게 할 것인가. 통역부스에 '시리'를 앉히진 않을 것 아닌가. AI 통역 어플이 가령 폴란드에서 길을 묻는데 도움을 줄 수는 있을 것이다. 하지만 사업 파트너가 될 지도 모르는 중국인과 협상을 하는데 그런 AI 통역 어플에게 일을 믿고 맡길 순 없을 것이다.

게다가, 지난 30년간의 발전이 이 정도에 불과하다면, 앞으로30년이 지난다 해도, 통번역기계가 인간을 뛰어넘기는 역부족일 것이다. 안전하게 운전을 하는 것도 어려운 일이다. 지난 30년간의 연구가 어느 정도의 발전을 가져왔는지를 생각해보자. 아직은 AI에게 운전대를 맡길 순 없는 노릇이다. 앞으로 30년 후에도 인간 통역사는 통번역 하면서 먹고 사는데 큰 문제가 없을 것이다.

11 Low birth rates (저출산)

질문: 한국은 세계에서 최저 수준의 출생률을 기록하고 있다. 인구가 줄면 경제규모도 줄게 되고, 일자리 역시 부족해진다. 출생률을 늘리기 위해 할 수 있는 일은 어떤 것이 있을까.

답변: 해결해야 할 과제가 생기면 제일 먼저 할 일은 문제의 근간을

파헤쳐, 원인을 파악하고, 그 뿌리부터 해결해야 한다. 출산율 감소는 결국 돈과 육아의 문제다. 부부에게 이 둘 중 어떤 것도 충분히 제공되지 않고 있다. 정부가 정말 출산율을 높이고 싶은 것이라면, 부부들에게 충분한 육아비용을 지원하고, 탁아시설과 방과 후 프로그램을 지금의 두 배로 늘리고, 이런 시설과 프로그램을 무상 혹은 무상에 가까운 저비용으로 제공하면 된다.

물론 문제는 그 정도의 재원을 어떻게 마련하느냐는 것이다. 사실 해답은 명확하다. 세금을 더 걷으면 된다. 세금을 더 걷는다 해도, 이런 후한 지원금을 제공하게 되면 그렇지 않아도 고갈되어가고 있는 예산에 더욱 큰 부담이 된다는 점은 분명한 사실이다. 하지만 걱정할 필요가 없다. 지금 부부들이 두 명 이상의 아이를 낳아 기를 수 있도록 돕는다면, 그렇게 태어날 아이들은 20~30년 후 든든한 세수원(稅收源)이 될 것이다. 따라서 우리는 현재의 국고를 털어 미래에 투자하게 되는 셈이다. 물론 이건은 도박이다. 하지만, 지금 용기 있게 이 도박에 나서지 않는다면 우리에게 미래는 없을 수도 있다. 극단적인 상황에선 극단적인 처방이 필요하다.

12 A divided nation (분열된 국가)

질문: 저널리스트와 논평가들은 이 나라가 이념적으로 좌와 우라는, 서로 다른 양 진영으로 나뉘어 첨예하게 대립하고 있다며 한탄한다. 또한 그

대립이 다른 어느 나라보다도 극명해 보인다고 한다. 이러한 견해에 대한 본인의 생각을 쓰시오.

답변: 나는 우리 나라가 다른 나라보다 더 분열되어 있진 않은 것 같다. 단지 혐오로 가득 찬 사람들이, 평화를 사랑하는 대다수의 시민들보다 목소리가 클 뿐이라고 본다.

이 조그만 나라가 두개의 서로 다른 이념에 따라 마치 칼로 자른 두부처럼 양분되어 있다고 생각하는 데는 다 그 만한 이유가 있다고 생각한다. 사실 네이버에 올라오는 뉴스기사 하나를 읽고 아래로 내려가, 혐오로 점철된 헛소리를 몇 개 읽어 보기만 하면, 이 나라가 정말 좌우로 극렬히 갈린 곳이라고 생각하게 된다. 댓글창은 양 진영의 편견으로 가득 찬 극단분자들이 인종차별적, 성차별적, 외국인 혐오주의적 혐오발언들을 쏟아내고 있으니 말이다. 누구라도, 일단 포털사이트에서 계속 기사들을 접하다 보면, 머지않아, 정말 이 땅이, 하루 종일 그런 배설물과도 같은 말들을 댓글창에 토해내고 있는 입에 걸레를 문 바보들의 땅이 되었다고 믿게 될 것이다.

컴퓨터 스크린에서 눈을 들어 사람들을 실제로 만나보고 그들과 대화를 나누다 보면 세상이 갑자기 활기찬 곳처럼 보이기 시작할 것이다. 실제로 우리 주변에선 그런 극단주의자들을 찾아보기 어렵다. 대부분의 시민들은, 유의미한 대화를 나누며, 더 평화로운 사회 건설을 위한 방안을 논의하며, 큰 문제 없이 잘 살고 있다. 서로 헐뜯는 무리는, 하루 24시간 집 안에 틀어박혀 컴퓨터 스크린만 들여다 보고 있는 사회적으로 소외된 바보들뿐이다.

굳이 인터넷 기사를 클릭해서 댓글들을 읽어가면서까지 증오의 바다에 빠져 허우적거릴 필요가 없다. 이 나라는 아직 즐겁게 대화를 나눌 수 있는 좋은 사람들이 충분히 많이 살고 있는 훌륭한 나라다.

13 Delivery foods and people's health (배달음식과 국민건강)

질문: 온라인 음식배달 서비스가 특히 코로나19 팬데믹 기간 동안 더 큰 호황을 누려왔다. 그도 그럴 것이, 봉쇄조치가 발령된 뒤부터 계속 집 안에 있는 시간이 많았으니 어찌 보면 당연한 일이다. 집에 있으면서 매 번 요리를 해먹을 수만도 없는 일이다. 이런 상황에서, 일부 보건전문가들은 온라인 음식배달 서비스와, 그런 음식배달 서비스를 위한 '우버이츠'와 같은 플랫폼이 인기를 끌면서 우리가 몸에 더 안 좋은 음식을 선택하게 되었다고 말한다. 이런 주장에 동의하는가.

답변: 나는 특히 팬데믹 기간 동안 온라인 음식 배달서비스가 인기를 끌면서 우리가 건강에 안 좋은 음식을 선택하게 되었다고 생각한다. 하지만 대부분의 사람들이 생각하는 이유 때문은 아니다. 이러한 배달 플랫폼이 더욱 발전함에 따라 음식배달시장은 대부분의 소비자들에게 좋은 쪽으로 변화해갈 것이다.

팬데믹 이전까지 음식배달 어플은 요기요와 배민 둘 뿐이었다. 당시에는 주문할 수 있는 음식의 종류가 지금만큼 다양하지 않았는데, 그 이유는 식당들이 굳이 배달 플랫폼에 가입할 필요를 느끼지 않았기 때문이다. 손바닥 반 만한 크기의 스테이크 한 조각을 20만원이나 주고 먹으려면 최소한 그 스테이크가, 번쩍이는 큰 접시에 나오고, 연인과 식사하는 두 시간동안 웨이터가 필요한 것을 항상 가져다 주는 서비스는 정도는 받아야 할 것이다.

그런데, 그 때 이후 지금까지 2년 동안 주문 배달해 먹을 수 있는 음식의 종류는 상상할 수 없을 만큼 다양 해졌다. 배달 앱에는 사실상 동네 모든 식당이 등록되어 있다. 게다가 배달서비스 종사자들도 충분히 모집된 상황이기 때문에 아무리 주문이 많아도 충분히 감당이 가능하다. 선택할 수 있는 음식의 폭이 넓어지고, 주문 배달에 걸리는 시간이 줄어들면서, 이제 우리는 팬데믹 이전에 원하는 식당에서 즐기곤 했던 최고의 건강식도 편하게 집에서 먹을 수 있게 되었다. 이러한 변화는 팬데믹이 사라지고 나서도 사라지지 않고 오랫동안 남아 있을 것이다.

14 Sex offenders (성범죄자)

질문: 성범죄자들은 다른 어떤 범죄자들보다, 사회에 다시 나왔을 때 재범을 할 확률이 높다. 그래서 성범죄자들은 영원히 감옥에 가둬 놓아야 한다고 말하는 사람들이 많다. 본인의 의견을 쓰시오

답변: 나는, 재범을 저지른 성범죄자들을 영구적으로 사회에서 격리시키는 것

말고는, 정의를 실현할 수 있는 다른 방법이 없다고 본다.

나는, 감옥에 가두는 것은 세 가지 주요 목적이 있다고 생각한다. 첫째, 범죄자들을 감옥에 가둬 교화시켜, 이들이 형기를 마치고 건전한 시민으로 변모해서 사회로 나올 수 있도록 하는 것이다. 또한, 범죄를 저지를 수도 있는 사람들이, 범법행위에 대해 어떤 대가를 치러야 하는지 분명히 보여줌으로써 애초에 범죄를 저지르지 않도록 할 수 있다. 마지막으로, 범죄의 희생자와 희생자 가족이, 그들에게 고통을 가한 범죄자가 그 대가를 치르고 있다는 것을 인지함으로써 최소한의 마음의 안정을 가질 수 있도록 돕는 것이다.

성범죄자들을 잡아들이고, 형 집행 후 풀어준 다음 다시 동종 범죄로 잡아들이는 일련의 과정은, 앞서 언급한 어떤 목표도 이루지 못한다. 재범을 저지른다는 것은, 이런 짐승들에게 교화란 없다는 증거이다. 성폭행범들에게 주어지는 강력한 처벌에도 불구하고 성폭행범은 계속 늘고 있지 않은가. 감옥에 갈수도 있다고 해서 이런 사악한 존재들은 범죄를 저지르지 않는 것도 아니다. 또한 희생자들은 이런 괴물들이 분명히 출소할 것이기 때문에 보복의 두려움을 평생 느끼고 살아야 한다. 무고한 희생자들에게 '마음의 안정'은 사치처럼 느껴질 것이다.

그렇다면 이런 짐승들을 어떻게 해야 하는 것인가. 우리는 아예 세상으로부터 완전히 격리시키거나 평생 감옥에 가둬야 한다. 우리는 전자발치를 채워도 별 효과가 없다는 것을 벌써 수없이 많이 보아오지 않았는가. 이들은 다시는 세상의 빛을 보지 못하게 해야 한다. 이것이야 말로 사회나 그들 자신을 위한 일이다.

Part Ⅲ

My two cents (Longer essays)

1 Saving lives on the cheap (적은 비용으로 목숨을 구하는 법)

코로나19는 아직 전 세계에 큰 피해를 주고 있다. 수십 만명의 사람들이 목숨을 잃었고, 코로나19가 끼친 경제적 피해는 상상을 초월한다. 그런데 이보다 더 큰 문제는, 아직도 이 팬데믹이 잦아들 기미를 보이지 않고 있다는 것이다. 보건전문가들은 앞으로도 최소한 일년 이상은 지나야 팬데믹이 차차 수그러들 것이라고 한다. 전염병이 이토록 큰 피해를 준 것은 지난 1918년이 마지막이었다. 당시에 스페인 독감으로 전세계적으로 대략 1700만 명에서 5000만에 달하는 사람이 목숨을 잃었다. 1차 세계대전으로 1500만 명이 숨졌다는 것을 생각해 보면, 이 수치가 얼마나 많은 것인지 가늠할 수 있을 것이다. 2020년 11월 기준으로 5500만 명이 코로나19에 감염되었고, 130만 명이 숨졌다.

130만이라는 숫자는 스페인 독감 사망자 최저 추산치인 1700만과 비교해봐도 매우 적은 수이지만, 스페인 독감은 항생제조차 없었던 100년 전에 발생한 전염병이었다. 지난 한 세기동안 인류가 이룩한 의학적 발전을 고려하면, 코로나19와 같은 대 유행병은 지금 인류에게 일어나선 안되는 것이었다. 그래서 내가 던지고 싶은 질문은 이것이다. 도대체 무엇 때문에 이번 팬데믹이 이렇게 오랫동안 사라지지 않고 남아 우리의 삶을 파괴하고 동시에 그렇게 많은 사람이 죽어야 했던 것인가.

올해 초 대구가 코로나 감염의 진앙지가 되었을 때, 의사들은 코로나19에 어떻게 대처해야 할 지 알 수 없어 난감한 상황이었다. 의사들은 대부분 이 바이러스가 정확이 어떤 것이고, 어떻게 퇴치할 수 있을지 감도 잡을 수 없다는 입장이었다. 그렇다. 이번 바이러스는 이전에 등장했던 것들과는 전혀 다른 것이었다. 우리가 겪은 메르스와, 그 이전의 사스도 코로나바이러스에 의한 질병이었지만, 이번 바이러스는 전염성에 있어서 기존의 바이러스들과는 확연히 달랐다. 코로나19가 처음 등장한 지 1년이 한참 지났는데도 아직까지 살아남아 있는 큰 이유가 바로 그것이었다.

바이러스가 쉽게 전파되는 것이 가장 큰 문제였다면, 도대체 왜 우리는 아직도 백신을 마련하지 못한 것인가. 그도 그럴 것이, 코로나19 이전에 이미 두 차례나 코로나바이러스 전염병을 겪으면서 이미 교훈을 얻어, 의학계가 두 바이러스에 대한 백신을 개발해야 했던 것 아닌가. 만약 그렇게만 했다면, 기존과는 다르긴 하지만 비슷한 종류의 이번 코로나바이러스에 대한 백신을 개발하는 일이 그렇게까지 어려운 일은 아니었을 것 아닌가. 우리는, 과거 홍역이나 천연두의 경우 그랬던 것처럼, 백신과 치료제를 개발함으로써 전염병을 퇴치하게 된다. 따라서, 이 시점에서 우리가 물어야 할 좀 더 의미 있는 질문은 왜 우리에게 아직 백신이 없느냐는 것이다.

결국은 돈의 문제다. 백신이 사람들에게 보급되기까지는 최소한 2~3년이 필요하다. 약이라면 모두 마찬가지겠지만, 백신은 안전성과 효과가 보장되어야 하기 때문이다. 백신 접종자 가운데 일부라도 심각한 부작용을 겪을 위험이 있어선 안 되는 것이다. 의학 분야에선 단연 가장 앞선 미국 입장에선, 지구 반대편에서 퍼지고 있는 감염병에 대한 백신을 서둘러 개발할 필요는 느끼지 못했을 것이다. 코로나19가 전 세계에 걸쳐 순식간에 퍼지기 시작하고 나서야 의학계는 백신 개발에 본격적으로 착수하게 되었다.

시간의 문제를 차치하고라도, 제약업계 입장에서 보면, 백신으로는 당뇨나 고혈압 같은 만성질환 치료제를 팔아 돈을 버는 것처럼 수익을 낼 수는 없다는 점이 큰 장애물이다. 사실, 백신은 한두 번 접종하면 그걸로 끝이지만 고혈압 약은 평생을 복용하지 않는가. 제약업체들이 자선단체는 아니다. 기업들에게는 투자가치가 없는 약을 개발할 만 한 어떤 인센티브도 존재하지 않는다.

그렇다면 인류가 취해야 할 첫 번째 조치는 전염병이 전세계 어디서라도 발생해 세계 여러 곳으로 퍼질 가능성이 높다 여겨지면, 바로 제약업계가 백신 개발을 시작하도록 만드는 것이다. 이를 위해서는 미국이 앞장서서 선진국들이 세계보건기구에 십시일반으로 자금지원을 해서 기금을 마련해야 한다. 전 세계의 국방비는 모두 합쳐 1조8000억 달러에 달한다. 전쟁으로 사망하는 사람보다 전염병으로 사망하는 사람이 훨씬 많다. 그런데 우리가 전염병의 예방과 대응책에 쓰는 돈은 국방비의 1000분에 일에 불과하다. 전염병에 투자하는 것이 훨씬 가성비 높은 일이다.

2 The freedom of the press (언론의 자유)

국회가 언론중재법 언론의 자유의 표현의 자유를 침해할 것으로 우려되는 수정안을 들고 나왔다. 이번 중재안이 나온 배경에는 가짜뉴스와 다름없거나 최소한 진실성을 입증할 만 한 신뢰할 만 한 자료가 거의 없는 뉴스가 잇따라 등장했다는 점이 작용했다.

소식이 전해지자, 어찌 보면 당연하게도 찬반 양측 사이에 추한 공방이 시작되었다. 이 모든 사태에서 흥미로운 점은, 언론에 '재갈'을 물리려는 이런 노력을 이끌고 있는 세력이 진보성향의 여당인 민주당이라는 점이다. 표현의 자유를 위해 싸우고, 자국민에 대한 도감청을 일삼거나 검열을 하려는 권위주의 정권에 맞서 싸우는 주체는 보통 진보주의자들이다. 그렇다면 지금 벌어지고 있는 일은 매우 정치적인 측면이 강하다. 집권여당은 눈엣가시와 같은 일부 보수 언론사를 길들이려 하고 있을 뿐일 수도 있다. 이 사태와 관련해 내 생각은 이렇다.

표현의 자유는 어떤 상황에서도 절대 포기할 수 없는 신성한 원칙이므로, 자유로운 표현의 자유를 침해하려는 시도는, 법률적 시도이건 그렇지 않건 간에, 반드시 중단되어야 한다. 단, 여기 한 가지 고려해야 할 문제가 있다. 우리는 먼저, 우리의 전폭적 보호를 받을 자격이 있는 '자유로운 표현'이 무엇인지에 관해 동의를 해야 할 것이다.

일단 '자유로운 표현'에 해당하지 않는 것부터 생각해보자. 약 10년 전, 순직한 소방관의 14살된 아들이 온라인 악플러의 괴롭힘 끝에 자살을 한 사건이 있었다. 악플러는 '니가 너네 아빠를 죽인 거야. 너 같은 놈은 단 1분도 살 가치가 없어' 등과 같은 악플을, 끔찍한 불에 탄 시신 사진과 함께 남겼다.

그런데 '언론의 보도'의 영역으로 넘어가면 문제가 조금 복잡해진다. 작년 한국의 한 유명 일간지가 마치 '사실'을 보도하듯, 문재인정부가 데이터를 정부에 유리하게 이용하기 위해 코로나19 감염자 수를 조작했다고 보도했다. 물론 보도 직후 정부를 비난하는 신랄한 비판 글이 들끓었다. 해당 '보도'는 결국 사람들을 선동하려는 거짓 보도였다. 해당 신문사는 이후 사과문을 올렸고, 사태는 그것으로 끝이 났다.

거짓말은, 특히 그것이 개인 혹은 공공의 선에 예측가능한, 큰 피해를 야기할 때는, 어떤 수단을 써서라도 막아야 한다. 하지만 그 거짓말을 하는 당사자가 언론일 때는 그렇게까지 하지 않는다. 민주주의의 최후의 보루인 언론에 재갈을 물리면 바로 그 순간 우리는 독재자들이 걸어간 길을 가게 될 것이기 때문이다. 그렇긴 해도 나는 거짓말을 한 당사자가 잘못을 용서받기 위해 해야 하는 일이 단순히 '사과'하는 일 정도가 되어서는 안 된다고 생각한다. 신문사 전체는 아니더라도 거짓말을 한 당사자를 법의 심판을 받도록 하는 것. 그것이 우리가 '고삐 풀린 혀'를 제어하기 위해 할 수 있는 최소한이 아닐까.

3 Internet trolls and on-line bullies: the nasty half-brothers

(인터넷 악플과 온라인 괴롭힘: 인터넷 폭력의 추악한 두 얼굴)

인터넷 악플러와 온라인 괴롭힘을 일삼는 자들. 둘은 차이가 있지만 그 근본은 같다. 이들은 바퀴벌레와도 같아서 박멸하기가 무척 어렵다. 하지만 그럼에도, 피해를 최소화하고, 우리 주변에 있는 이런 해충들을 충분히 많이 솎아내어 대부분의 착한 마음씨를 가진 일반인들이 저런 해충들을 마주칠지도 모른다는 두려움 없이 인터넷을 이용할 수 있도록 할 수 있는 방법이 존재한다.

일단 중요한 것부터 짚고 넘어가자. 인터넷 악플러와 온라인 괴롭힘을 일삼는 자들을 어떻게 구분할 것인가. 악플러가 온라인상에서 사악한 댓글을 올리는 유일한 목적은 댓글을 보는 사람들의 성미를 돋구는 것이다. 오프라인 세상의 '바바리맨'을 떠올리면 쉽게 이해할 수 있다. 이 둘은 모두 무고한 희생자들의 반응에 집착한다. 이 짐승들은 그런 사악한 짓의 희생양이 되는 사람들과 일면식도 없는 자들이다. 하지만 불행히 걸려든 희생자들에게 가해진 피해는 단순히 기분이 나빠지는 정도가 아니다. 온라인 괴롭힘을 일삼는 자들은 이미 알고 있는 사람들을 목표로 정한다. 그러나 희생자들은 가해자가 누군지 끝내 알아내지 못할 수도 있다. 그래서 온라인 괴롭힘을 하는 사람들은 목표로 삼은 희생자들을 한 번 괴롭히는 데서 멈추지 않는다. 수 개월에서 수 년간 끊임없이 괴롭힘을 당하다가 결국 가해자들을 추적해 잡아내서 고소까지 하는 연예인들을 생각해 보라.

악플러나 괴롭힘을 일삼는 자들을 끝까지 찾아내 대가를 치르게 할 만 한 금전적 여유가 있는 사람들은 많지 않다. 뭔가 제도적 장치가 마련돼야 한다.

어떤 문제가 끊임없이 발생하고 있고, 그 문제가 다시는 생기지 않게 하려면, 문제의 근본 원인을 찾아내 그것을 해결하면 된다. 온라인 악플이 끊임없이 그렇게 많은 희생자들에게 큰 피해를 주는 이유는, 희생자들이 이런 못된 짓을 당해도 할 수 있는 일이 별로 없다는 것을 악플러들이 알고 있기 때문이다. 우리는 악플러들이 그런 짓을 하면 반드시 처벌받도록 하고, 그들 역시 그런 짓을 하면 반드시 처벌받는다는 점을 인지하도록 만들어야 한다.

잘못을 저지른 사람을 잡지 못하면 처벌할 수도 없다. 언론사와 온라인 카페 등은 실명이 아니면 댓글을 달지 못하게 해야 한다. 그렇게 되면, 본인의 신분이 만천하에 드러나 있기 때문에 더 이상 익명으로 활동할 수 없게 될 것이다. 악플러가 일단 잡힐 경우, 그냥 아무 생각 없는 십대 아이들의 경우는 소년원에 하루나 이틀 정도 구금하는 정도로 끝낼 수도 있을 것이다. 만약 가해자가 아주 악질적인 상습범이라면 이들을 오랜 기간 감옥에 가둬야 한다.

일부 진보성향의 자유의 투사들은 '검열'을 외치며 반발 할지도 모른다. 국가가 언론을 철저히 통제했을 때, 사람들은 자유를 위해 싸웠다. 그런데 지금 검열의 당사자는 정부가 아니지 않은가. 지금 상황을 주도적으로 이끌고 있는 당사자들은 우리, 희생자들이다. 게다가 악플로 사람이 죽어나가고 있다. 악플러들은 자신의 목소리를 너무도 찾고 싶어 기꺼이 목숨까지 내놓으려 했던 과거의 자유의 투사들이 아니다.

우리가 할 일은 간단하다. 명확하고 이해하기 쉬운 규칙을 정한 다음, 예외 없이 그 규칙을 집행하는 것이다.

4 Contact-tracing apps (확진자 동선추적 어플)

바이러스 전염병의 추가 확산을 막을 수 있는 최선의 방법 중 하나는 감염된 사람이 어디서 감염이 되었는지를 알아내는 것이다. 신규 감염자가 양성 반응이 나오기 전에 어디에 갔었는지를 알아내고 감염자를 격리하지 않으면, 감염이 되었는지도 모르는 보균자들이 돌아다니면서 접촉자들에게 바이러스를 전염시키게 될 것이다. 바로 그렇기 때문에 양성 반응을 보이게 될 경우에 대비해 핸드폰에 내 위치를 추적할 수 있는 어플을 설치해 놓으면 도움이 된다. 하지만 사생활 침해 문제 때문에 모든 사람들이 어플 설치에 찬성하는 것은 아니다. 내 경우는, 그런 어플이 설치되어 있지 않았을 경우 어떤 위험을 감수해야 되는지를 생각하면 그 정도는 큰 문제가 아니라고 생각한다.

나라면 세 가지 조건만 충족이 되면 내 스마트폰에 그런 어플을 설치할 의향이 있다. 첫째, 모두가 어플을 설치한다. 둘째, 이 어플설치가, 전염병을 멈출 수 있는, 오랜 기간동안 입증된 방법이다. 셋째, 팬데믹이 끝나면 내가 원하기만 하면 다시 지울 수 있다.

확진자 동선을 파악하는 일은 바이러스 확산을 막는 노력에서 절대 빠질 수 없는 필수적인 일이다. 또한 보건당국은 지금까지, '묻지마' 감염자들에 관해 크게 우려해 왔다. 모두가 추적 어플을 깔아 놓으면 성공적으로 전염병의 확산을 통제하는 데 큰 도움이 될 것이다. 하지만, 인류가 이 정도 규모의 전염병을 겪은 것이 80년 전이었기 때문에, 이런 어플이 실제로 우리가 원하는 대로 효과를 내 줄지는 알 수가 없다. 정부 관리들은 이 어플의 실효성을 확실하게 보여줌으로써 국민의 마음을 돌려야 한다. 여느 감시기술과 마찬가지로, 사람들은 검열을 목적으로 사람들을 감시하는 데 쓰는 기술에 대해 우려를 하게 된다. 나는 코로나19가 공식 종료되면 바로 어플이 사라졌으면 한다.

이런 큰 위기 상황에서 사생활은 잠시 접어 두어도 된다고 생각한다. 만약 병에 감염되면 관 속에서 영원히 사생활을 침해 받지 않고 지내게 될 것이다. 나는 사생활을 꽁꽁 숨겨 가진 채 영겁의 세월을 관속에서 지내느니, 사생활 일부를 포기하고 그 대신 내 수명에 몇 십년을 더 하는 쪽을 택하겠다.

5 Are leggings pants? (레깅스는 바지인가)

아들 넷을 둔 한 어머니가, 한 학교 교지에 투고를 통해, 여학생들에게 레깅스를 입지 말아 달라는 탄원을 하면서 큰 논란이 야기되었다. 어머니의

논지는 간단했다. 레깅스 때문에 남자들이 성욕을 억누르기 어렵다는 것이었다. 21세기에 이런 일이 대한민국에서 벌어졌다는 말을 듣는다면 누구라도 깜짝 놀랄 것이다. 그런데, 이 일은 2년 전 영국에서 있었던 일이다. 투고 때문에 곧 야기된 대 혼란은, 어느 전국지라도 한 면을 꽉 채울 만한 가치가 있을 만큼 큰 사건이었다. 그도 그럴 것이, 오늘날 누군가에게 특정 의류를 입지 말라고 말할 권리가 있다고 믿는 것 자체가 너무나 터무니없는 일이다. 하지만 이 사태가 흥미로운 이야깃거리를 가져다줄 수도 있으니 일단 바보 같은 질문일지 모르지만 이렇게 질문을 던져보자. 레깅스는 바지인가? 혹은 레깅스를 공공장소에서 입어도 괜찮은가?

포스트모더니즘의 대표적 특징 중 하나는 시대와 장소를 불문하고 보편적으로 진실로 여겨지는 사고의 체계가 존재하지 않는다고 믿는다는 것이다. 노년층에게는 레깅스가 겨울에 바지 안에 껴입는 속옷처럼 보일 수도 있을 것이다. 지금은 아니다. 또 앞으로도 그렇지 않을 것이다.

60~70년 전만 하더라도 한국에선 미니스커트는 금기였다. 미니스커트는 매춘부들이나 입는 것이라는 인식이 있었기 때문이다. 오늘날 많은 젊은 여성들이 즐겨 입는 미니스커트를 보고 누군가 화를 낸다면, 사람들은 그 사람의 정신상태를 의심할 것이다. 공공장소에서 어떤 옷을 입느냐는 문제는 오랫동안 논쟁의 주제였지만, 과거 경험으로 비추어볼 때, 어느 편을 들어야 할지는 명백하다. 누가 이기는 논쟁이 될지 분명하기 때문이다. 많은 사람들의 눈에 어떤 사람들이 어때 보이는지의 문제는 남이 관여할 일이

아니다. 따라서, 오후에 보았던 레깅스 입은 여성에 대해서 친구들과 저녁 먹으면서 흉을 보는 것은 얼마든지 해도 상관없지만, 이 문제를 공론의 장에 가져올 권리는 그 누구에게도 없다. 왜냐하면 이것 역시 당신이 관여할 일이 아니기 때문이다.

하지만, 만약 어떤 고집 세고 보수적인 고집불통 노인이 여자가 레깅스 입고 돌아다니는 것을 싫어하는데, 이 노인의 견해가 내가 아끼는 어떤 사람의 미래 커리어에 큰 영향을 주게 된다면, 나는 내가 아끼는 이 사람에게 레깅스를 입고 노인 앞에 모습을 드러내지 말라고 조언할 것이다. 노인 앞에 레깅스를 입고 나타나는 것이 부적절해서가 아니라, 그랬다가 아끼는 사람이 어떤 식으로라도 피해를 입을지도 모르기 때문이다. 내가 여성을 설득해 레깅스를 입지 말도록 권유하는 것은, 여성이 접근하는 것을 싫어하는 성질 더러운 핏불테리어를 건드리지 말라고 권유하는 것과 같은 이치이다.

그래도 누군가는 여성이 레깅스를 입은 모습을 보면 어떤 남자들은 스스로를 제어하기 어렵다고 말할 것이라는 점을 잘 알고 있다. 그런 사람들은 심리 상담 및 치료를 반드시 받아야 한다. 그 정도의 성욕과 의지력, 아니 의지력의 부재는, 그 사람들의 견공 친구들에게서나 관찰되는 현상이기 때문이다.

6 A nation of prodigies (영재들의 나라)

작년에 종영된 '영재를 찾아서'라는 TV프로그램이 있었다. 해당 프로그램에선, 음악이나 언어, 수학 등의 다양한 분야의 영재들을 찾아낸다. 나는 자주 그 프로그램이 참 재미있다고 느꼈다. 재능이라는 것이 특히나 어린아이에게서 발견될 때는 보고만 있어도 신나는 일이 아닌가. 하지만 나는 은연중에 계속해서 이런 의문이 들곤 했다. '재능이 있다는 것은 축하할 만 한 일인가? 또 재능이 없다는 것은 저주인가?' 물론 그 프로그램이나 그 이전에 있었던 그런 종류의 프로그램이, 딱히 재능이 없는 그다지 똑똑하지 않은 아이는 동정의 대상이라는 식의 메시지를 전하려는 것은 아니다. 그렇긴 해도 아이큐가 매우 높거나 전반적으로 매우 똑똑하면 정말 좋을 것이라는 느낌은 분명히 존재한다. 그도 그럴 것이, 무척 똑똑한 아이가 그렇지 않은 아이들보다 명문대에 들어갈 가능성은 높을 것이고, 명문대에 들어가면 나중에 고소득 직업을 갖기도 쉽지 않은가. 그렇다면, 다른 조건이 같다고 했을 때, 가난한 사람들에 비해 행복한 삶을 살기에 더 나은 여건을 갖출 수 있게 될 것이다.

충분히 타당한 생각인 것 같다. 하지만 설사 그렇다 쳐도, 난 우리나라에 '영재' 교육 프로그램이라는 것이 너무 많다는 생각이 든다. 영재는 애초에 극소수이다. 그런 교육기관들은 보통 아이들을 영재로 만들어 줄 수 있다는 것일까. 말이 안 된다. 천재란 애초에 타고나는 사람이지 않나. 천재가 타고난 능력을 발현하도록 하는데 우리가 해줄 수 있는 일은 그냥 앉아서 보는 것뿐이다. 대체 무엇 때문에 이런 '천재성' 혹은 '최고가 되는 것'에 대한 집착이 이 나라에 생겨났을까.

나는 우리가 무작정 탁월한 능력을 추구하는 것은, 전쟁과 생존, 치열한 경쟁으로 얼룩진 우리의 비극적 역사에 기인한다고 본다. 우리의 부모님들은 '열심히 일해서 성공하자'는 흔하디흔한 주문과도 같은 외침을 철석같이 믿었다. 이제 우리는 그렇게 순진하지 않다. 내 아이가 재능이 있어야만, 이 세계에서 성공하겠다는 내 과거의 꿈을 실현시킬 수 있다. 바로 그런 믿음이 우리의 집착을 낳은 것이다.

승자독식. 그것이 한국전쟁 이후 우리 건국의 아버지들이 신봉했던 슬로건이었다. 그 당시, 남아있는 것이라곤 굶주린 사람들밖에 없던, 전쟁으로 폐허가 된 이 조그만 나라는 새로운 삶의 활력을 너무도 간절히 원했다. 온 나라가 '성공'하기 위해 쉬지 않고 일했다. 빠른 경제성장 과정에서 다른 사람들보다 앞서 나가는 것이 우선순위로 여겨졌다. 그래야 자신과 부모들이 그렇게 원했던 부를 손에 넣을 수 있었기 때문이다.

세상은 변했다. 이제 우리는 세계 10위의 경제대국이 되었다. 그래서, 과거에 우리가 원했던, 특권층이나 누릴 수 있었던 사치스러운 삶이 보통 사람들도 충분히 꿈꿀 수 있는 것이 되었다. 하지만 과거의 정신은 오늘날까지 그대로 살아남았다. 즉, 성별을 막론하고, 어느 분야에서나 최고 자리를 차지한 사람이 결국 명예를 얻게 되고 그것과 함께 따라오는 온갖 부귀영화를 누릴 수 있게 된다는 믿음은 그대로 살아있다. 또한 오늘날 최고의 자리에 가장 쉽고 빠르게 가는 길은 소수의 천재들이 독식한다. 그런데 마침 우리 아이가 그런 천재일 수도 있다면 어떨까! 그런 귀중한 재능을 썩힐 순 없지 않은가. 어쩌다 보니, 소수의 진정한 영재들을 소개하는 티비 프로그램들 덕에 그런 생각이 이 나라 국민들의 정신에 서서히 각인된 것이다.

이런 열풍은 사라져야 한다. 진정한 영재를 위해 만들어진 기관에 아무 아이나 집어넣는다고 그 아이가 천재가 되진 않을 것이다. 내가 지나치게 비관적인 것일 수도 있다. 하지만 나는 천재는 타고난다고 믿는다. 좋은 양육환경이 인생에서 마주치는 많은 난관을 헤쳐 나가는 데 큰 도움이 된다고는 생각한다. 하지만 선천적 요인은 인생에서 너무나 결정적인 요인이기 때문에 애초에 성공 가능성이 낮은 아이에게 그렇게 많은 시간과 돈을 들이는 것은 큰 낭비다. 아니 좀 더 정확히 말하면, 우리는 '인생에서 성공한다'는 것에 대한 고루한 믿음을 버려야 한다. 인생에서 성공한다는 것은 사람마다 의미가 다르다. 하지만 인생에서 성공하는 것이 '아닌 것' 하나는 분명히 말할 수 있다. 최고가 되어 부와 명예를 갖는 것. 그것은 성공이 아니다.

7 An all-volunteer military (모병제)

조카 하나가 며칠 전에 군에 입대했다. 일 때문에 직접 배웅해 줄 순 없었기 때문에 전화로 잘 다녀오라고 말을 해주었다. 조카의 엄마가 나와

아내에게, 조카가 이제 20개월에 걸친 군 복무를 시작하게 될 다른 전우들 틈으로 걸어 들어가는 모습을 찍은 영상을 보내주었다. 녀석의 얼굴에 비친 슬픈 표정을 보면서 눈물을 삼켜야 했다. 내 아들도 이제 입대를 채 일 년도 남겨놓지 않았다.

나도 26개월간 군 복무를 했다. 이제 자랑스러운 대한의 남아로서 아들도 국방의 의무를 이행하기 위해 떠날 때가 되니, 새삼 우리나라가 징집병제에서 모집병제로 바꾸길 바라고 있다. 그러면 아들도 선택할 수 있게 될 테니 말이다. 물론 말도 안 되는 꿈이라는 것쯤 나도 안다. 우린 아직 엄밀히 따지면 전쟁 중이다. 평화를 지키려면 대규모의 강력한 군대가 필요하다. 설사 결국 통일이 곧 이루어진다 해도 징집병제를 버리는 일은 하루아침에 이루어질 순 없을 것이다. 그렇긴 해도, 이 나라의 젊은 남성들이 인생에서 가장 재미있게 보낼 수 있는 시기를 희생하도록 만들지 않으면서도 어렵게 이룩한 평화를 위험에 빠뜨리지 않을 수 있는 새로운 군대 운용방법을 고민해 보는 일 자체가 비난받을 일은 아니라고 생각한다.

먼저 가장 중요한 두 가지 고려 사항부터 짚고 넘어가자. 평화와 선택이 그것이다. 새로운 방식의 군대 운용방법을 채택하게 된다면, 그 방식은 어떤 형태로든 현재의 안보태세에 영향을 주어선 안 된다. 동시에 그 방식을 따를 경우, 모든 남성은 국가안보에 직접적으로 기여할지 여부를 스스로 결정할 수 있어야 한다. 두 가지 조건을 모두 충족시킬 수 있는 방안 중 하나가 '자발적 군대'를 의미하는 모병제다. 물론 '자발적'이라는 말이 좀 애매하긴 하다. 자발적 군대라고 해서, 아무 대가도 받지 않고 자원봉사 할 사람을 모집한다는 말은 아니다. 최소한 현 규모의 군대를 유지할 수 있을 만큼의 인원을 끌어들일 수 있을 만큼 높은 수준의 소득을 보장해 주어야 할 것이다. 따라서 전면 모병제로 가는 길에 놓인 가장 큰 장애물은 돈이다. 전 세계에서 50만 명의 직업군인을 운용할 만한 재정적 여력을 확보한 나라는 많지 않다.

보잘것없지만 내 의견을 제시해 볼까 한다. 자원하는 병사에게는, 최저임금 기준으로 하루 8시간을 일할 경우 받을 수 있는 금액의 대략 1.5배를 매달 월급으로 지급한다. 현재 최저임금이 시간당 9,000원이 조금 안 되니까, 8을 곱하고 (하루 평균 근로 시간), 또 거기에 22를 곱하면 (한 달 평균 근로 일수), 대략 240만 원이 된다. 현재를 기준으로, 고등학교를 졸업한 20세의 청년에게, 240만 원은 그렇게 적은 돈은 아닐 것이다. 일단 입대를 하면 대략 3년을 복무하고, 더 복무를 할지 다시 사회로 복귀할지를 그때 선택한다. 그렇다면 필요한 재원은 어떻게 확보할 것인가.

시민으로부터 거둬들이는 세금으로 충당한다. 나는 이것을 '국가방위세'라 부르면 좋겠다. 이렇게 하면 탄탄한 모병 중심 군대를 유지하는데 필요한 재원을 충분히 마련할 수 있을 것이다. 모든 시민이 방위세를 내야 한다. 19세에서 21세 남성들 중 군 복무를 하지 않는 쪽을 선택하는 사람들은 다른 모든 시민이 부담하는 세금의 10배를 부담한다. 젊은 시절 18개월을 군대에서 희생하지 않고, 하고 싶은 일을 하면서 보낼 수 있도록 해주는 대가 치고, 그 정도면 적은 것이 아닌가. 물론 어떤 사람들은 모든 사람에게 동일한 세금을 적용해야 해야 하는 것이 아니냐고 반문할지 모른다. 그 생각도 충분히 일리가 있다. 모든 시민으로부터 똑같은 세금을 걷는 것이 더 공정해 보이긴 한다. 하지만 일단 그 부분까지 논의하는 것은 나중으로 미루도록 하는 것이 낫겠다. 나는 단지, 군에 끌려가 국방의 의무를 지게 될 날을 기다리고 있는 아들을 안타까워하는 아버지로서, 새로운 아이디어를 하나 제시하는 것으로 만족하고 싶다.

벌써부터 이 이야기를 들은 사람들이 내는 우려의 목소리가 들리는 듯하다. 그렇게 되면 군대는 머지않아 국방세를 낼 여력이 되지 않는 가난한 집 아이들로 가득 찰 것이고, 부자들은 어떻게 해서든 그 돈을 마련해서 18개월을 돈으로 사게 될 것이라는 그런 우려의 목소리 말이다. 일단 그런 새 제도가 발효되기 시작하면 실제로 그와 비슷하게 될 수도 있을 것이다. 하지만, 그렇게 된다고 해도 그것이 큰 문제가 될까. 사회, 그리고 나아가 우리의 삶 자체가 어차피 기본적으로는 같은 방식으로 치우쳐져 있지 않은가. 금수저들은 비싼 최고의 과외선생님들로부터 학교 수업 이외의 수업을 받는다. 이런 과외 수업은 명문대로 가려는 학생에게는 성패를 좌우할 만한 혜택이다. 게다가 이 새 제도대로라면 내가 군대에 가는 쪽을 '선택'함으로써 나의 노동의 정당한 대가를 받을 수도 있지 않은가. 이 정도면 꽤 괜찮은 방법이라고 생각하는 사람은 나 말고도 많을 것이라 생각한다. 물론, 안타깝게도 이 모든 생각은 아직 희망 사항에 불과하고 앞으로도 한동안은 희망 사항으로 남아있게 될 것이다.

8 Sending my little kiddie off to the military (아들 군대 보내기)

아들이 나라를 지키기 위해 곁을 떠날 때가 결국 오리란 것을 알고는 있었다. 그렇다. 우리나라는 아직 엄밀히 따지면 전쟁 중이기 때문이다. 이 나라의 모든 남성은, 결격 사유가 없는 한, 입대를 해서, 몇 가지 요인에 따라 5~6주는 늘거나 줄어들지만 대략 19개월 동안 의무복무를 하게 된다. 나도 약 30년 전, 26개월 하고도 1주를 복무했다. 그래서 난 뿌듯한 마음으로 아들을 보낼 수 있을 것이라 생각했다.

하지만, 쏟아지는 눈물을 참으려 애쓰고 있던 아들에게 작별을 고하는 일은 내가 생각했던 것만큼 뿌듯하기만 한 것은 아니었다. 코로나19가 아직 기승을 부리고 있었기 때문에 우린 차에서 나와 아들을 한 번 안아 주는 것도 허용되지 않았다. 부대에선 그걸 두고 '드라이브스루'라고 부르고 있었다. 아니, '드라이브스루'라니! 우리가 무슨 리조트 가는 길에 와퍼 픽업해가는 것도 아니고… 어쨌건 집으로 돌아오는 길은 끝없는 나락으로 가는 긴 여정처럼 느껴졌다. 아내는 오는 내내 눈이 빠져라 울고 있었다.

이 글을 쓰고 있는 지금 현재, 아들은 입대 3개월 차다. 아들이 근무하는 부대는 내가 30년 전에 복무했던 그런 곳이 아니라서 하나님께 감사했다. 과거의 군대는 사실상 최고 수준 감시 등급의 교도소와 같은 곳이었으니 말이다. (내가 그런 감옥에 가봤다는 말은 아니지만, 미국 드라마들을 보면서, 그런

교도소에서 복역한다는 것이 어떤 것인지 간접적으로나마 체험할 수 있었다. 그런 드라마 중에서도 단연 으뜸은 '오즈'라는 드라마였다.) 아들은 주중 평일 오후 5시에 핸드폰을 돌려받는다. 핸드폰으로 영화나 드라마 시청도 가능하다. 정말 놀라운 것은, 아들 부대에선 프라이드치킨이나 피자도 배달시켜 먹고, 한 달에 한 번은 고기도 구워 먹는다고 한다는 점이다. 물론 훈련도 있고, 하루 두어 시간 이상 경계근무도 선다. 그래도 내가 있던 곳과는 완전히 딴판이다. 내가 경험한 군대는 채찍질만 안 할 뿐이지 강제노동 수용소와 다를 게 없었으니 말이다.

그렇긴 해도, 군대에서 시간을 보내는 일이 어려운 이유는 군 복무가 '강제'라는 데에 있는 것이다. 하루라도 부대 밖에서 하루를 쉰다거나 할 수 있는 것이 아니다. 분기당 한 번 정도 1~2주 정도 휴가를 받기도 하지만, 팬데믹 때문에 상황이 모두 바뀌어 버렸다. 군 복무 중인 사병들은 지금 1년 넘게 밖으로 못 나오고 있다. 정부가 최근 거리두기 규제를 일부 해제하고 나서야 몇몇 부대에선 사병들에게 휴가를 허용하기 시작했다.

전반적으로 보면 나나 아내와 아들에게 최악의 시간은 지난 것 같다. 다음 달쯤에는 면회를 가서 몇 시간 얼굴이라도 보고 올 수 있을 것 같다. 나와 아내에겐 큰 위안이 될 것이다. 그런데 아들에게도 그럴지는 잘 모르겠다. 제일 보고 싶은 게 누구냐고 물으니, 고민도 안 하고 '떡뻥이'라고 한다. 우리 집 강아지 이름이다.

9 Does poverty cause obesity? (가난이 비만을 야기하는가)

잇따른 연구들을 보면, 식사량을 줄이고 운동량을 늘리면 살이 빠져 더 건강해질 수 있다. 그래서 팬데믹이 아직 이렇게 기승을 부리고 있는데도 헬스클럽은 사람들로 발 디딜 틈이 없고, 사람들은 섭취하는 칼로리를 엄격히 관리하고 있는 것이다. 세계 각국의 정부도 패스트푸드점 메뉴판에 음식별 함유 칼로리의 양을 표기할 것을 의무화하고 있다.

그런데 최근에 나오고 있는 식단 관련 지침들을 보면 언뜻 이해가 잘 안되는 것들도 있다. 단순히 적게 먹고 더 움직여서는 요요 없이 살을 뺄 수 없다는 것이다. 핵심 내용을 간추려 보자. 마음먹고 다이어트를 해본 사람들이라면 이미 알고 있겠지만, 살을 빼는 것 자체는, 유지하는 것보다 훨씬 쉽다. 뺀 살이 다시 찌는 것을 막을 수 있는 유일한 방법은, 섭취 및 소모 칼로리를 항상 면밀히 관리하는 길뿐이다. 물론 이는 무척 힘든 일이다. 장기적으로 건강한 몸매를 유지할 수 있는 확률은, 대부분은 아니더라도 많은 선진국에서 단순히 열심히 일해서 가난에서 벗어날 확률과 별 차이가 없다.

충분히 일리가 있는 얘기다. 이런 말을 들으면, 결국 위대함은 쉽고 빨리할 수 있는 마술과도 같은 비법이 아닌 '인내'라는 점을 다시금 상기하게 된다. 요즘 비만의 근본 원인이 가난이라는 얘기가 많이 들린다. 결국 비만과 비만 때문에 생기는 건강상의 문제가 칼로리는 높지만 영양소는 낮은 음식을 먹어서 생기는 것이기 때문이라고 한다. 모든 문제는 결국 가난으로 귀결된다는 것.

어째서 가난을 비만이라는 만연한 사회악을 일으키는 하나의 큰 요인으로 지목하는지 충분히 이해한다. 하지만, 우리가 해결할 수 없는 뿌리 깊은 사회악을 지목하는 것만으로는 어떤 도움도 되지 않는다. 내가 바꿀 수 있는 무언가를 정하고 그것을 이루려고 노력하는 편이 훨씬 낫다.

과도하게 가공된 식품이 비만을 야기한다는 사실은 이미 수없이 입증된 바 있다. 또한 건강한 식단을 유지할 금전적 여유가 없는 사람들은 칼로리가 높은 피자나 햄, 햄버거 등을 선택할 수밖에 없다. 게다가 가난한 동네는 부자 동네보다 건강한 식품을 파는 매장이 훨씬 적다. 그래서 가난이 실제로 비만에 기여하고 있다.

하지만, 동시에, 가난이 대학 졸업장을 따는 데 결정적인 역할을 한다는 것 역시 부인할 수 없는 사실이다. 이 문제가 빈곤보다 더 중요한 이유는, 고등교육이야말로 빈곤에서 벗어날 수 있는 편리한 방안이기 때문이다. 또 가난에서 벗어날 수만 있다면 적정 체중을 유지하는 것이 수월해질 것이기 때문이다. 하지만 특정 부류에 속하는 사람들이 고등교육을 받지 못하게 된 것이 '가난' 때문이라고 말하진 않는다. 즉, 중요한 것은, 가난 때문에 뚱뚱해진다고 말하는 것은 '시간이 지나면 나이가 든다'고 말하는 것과 별 차이가 없다는 점이다. 시간이 날 나이 들게 만든다고 해서 내가 나이 먹는 것을 멈출 수 없는 것과 같은 이치로, 가난이 비만을 야기한다고 말함으로써 가난을 퇴치할 순 없다.

한 가지 분명히 짚고 넘어가야 할 것은, 지금 난, 당연한 사실을 언급하는 일이 아무짝에도 쓸모없는 일이라고 말하려는 것이 아니라는 점이다. 그렇게 말이라도 하면 누군가는 그 문제에 관심을 갖게 될 테니 그것은 그것대로 가치가 있는 일이다. 내가 하고 싶은 말은, 거기서 멈추면 안 된다는 것이다. 누군가가 '선한 사마리아인'이 되는 것이 어떻게 이 사회를 살기 좋은 곳으로 만들어줄 수 있는지에 관해 사람들에게 설교를 늘어놓아도 그것 때문에 뭔가 바뀌는 일은 일어나지 않을 것이다. 그런 꼰대가 부동산 거부였다가 대통령에 당선되고, 온갖 인종차별적 발언을 서슴지 않으며 거짓말을 밥 먹듯 하는 사람이라면 말이다.

그보다는 가난하고 비만인 사람들이 어떻게 하면 건강한 몸매를 갖게 될 수 있을지에 대해 논의하는 편이 낫다. 매일 두 달간 하루 만 보 이상을 걷는 등의 건강한 습관들을 갖게 되는 사람들에게 식사 쿠폰이나 헬스클럽 멤버십을 주는 것도 하나의 방편이 될 수 있을 것이다. 거스를 수 없는 시간의 흐름을 한탄하며 소파에 앉아 투덜거리고 있느니 나가서 조깅이라도 하는 것이 훨씬 인생에 도움이 되는 일이 아닌가.

10 Hasty and Cowardly (성급하고 비겁한 퇴각)

"더 이상 머무는 것은 의미 없다" 바이든 대통령이 미군을 아프가니스탄에서 철수시킨 뒤 TV로 방영된 대국민 연설에서 한 말이다. 20년에 걸친 미군 주둔을 끝내기로 한 이번 결정이 즉각적으로 큰 비난을 받은 이유는, 그것이 너무 갑작스러워, 아프가니스탄 정부가 순식간에 탈레반에 장악됐기 때문이다. 애초에 미군이 아프가니스탄에 들어간 이유가 탈레반 정부를 몰아내기 위해서였으니 비난은 예견된 것이었다. 강경 이슬람주의자들은 이번 미군 철수를 승리라 칭했다.

내가 바이든의 입장이었어도 같은 결정을 내렸을 것이다. 그런데 난 바이든이 아니므로 미군 철수 뒤에 일어난 일에 대해 바이든 대통령을 실컷 비난해도 된다고 생각한다.

사실 사람들이 왜 아프가니스탄을 강대국의 무덤이라고 부르는지 알 것 같다. 구소련은 1980년대에 치욕스러운 패배를 당한 뒤 철수해야 했다. 이전 미국 행정부들이 자신들은 다를 것이라고 생각한 것은 모두 그들이 오만했기 때문이었을 것이다. 그래서 나는 이번 임무가 애초부터 실패할 수밖에 없는 것이었다고 생각한다. 애초부터, 탈레반을 몰아내고 아프가니스탄이 탄탄한 민주주의를 재건하도록 도우려 했던 노력은 성공 가능성이 없는 것이었다.

미국은, 애초 아프가니스탄 진입 목표가 전쟁으로 폐허가 된 이 나라를 재건하는 것이 아니라, 미국에 수많은 테러 공격을 주도했던 오사마 빈 라덴을 정의의 심판대에 세우는 것이었다고 말한다. 사실 일리가 없는 것은 아니다. 애초에 하려고 하지도 않은 일을 못 했다며 손가락질할 수는 없지 않은가.

하지만 이 사태는 이런 식으로도 생각해 볼 수 있을 것이다. 어떤 여자아이가 호수에 빠져 죽을 뻔했는데 어떤 사람이 심폐소생술로 살려냈다고 치자. 일단 아이는 괜찮아 보인다. 고비는 넘긴 것이다. 그런데 근처에 늑대무리가 금방이라도 아이를 잡아먹을 듯 기다리고 있는 것이 보인다. 이때 아이의 목숨을 구한 그 사람은 애초에 아이를 늑대들로부터 구해주려고 한 것이 아니라고, 애초에 아이가 익사하지 않도록 도와주려고 한 것뿐이라고 생각하며 자리를 뜬다. 이번에 미국이 한 일이 바로 이것과 다름없다. 미국은 수많은 사람들을 자기 앞가림은 자기가 하라고 내버려 둔 채 떠나고 있는 것이다. 미국과 미국의 동맹국들은 이보다 훨씬 더 질서정연한 철수를 준비할 만한 힘도, 자원도 가지고 있었다. 이런 철수는 절대 옳은 선택이 아니었다.

이번 사태와 관련해 또 한 가지 거슬리는 점이 있다. 바이든 대통령은 미군 철수의 시점에 너무 집착한 나머지, 충분히 계획된 질서정연한 철수를 아예 고려조차 하지 않았다는 것이다. 2021년 9월 11일은 끔찍했던 미국 테러 사건의 20주년이 되는 날이었다. 바이든 대통령은 전쟁으로 폐허가 된 나라에 질서를 가져다주려는 끊임없는 노력에 종지부를 찍기에는 너무 적절한 '타이밍'을 놓치기 싫었던 것 같다.

물론, 미국은 자기밖에 모르는 부패한 아프가니스탄 관리들과, 좀비처럼 끝까지 목숨을 부지하고 있는 탈레반에 진절머리가 났을 수도 있다. 아프간 관리들은 나라를 재건하라고 건넨 지원금을 꾸준히 빼돌리고 있었고, 탈레반의 생명력은 바퀴벌레가 무색할 만큼이었으니 말이다. 미국은 이미 실패한 작전에 시간과 에너지를 더 이상 낭비하고 싶지 않았던 것이다. 그렇다. 아무리 마음이 넓은 박애주의자라도, 아프가니스탄은 희망이 보이지 않는 땅으로 보였을 것이다.

그렇긴 해도 난, 바로 그 때문에 바이든 행정부가, 무고한 아프가니스탄 시민들이 짐승과도 같은 자들의 손에서 죽어 나가지 않도록 더 노력해야 했다고 믿는다.

세상에 혼자 사는 단어는 없다 2

발행일 1판 1쇄 발행 2023년 1월 12일

지은이 한형민
이메일 paulfan@naver.com
블로그 blog.naver.com/hannites

펴낸곳 한형민어학원 출판사
주 소 서울시 종로구 종로1가 24 르메이에르 종로타운 510호
출판등록 2017년 8월 31일(제300-2017-117호)
홈페이지 www.hannites.com
전화번호 02-2075-5858
팩 스 02-2075-5859

디자인 유니꼬디자인

ISBN 979-11-961921-1-2
가격 21,000원